Tanja Wunderlich

Die neuen Deutschen

europäisches
forum für
migrationsstudien
(efms)

Tanja Wunderlich

Die neuen Deutschen
Subjektive Dimensionen des Einbürgerungsprozesses

Lucius & Lucius · Stuttgart · 2005

Bibliografische Information der Deutschen Bibliothek
Die Deutsche Bibliothek verzeichnet diese Publikation in der Deutschen
Nationalbibliografie; detaillierte bibliografische Daten sind im Internet über:
http://dnb.ddb.de abrufbar

Die neuen Deutschen. Subjektive Dimensionen des Einbürgerungsprozesses
Tanja Wunderlich

Inauguraldissertation zur Erlangung des Grades eines doctor rerum politicarum
an der Fakultät Sozial- und Wirtschaftswissenschaften der Otto-Friedrich-Universität Bamberg

europäisches forum für migrationsstudien (efms)
Institut an der Universität Bamberg
Katharinenstraße 1
D-96052 Bamberg
www.efms.de

© Lucius & Lucius Verlagsgesellschaft mbH Stuttgart 2005
   Gerokstraße 51, D-70184 Stuttgart
   www.luciusverlag.com

Design: Barbara Meyer, D-90542 Eckental
Satz: Gerald Kubik, efms, D-96052 Bamberg
Druck und Einband: Rosch-Buch, D-96110 Scheßlitz
Printed in Germany

ISBN 3-8282-0311-6

Inhaltsverzeichnis

Einführung 11

1. Das Staatsangehörigkeitsrecht: Reform, Verfahrensfragen und
quantitative Entwicklungen 16

    1.1 Rechtsgrundlagen 17

    1.2 Das neue Staatsangehörigkeitsgesetz drei Jahre später:
Erfahrungen und Rückblick 23

    1.3 Das (neue) Einbürgerungsverfahren 25

2. Stand der Forschung zum Thema Einbürgerung und Integration 28

    2.1 Quantitativ-empirische Forschung 28

    2.2 Qualitativ-empirische Forschung 35

3. Theoretische und begriffliche Grundlagen: Integrationskonzept
und qualitativer Zugang 37

    3.1 Definition von Integration 37

    3.2 Integrationstheorien 39

        3.2.1 Das Phasenmodell von Gordon 40

        3.2.2 Essers integrativer Ansatz der rationalen Wahl 40

        3.2.3 Die vier Dimensionen von Integration 43

    3.3 Integration als Folge des Handelns menschlicher Akteure:
Die subjektive Perspektive 47

    3.4 Grundannahmen qualitativer Sozialforschung und qualitatives
Forschungsdesign 49

        3.4.1 Wissenschaftstheoretische und methodologische Entwick-
lung qualitativer Sozialforschung 50

        3.4.2 Prinzipien qualitativer Sozialforschung 58

        3.4.3 Gütekriterien qualitativer Sozialforschung und deren
methodische Umsetzung im Forschungsprojekt 62

    3.5 Von der qualitativen Theorie zur kodifizierten Methode:
Die Grounded Theory von Glaser und Strauss 69

4. Die empirische Untersuchung 72

4.1 Entwicklung des Untersuchungsinstruments „narrativ-
leitfadengestützte Interviews" 72

4.1.1 Verfahren und Erkenntnisgewinn leitfadengestützter
Interviews 72

4.1.2 Gruppendiskussion 74

4.1.3 Verfahren und Erkenntnisgewinn narrativer Interviews 76

4.2 Auswahl der Untersuchungspersonen und Durch-
führung der Interviews 80

4.2.1 Die Auswahl der Untersuchungspersonen 80

4.2.2 Bamberg als Ort der Untersuchung 83

4.2.3 Die Durchführung der Interviews 86

4.2.4 Überblick über die Untersuchungspersonen 93

4.2.5 Grenzen des Untersuchungsdesigns 95

4.3 Die Auswertung des Datenmaterials 96

4.3.1 Von der Tonbandaufzeichnung zur computergestützten
Texterfassung: Arbeitsebenen und Instrumentarium
bei ATLAS.ti 96

4.3.1.1 Textuelle Ebene 97

4.3.1.2 Konzeptuelle Ebene 98

4.3.1.3 Transparenz und Verfahrensdokumentation durch
ATLAS.ti 98

4.3.2 Kodierprozesse und Kategorienbildung 99

4.3.3 Zwischenergebnis: Codeliste und Codefamilien 101

4.3.4 Beschreibung und Analyse des Datenmaterials 104

4.3.4.1 Themenzentrierte Deskriptionen 105

4.3.4.2 Qualitative Typenbildung 106

4.3.4.3 Narrationsanalyse anhand ausgewählter Interview-
passagen 109

5. Ergebnisse der empirischen Untersuchung 113

5.1 Einbürgerungsmotive 113

5.1.1 Instrumentelle Motive 115

5.1.2 Familienbezogene Motive 120

5.1.3 Zugehörigkeitsbezogene Motive 121

5.1.4 Fazit 123

5.2 Entscheidungsprozess für die Einbürgerung 125

5.2.1 Zeitlicher Verlauf der Entscheidungsfindung 127

5.2.2 Einflussfaktoren im Prozess der Entscheidungsfindung 130

5.2.3 Entscheidung für die Einbürgerung: Vom Generationen-
konflikt zur Ketteneinbürgerung 135

5.2.4 Entscheidung für die Einbürgerung und die Reform des
Staatsangehörigkeitsrechts 139

5.2.5 Fazit 140

5.3 Das Verwaltungsverfahren 142

5.3.1 Emotionales Empfinden im Verwaltungsverfahren und der
Kontakt mit den Behörden 143

5.3.2 Wenn man es „schwarz auf weiß" hat: Gefühle beim Verlust
der alten Staatsangehörigkeit 146

5.3.3 Ängste im Einbürgerungsprozess 147

5.3.4 Fazit 151

5.4 Emotionales Empfinden beim Vollzug der Einbürgerung 152

5.4.1 Emotionen beim administrativen Vollzug der Einbürgerung .. 153

5.4.2 Die Bewertung von kommunalen Einbürgerungsfeiern 157

5.4.3 Fazit 160

5.5 Wahrgenommene Wirkungen der Einbürgerung 160

5.5.1 Wirkungen zur strukturellen, sozialen und kulturellen
Integration 162

5.5.2 Einbürgerung und gesellschaftliche Akzeptanz: „Auch
wenn du 100 Pässe hast, trotzdem bist Ausländer" 169

5.5.3 Wirkungen zur identifikativen Integration 172

5.5.4 Fazit 173

6. Schlussfolgerungen und Ausblick 175

6.1 Politischer und gesellschaftlicher Diskurs: Einbürgerung
aus Sicht der Aufnahmegesellschaft 175

6.2 Die subjektiven Dimensionen: Einbürgerung aus Sicht von
Migranten 179

6.3 Integrationstheoretischer Erkenntnisgewinn 182

6.4 Handlungsempfehlungen 184

6.4.1 Handlungsempfehlungen für Politik und Verwaltung 184

6.4.2 Empfehlungen für die Forschung 185

Verzeichnis der Tabellen, Abbildungen und Anhänge 187

Literaturverzeichnis 188

Anhang 203

Vorwort

Die vorliegende Arbeit wurde an der Fakultät Sozial- und Wirtschaftswissenschaften der Otto-Friedrich-Universität Bamberg als Dissertation vorgelegt. Sie ist aus meiner Tätigkeit als wissenschaftliche Mitarbeiterin am europäischen forum für migrationstudien (efms) hervorgegangen, insbesondere aus dem von mir und meiner Kollegin Susanne Worbs bearbeiteten Projekt „Einbürgerung und Integration: Subjektive Dimensionen des Wechsels der Staatsangehörigkeit". Die Arbeit ist jedoch nicht nur Produkt eines einzelnen Forschungsprojektes, sondern wurde durch die Einbindung in die Institutsarbeit des efms bereichert. Diese Einbindung ermöglichte einerseits den interdisziplinären Austausch mit Kollegen, andererseits die Kombination von wissenschaftlicher Grundlagenforschung und Wissenstransfer zwischen Forschung, Verwaltung, Politik und Öffentlichkeit.

Ich möchte mich deshalb vor allem bei meinen aktuellen und ehemaligen Kolleginnen und Kollegen am efms bedanken, die meine Arbeit mit fachlicher (und moralischer) Unterstützung begleitet haben und für ein stets angenehmes und damit produktives Arbeitsklima sorgten. Besonders hervorheben möchte ich hierbei Susanne Worbs, die das Projekt durch ihre kompetente und sorgfältige Arbeitsweise bereicherte, den interdisziplinären fachlichen Austausch mit mir pflegte und auch in Zeiten großen Termindrucks und hoher Arbeitsbelastung nie ihre Kollegialität und ihren Humor verlor. Besonderer Dank gilt ebenfalls Prof. Dr. Friedrich Heckmann, der sowohl als Projektleiter wie auch als Institutsleiter meine wissenschaftliche Arbeit unterstützt hat. Prof. Dr. Thomas Müller-Schneider danke ich für die fachlichen Ratschläge und dafür, dass er die Zweitkorrektur dieser Arbeit übernommen hat. Bei den studentischen Hilfskräften Anneke Ullrich und Christine Schopf möchte ich mich für die gewissenhafte Transkription der Interviewaufzeichnungen bedanken.

Besonders herzlichen Dank schulde ich Daniel Firsching, der mir nicht nur mit inhaltlichen Hinweisen zur Seite stand, sondern mir auch den Rücken freihielt, um diese Arbeit fertigstellen zu können.

Weder das Projekt noch diese Arbeit hätten realisiert werden können ohne die Mithilfe der eingebürgerten Personen und ihrer Bereitschaft, in den Interviews so umfassende Informationen zur Verfügung zu stellen. Auch wenn sie anonym bleiben müssen, gilt ihnen mein besonderer Dank. In diesen schließe ich auch die Experten, Mitarbeiter der Einbürgerungsbehörden und der Verwaltung ein, die ihre Erfahrungen und ihr Hintergrundwissen mit mir teilten.

Tanja Wunderlich   Bamberg, im Dezember 2004

Für meine Eltern

Einführung

Im Jahr 1999 erreichte das Thema Einbürgerung und Staatsangehörigkeit eine politische Brisanz wie selten zuvor: Während Änderungen des Ausländer- oder Staatsangehörigkeitsrechts bis dato eher nur unter ausländerrechtlichen und migrationspolitischen Experten Beachtung fanden, rückten Ende der 90er Jahre die legislativen Vorhaben in diesem Politikbereich in das Zentrum öffentlichen Interesses. Die Änderung des Staatsangehörigkeitsrechtes war eines der ersten großen Reformvorhaben der im September 1998 neu gewählten rot-grünen Bundesregierung. Ziel der Regierungskoalition war es, den Erwerb der deutschen Staatsangehörigkeit zu erleichtern, Elemente von ius soli einzu-führen und vor allem die Einbürgerung als aktiven Schritt zur Integration von Migranten zu verankern. In diesem Rahmen war ursprünglich geplant, auch den Grundsatz der Vermeidung von Mehrstaatigkeit aufzugeben, da immer wieder beklagt worden war, dass das Erfordernis der Aufgabe der vorherigen Staatsangehörigkeit für viele im Prinzip einbürgerungswillige Migranten eine Barriere darstelle. Genau an dieser Frage des „Doppelpasses" entzündete sich jedoch eine heftige öffentliche Debatte, angestoßen durch die von der CDU/ CSU-Opposition gestartete Unterschriftenkampagne im hessischen Landtags-wahlkampf. Die veränderten Mehrheitsverhältnisse im Bundesrat nach der Landtagswahl in Hessen führten dazu, dass der Gesetzentwurf entsprechend verändert werden musste und der Grundsatz der Vermeidung von Mehrstaatig-keit beibehalten wurde, allerdings mit zahlreichen Ausnahmeregelungen.

Das zum 1.1.2000 in Kraft getretene Staatsangehörigkeitsgesetz (StaG) enthält eine Reihe von teilweise grundlegenden Rechtsänderungen, deren wichtigste sicherlich der Erwerb der deutschen Staatsangehörigkeit qua Geburt im Inland für die Kinder ausländischer Eltern ist, mit Einschränkung der Optionspflicht. Es wurde des weiteren die Einbürgerung für erwachsene Zuwanderer durch eine Verkürzung der notwendigen Aufenthaltsfrist von 15 auf 8 Jahre erleichtert, allerdings wurde zugleich das Erfordernis eingeführt, ausreichende deutsche Sprachkenntnisse nachzuweisen. Obwohl die Rechtsmaterie des reformierten Staatsangehörigkeitsgesetzes auch weiterhin in Expertenkreisen für Diskussion und Kritik sorgte, hatte sich die Debatte in der politischen Öffentlichkeit wenige Jahre nach In Kraft Treten des Gesetzes beruhigt. Quantitativ gesehen scheint sich die Zahl der Einbürgerungen nach einem Höhepunkt unmittelbar nach In Kraft Treten des Gesetzes (nahezu 187.000 Einbürgerungen im Jahr 2000) wieder zu verringern: Im Jahr 2001 wurden bundesweit rund 178.000 Einbürgerungen gezählt, im Jahr 2002 nur noch 154.547, was einen Rückgang um 13,2% gegenüber 2001 bedeutet[1].

---

[1] Pressemitteilung des Bundesministeriums des Innern, 13.06.2003.

Parallel zur politischen Konjunktur des Themas Staatsangehörigkeit hat auch die Forschungslandschaft seit Ende der 90er Jahre mehrere Ausdifferenzierungen inhaltlicher und methodischer Art erfahren. Eine Bandbreite an Disziplinen befasste sich verstärkt mit einbürgerungsbezogenen Fragestellungen; es erschienen Publikationen juristischer, geschichts- und politikwissenschaftlicher Art ebenso wie theoretische und empirische sozialwissenschaftliche Arbeiten. Ein Überblick über den Stand der Forschung (vgl. Kapitel 2) macht deutlich, dass der Vorgang der Einbürgerung und die immer größere Gruppe der eingebürgerten Migranten verstärkt ins Blickfeld der Sozialwissenschaften gerückt sind. Vor allem quantitative Studien begannen damit, zum Beispiel Fragen nach Motiven für die Einbürgerung oder nach Gründen gegen eine Einbürgerung in die Fragebögen aufzunehmen. Auf diese Art und Weise konnten zwar plausibel erscheinende Antworten abgetestet werden, der subjektiven Komplexität des Einbürgerungsprozesses wurde aufgrund der Untersuchungsanlage und limitierter Antwortkategorien jedoch wenig Raum gegeben. Der Wechsel der Staatsangehörigkeit *aus der Sicht von Migranten* spielte somit in der bisherigen Forschung eine eher untergeordnete Rolle.

Der Mangel an Berücksichtigung der individuell-subjektiven Dimensionen in der Forschung zur Einbürgerung ist deshalb der Ausgangspunkt des Erkenntnisinteresses dieser Arbeit. Sie will einen sozialwissenschaftlichen Mehrwert durch Exploration und Deskription der subjektiven Perspektive von Einbürgerung erbringen und zu ihrem deutenden Verstehen beitragen. Im Zentrum der Arbeit steht somit die subjektive Wahrnehmung des Wechsels der Staatsangehörigkeit oder des Erwerbs einer zusätzlichen Staatsangehörigkeit und deren Zusammenhang mit weiteren Aspekten des Integrationsprozesses. „Subjektive Dimensionen" meint dabei beispielsweise Fragen nach rationalem Kalkül und Motiven, Wahrnehmungsweisen, Kognitionen und Emotionen im Entscheidungsprozess für einen Einbürgerungsantrag, das Erleben des Verwaltungsverfahrens und des Einbürgerungsvollzugs und nicht zuletzt wahrgenommen Wirkungen der Einbürgerung auf das eigene Leben.

Die subjektive Perspektive ist in der soziologischen Forschung von zentralem Erkenntnisinteresse. Da Soziologie ihrem Grundverständnis nach „soziales Handeln deutend verstehen" und „in seinem Ablauf und in seinen Wirkungen ursächlich erklären" will (Max Weber 1921/1972, 1), ist der Ausgangspunkt soziologischer Analysen zunächst die Rekonstruktion des subjektiven Sinns von Handeln: Man muss sich in die Situation des Handelnden hineinversetzen und herausfinden, wie der Akteur die Situation sieht und welche Absichten und Überzeugungen er mit seinem Handeln verbindet. Das an der Situation orientierte, sinnhafte, problemlösende Handeln der Menschen ist entscheidendes theoretisches Werkzeug bei der Erklärung von kollektiven Wirkungen (Esser 1996, 4). Das wissenschaftstheoretische Ziel der vorliegenden Arbeit ist es, zu diesem „deutenden Verstehen" beizutragen (vgl. dazu ausführlicher Kapitel 3). Der Themenkomplex Einbürgerung wird auf der Mikro-

Ebene der Akteure in seinen Facetten beleuchtet und beschrieben und damit verbundene Aspekte dargestellt. Diese beziehen sich auf den **Prozess der Einbürgerung**, untergliedert in seine einzelnen Verlaufsphasen:

▶ Welche **Motive** sind es, die Personen zur Stellung des Einbürgerungsantrags veranlassen? Lassen sich Migranten einbürgern, weil sie sich bereits integriert fühlen oder erachten sie die Einbürgerung als Schritt auf dem Weg zur Integration? Sehen sie die Einbürgerung instrumentell und wenig emotional behaftet oder stellt sie für die Migranten einen biografischen Einschnitt dar, der unter Umständen krisenhaft verläuft?

▶ Wie verläuft der **Entscheidungsprozess**: Nimmt die Familie, nimmt die ethnische Community Einfluss auf die Entscheidung? Trifft die Person diese Entscheidung für sich alleine und unbeeinflusst vom sozialen Umfeld? Wenn es Einfluss gibt, verzögert oder beschleunigt er den Entscheidungsprozess?

▶ Wie wird das **Verwaltungsverfahren** erlebt, wie der administrative **Vollzug** der Einbürgerung? Hatten die Befragten Ängste vor oder während des Verwaltungsverfahrens? Haben Sie Unterstützung erhalten, haben sie sich beraten lassen?

▶ Welche **Wirkungen** haben sie in Folge der Einbürgerung bei sich wahrgenommen? Was waren ihre persönlichen Erwartungen an die Einbürgerung und haben diese sich erfüllt? Oder traten plötzlich Wirkungen auf, die sie so nicht erwartet haben?

Abgesehen von den genannten Aspekten in den einzelnen Verlaufsphasen kann der Einbürgerungsprozess je nach persönlicher Biografie und sozialem Umfeld sehr unterschiedlich verlaufen und erlebt werden. Themen, die in der Gesamtbetrachtung aller Einbürgerungsverläufe nur eine geringe Rolle spielen mögen – wie zum Beispiel Gefühle der Angst im Einbürgerungsverfahren – können im Einzelfall durchaus den gesamten Einbürgerungsverlauf dominieren. Deshalb müssen neben dem Verlaufsaspekt des Einbürgerungsprozesses auch **individuell-biografische Aspekte** berücksichtigt werden, um die subjektiven Dimensionen in ihrer Gesamtheit aufzeigen zu können. So können prozessuale Erscheinungen, die über einen längeren biografischen Zeitraum verliefen, entdeckt werden. Folgende ausgewählte Aspekte werden hierbei vertieft:

▶ Gibt es **spezielle Einflussfaktoren** in der Motiventstehung und Entscheidungsfindung?

▶ Gab es **Ängste** bei der Entscheidungsfindung und im Einbürgerungsverfahren?

▶ Lassen sich **Diskurse** innerhalb von Familien und deren Wirkung rekonstruieren?

▶ Wie wirkt sich die Einbürgerung auf die **gesellschaftliche Akzeptanz** aus?

13

Einbürgerung ist somit eine politische Maßnahme und Teil eines öffentlichen Diskurses einerseits und eine subjektiv erlebte, integrationsrelevante Dimension andererseits; beide Aspekte gilt es für eine umfassende Darstellung zu erfassen. Dies spiegelt sich auch im Aufbau dieser Arbeit wider.

Zunächst erfolgt eine Darstellung der objektiven Rahmenbedingungen, also Rechtsgrundlagen und administratives Verfahren der Einbürgerung (Kapitel 1). Datenquellen hierfür waren eine ausführliche Sichtung der Literatur, Experteninterviews mit Sozialberatern, Mitarbeitern von Einbürgerungsbehörden, Juristen in der Verwaltung auf Bundes- und Länderebene und die Ergebnisse aus der Kommunikation mit politischen und gesellschaftlichen Akteuren im Rahmen der Organisation von Fachkonferenzen.

Aufbauend darauf wird ein Überblick über den Stand der Forschung zum Thema Einbürgerung und Integration gegeben und der theoretische Bezugsrahmen dieser Arbeit dargestellt (Kapitel 2). In Kapitel 3 folgt dann der Kern dieser qualitativ-empirischen Studie: Die primäre Datenquelle für die Erschließung der subjektiven Perspektive von Einbürgerung bildeten Ergebnisse des von der Deutschen Forschungsgemeinschaft geförderten Forschungsprojektes „Einbürgerung und Integration. Subjektive Dimensionen des Wechsels der Staatsangehörigkeit", das die Autorin von Oktober 2000 bis November 2003 am europäischen forum für migrationsstudien an der Universität Bamberg bearbeitete und das in Kapitel 4 ausführlich dargestellt wird. Um die oben genannten Fragen empirisch fundiert beantworten zu können, wurde ein exploratives Forschungsdesign entworfen. Durch ein induktives Verfahren und eine Interviewtechnik, die sich als „narrativ-leitfadengestützt" charakterisieren lässt, wurde qualitatives Datenmaterial generiert, das Einblicke in die Relevanzstrukturen und die Erfahrungshintergründe der Befragten eröffnete. Gleichzeitig ermöglichte die Kombination von Leitfaden und narrativen Elementen ein Mindestmaß an Vergleichbarkeit der Interviews. 26 narrativ-leitfadengestützte Interviews mit eingebürgerten Personen unterschiedlicher ehemaliger Nationalitäten lieferten ein umfassendes Datenmaterial, das in zweierlei Hinsicht ausgewertet wurde:

▶ durch eine Analyse aller Fälle mit dem Ziel, Relevanzen im Material zu entdecken und durch qualitative Typenbildung einen Überblick über die Dimensionen in den einzelnen Verlaufsphasen des Einbürgerungsprozesses zu gewinnen.

▶ durch eine detaillierte Betrachtung ausgewählter Interviewpassagen, um im Rückgriff auf den biographischen Hintergrund die entdeckten Themen zu vertiefen und um prozesshafte Entwicklungen herauszuarbeiten.

Eine ausführliche Darstellung der inhaltlichen Ergebnisse erfolgt in Kapitel 5. Da der Wechsel der Staatsangehörigkeit ein wichtiger Schritt der rechtlichen bzw. strukturellen Integration von Migranten sein kann, wurden die Projekt-

ergebnisse anschließend im theoretischen Bezugsrahmen allgemeiner soziologischer Integrationstheorien betrachtet und interpretiert (Kapitel 6.3). Darauf
aufbauend werden Handlungsempfehlungen für Politik und Verwaltung sowie
für weiterführende Forschung formuliert (Kapitel 6.4).

1. Das Staatsangehörigkeitsrecht: Reform, Verfahrensfragen und quantitative Entwicklungen

Begriff das deutsche Staatsangehörigkeitsrecht Einbürgerung von Nicht-Deutschen bis Anfang der 90er Jahre als eine Ausnahme, für die es hohe Hürden zu überspringen galt, so zeigten sich in den letzten zehn bis fünfzehn Jahren Entwicklungen, staatliche und nationale Zugehörigkeit nicht nur über ethnische Gemeinsamkeit zu definieren. Sicherlich ist das neue Staatsangehörigkeitsrecht mit seinem ius soli Prinzip die weitestgehende Maßnahme, den ethnischen Nationsbegriff um territoriale und gesellschaftliche Zugehörigkeitskriterien zu erweitern, doch gab es auch bereits in den 90er Jahren schon Schritte in diese Richtung: Die Veränderung des Ausländergesetzes von 1993 mit den dort geschaffenen Einbürgerungsansprüchen für jugendliche Ausländer mit zumindest acht Jahren Aufenthalt und schulischer Sozialisation in Deutschland bereitete den Weg einer grundlegenden Veränderung und Öffnung des Nationskonzepts. Mit dem neuen Staatsangehörigkeitsrecht des Jahres 2000 wurden integrationspolitische Ziele rechtlich verankert. Das gesetzgeberisches Ziel, wie es in der Begründung bei der Einbringung des Gesetzes zur Reform des Staatsangehörigkeitsrecht formuliert wurde, war, die Integration der wachsende Zahl an in Deutschland geborenen oder dauerhaft hier lebenden Ausländern zu fördern:

„Diese seit langem auf Dauer rechtmäßig im Inland lebenden Ausländer haben ihren Lebensmittelpunkt in Deutschland und sind, vor allem was die so genannte zweite und dritte Ausländergeneration betrifft, den Verhältnissen des Landes, dessen Staatsangehörigkeit sie besitzen, weitgehend entfremdet. Auf eine derartige Lage muss mit entsprechenden staatsangehörigkeitsrechtlichen Regelungen reagiert werden. An der Einbeziehung des auf Dauer in der Bundesrepublik Deutschland lebenden Bevölkerungsteils durch Verleihung der deutschen Staatsangehörigkeit besteht ein öffentliches Interesse schon deshalb, weil kein Staat es auf Dauer hinnehmen kann, dass ein zahlenmäßig bedeutender Teil seiner Bürger über Generationen hinweg außerhalb der staatlichen Gemeinschaft steht und von den Rechten und Pflichten eines Bürgers gegenüber dem Staat ausgeschlossen bleibt. Es entspricht ferner der demokratischen Idee, eine Kongruenz zwischen den Inhabern demokratischer politischer Rechte und der dauerhaft der staatlichen Herrschaft unterliegenden inländischen Wohnbevölkerung herzustellen." [2]

Im Folgenden sollen kurz die rechtlichen Änderungen dargestellt und erste Erfahrungen mit dem neuen Recht aufgezeigt werden.

---

[2] Begründung zum Entwurf eines Gesetzes zur Reform des Staatsangehörigkeitsrechts, BT-Drs. 14/533.

1.1 Rechtsgrundlagen

Das neue Gesetz brachte wichtige Änderungen mit sich: erstens, die Erleichterung des Erwerbs der deutschen Staatsangehörigkeit (u.a. durch Einführung von ius soli-Elementen), zweitens die Erweiterung der Einbürgerungstatbestände (u.a. Kürzung der Mindestaufenthaltszeiten) und drittens die Hinnahme von Mehrstaatigkeit, aber begrenzt durch weitere Verlustgründe (u.a. Optionspflicht). Mit dem Änderungsgesetz von 1999 handelt es sich also nicht um eine bloße Novellierung des 1913 erlassenen und bis dato gültigen Reichs- und Staatsangehörigkeitsgesetzes, sondern wichtige Grundbereiche sind so deutlich anders als früher geregelt worden, „dass sich die Neuregelungen voraussichtlich ebenso tiefgreifend wie langfristig auswirken werden" (Renner 2002, 265). Die Regelungen sollen im Folgenden einzeln etwas näher erläutert werden.

Einbürgerungsanspruch

Das neue Recht sieht die Ergänzung des traditionellen Abstammungsprinzip (ius sanguinis) durch Elemente des Erwerbs der Staatsangehörigkeit durch Geburt im Inland (ius soli) vor: In Deutschland geborene Kinder ausländischer Eltern erwerben mit Geburt die deutsche Staatsangehörigkeit, wenn wenigstens ein Elternteil am Tag der Geburt des Kindes sich seit acht Jahren regelmäßig und gewöhnlich in Deutschland aufhält und eine Aufenthaltsberechtigung oder seit drei Jahren eine unbefristete Aufenthaltserlaubnis besitzt (§4 Abs.3 StAG). Für Kinder ausländischer Eltern, die in der Zeit vom 2. Januar 1990 bis 31. Dezember 1999 geboren wurden, bestand bis zum 31. Dezember 2000 ein befristeter Einbürgerungsanspruch[3], wenn wenigstens ein Elternteil am Tag der Geburt des Kindes sich seit acht Jahren regelmäßig und gewöhnlich in Deutschland aufhielt und eine Aufenthaltsberechtigung oder seit drei Jahren vor der Geburt des Kindes eine unbefristete Aufenthaltserlaubnis besaß und der rechtmäßige und dauernde Aufenthalt dieses Elternteils zum Zeitpunkt der Einbürgerung des Kindes noch andauerte (§ 40b). Kinder, die auf dieser Rechtsgrundlage die deutsche Staatsangehörigkeit erworben haben, sind verpflichtet, sich zwischen dem 18. und dem 23. Lebensjahr zwischen der Staatsangehörigkeit des Herkunftslandes und der deutschen Staatsangehörigkeit zu entscheiden (Optionspflicht nach § 29 StAG)[4].

---

[3] Der Anspruch auf Einbürgerung für Kinder unter zehn Jahren ist am 31.12.2000 abgelaufen. Einer Verlängerung der Frist bis zum 31. Dezember 2002 und einer Senkung der Einbürgerungsgebühren von DM 500 auf DM 100 (Bundesrat Drucksache 53/01) hatten Bundesregierung und Bundestag bereits Anfang des Jahres zugestimmt, die Initiative wurde aber vom Bundesrat mit Mehrheit der unionsgeführten Länder abgelehnt. Auch im Vermittlungsausschuss von Bundestag und Bundesrat kam keine Einigung zustande.

Erleichterung der Einbürgerung

Mit dem neuen Staatsangehörigkeitsrecht haben sich auch die Voraussetzungen für einen Einbürgerungsanspruch verändert, der jetzt statt nach ursprünglich 15 Jahren bereits nach 8 Jahren besteht (§ 85ff. AuslG). Als weitere Voraussetzungen für diesen Anspruch auf Einbürgerung sind erforderlich: ausreichende Kenntnisse der deutschen Sprache; der Besitz einer Aufenthaltserlaubnis bzw. Aufenthaltsberechtigung; das Bekenntnis zur freiheitlich demokratischen Grundordnung; eine Loyalitätserklärung, keine verfassungsfeindlichen Bestrebungen zu verfolgen oder verfolgt zu haben; der Sicherung des Lebensunterhalts aus eigenen Mitteln (mit Ausnahme von Antragstellern unter 23 Jahren); keine Vorstrafen und Verlust und Aufgabe der bisherigen Staatsangehörigkeit.

Im Wesentlichen unverändert gelten nach neuem Recht die Bestimmungen zu allgemeinen Ermessenseinbürgerungen und über den Einbürgerungsanspruch der Ehegatten Deutscher gemäß §§ 8,9 StAG (Renner 1999, 158 f.) Allerdings ist für mit Deutschen Verheiratete das absolute Verbot der Hinnahme von Mehrstaatigkeit beseitigt, statt dessen gelten nun die erheblich erweiterten Gründe des neuen §87 AuslG.

Mehrstaatigkeit

Das Thema Mehrstaatigkeit war im Zuge des dem Gesetz vorausgehenden politischen und gesellschaftlichen Diskurses der zentrale Stein des Anstoßes gewesen (siehe auch Kapitel 6.1) und hat die anderen, teilweise weit grundsätzlicheren Neuregelungen des Staatsangehörigkeitsrechts, wie zum Beispiel die Einführung von ius soli, in den Hintergrund gedrängt. Es besteht zwar nach wie vor das grundsätzliche Ziel, Mehrstaatigkeit zu vermeiden, die Ausnahmefälle sind jedoch konkretisiert und erweitert worden und es müssen alle Erwerbsund Verlusttatbestände in die Betrachtung einbezogen werden (§ 12 StAG).

---

[4] Diese Optionspflicht wird erstmals ab 2. Januar 2008 wirksam werden, wenn die ersten Kinder die Volljährigkeit erreichen, die diesen befristeten Einbürgerungsanspruch genutzt haben. Deren Gesamtzahl ist jedoch weit hinter den Erwartungen zurück geblieben. Mit der Zwangsoptionslösung sind neue Registrierungsaufgaben verbunden. Der für die Beurkundung der Geburt des Kindes zuständige Standesbeamte trägt den Erwerb der deutschen Staatsangehörigkeit in die Personenstandsbücher ein (§ 4 Abs. 3 Satz 2 StAG). Zwar braucht die ausländische Staatsangehörigkeit des Kindes nicht festgestellt werden, einzutragen ist aber die Staatsangehörigkeit der Eltern, wenn sie nachgewiesen ist, wobei hier nur der Rechtszustand zum Zeitpunkt der Geburt des Kindes ausschlaggebend ist (Renner 1999, 161). Laut Auskunft von Experten hat die Verwaltung mit einer Erfassung der Erklärungspflicht bei der Registrierung der Geburt der jeweiligen Person ab 1.1.2000 in den zuständigen Standesämtern reagiert, womit auch in Fällen von Umzügen von „Optionspflichtigen" eine Weitermeldung und entsprechend rechtzeitige Benachrichtigung bei Erreichung der Volljährigkeit gewährleistet ist.

An die Stelle der willkürhaften Versagung der Entlassung ist die Versagung aus Gründen getreten, die der Ausländer nicht zu vertreten hat (Renner 1999, 158):

1) Die Entlassung wird von unzumutbaren Bedingungen abhängig gemacht.

2) Bei älteren Personen ist die eintretende Mehrstaatigkeit ausschließliches Hindernis, die Entlassung stößt auf unverhältnismäßige Schwierigkeiten und die Versagung der Einbürgerung würde zugleich eine besondere Härte darstellen.

3) Bei Aufgabe der anderen Staatsangehörigkeit würden dem Ausländer erhebliche Nachteile insbesondere wirtschaftlicher oder vermögensrechtlicher Art entstehen, die über den Verlust staatsbürgerlicher Rechte hinausgehen[5].

4) Der Ausländer ist politisch Verfolgter im Sinne des § 51 AuslG oder wird wie ein Kontingentflüchtling behandelt.

Neu ist die obligatorische Hinnahme von Mehrstaatigkeit bei Unionsbürgern, falls Gegenseitigkeit besteht[6]. Durch diese Regelung wollte der Gesetzgeber das Ziel der europäischen Integration durch besondere Anreize zum Erwerb der deutschen Staatsangehörigkeit verstärken (Beauftragte 2002 b, 60). Weitere Ausnahmen von der Vermeidung von Mehrstaatigkeit können auch nach Maßgabe völkerrechtlicher Verträge vorgesehen werden (Renner 1999, 158).

Eine Maßnahme zur Beschränkung der Hinnahme von Mehrstaatigkeit kann in dem Generationenschnitt gesehen werden (§ 4 Abs. 4 StAG), wodurch der Erwerb der deutschen Staatsangehörigkeit durch Abstammung begrenzt wird. So erwirbt das im Ausland geborene Kind eines deutschen Elternteils, der selbst schon im Ausland geboren wurde und dort dauernd lebt, nur dann mit Geburt die deutsche Staatsangehörigkeit, wenn die Geburt binnen Jahresfrist bei der deutschen Auslandvertretung gemeldet wird. Mit dieser Regelung wurde zum ersten Mal das Abstimmungsprinzip im deutschen Staatsangehörigkeitsrecht angetastet (Renner 2002, 265 f.).

---

[5] Dieser Punkt erweist sich im praktischen Vollzug des Gesetzes als äußerst schwierig. Nach Auskunft von Experten muss der Beamte der Einbürgerungsbehörde über Kenntnisse „vom afghanischen Scheidungsrecht bis zum türkischen Erbrecht" verfügen, um die vorgegebenen Nachteile vermögensrechtlicher Art zu überprüfen. Vor allem bei der Überprüfung von Angaben zu Grundbesitz im Herkunftsland kann dies ein langwieriges Verfahren verursachen (ein Experte erwähnte in diesem Zusammenhang „Schrebergärten in Sibirien" und „Pistazienfelder im Iran").

[6] Die Hinnahme von Mehrstaatigkeit wird möglich, wenn der einzubürgernde Ausländer die Staatsangehörigkeit eines der anderen Mitgliedsstaaten der Europäischen Union besitzt und das Recht des Herkunftstaats, der Mitgliedsstaat der EU ist, generell oder für andere Staatsangehörigkeiten von Mitgliedsstaaten der EU Mehrstaatigkeit bei der Einbürgerung hinnimmt (Hailbronner/ Renner 2001, 713).

Ein weiterer theoretisch wie praktisch wichtiger Schritt zur Verhinderung von Mehrstaatigkeit ist die Erweiterung des Verlustgrunds bei Erwerb einer fremden Staatsangehörigkeit (§ 25 StAG)[7]. Aufgrund einer allgemeinen Tendenz in der Staatenpraxis sieht § 25 den automatischen Verlust der Staatsangehörigkeit beim Erwerb einer fremden Staatsangehörigkeit auf Antrag vor. Bis zum In-Kraft-Treten des neuen Staatsangehörigkeitsrechts am 1.1. 2000 galt, dass derjenige die deutsche Staatsangehörigkeit nicht verlor, der im Inland seinen Wohnsitz oder dauerhaften Aufenthalt hatte („Inlandsklausel"). Die zunehmende Praxis, von dieser Möglichkeit unter Umgehung des Grundsatzes der Vermeidung der Mehrstaatigkeit Gebrauch zu machen, führte zur Streichung dieser Vorschrift, so dass diese Inlandsklausel nur noch für Altfälle relevant ist (Hailbronner/Renner 2001, 552ff). Mit dieser Maßnahme sollte vor allem der Praxis türkischer Staatsbürger und Behörden entgegengewirkt werden, nach der Entlassung aus der türkischen Staatsangehörigkeit und der Einbürgerung in Deutschland sogleich die Wiedereinbürgerung in der Türkei vorzunehmen (Renner 1999, 160).

Erwerb der deutschen Staatsangehörigkeit bei Spätaussiedlern

Bezüglich des Status von Deutschen ohne deutsche Staatsangehörigkeit enthält das Staatsangehörigkeitsgesetz eine grundlegende Neuerung. Die Kriegsfolgenregelung des Art. 116 Abs. 1 GG[8], durch die sowohl der Vertriebene oder Flüchtling deutscher Volkszugehörigkeit als auch sein (nichtdeutscher) Ehepartner oder Abkömmling einen Einbürgerungsanspruch hatte, ist fast vollständig durch eine Regelung abgelöst worden, die dem deutschen Volkstum zugehörige und in Deutschland aufgenommene Vertriebene, Flüchtlinge, Aussiedler und Spätaussiedler unmittelbar in die deutsche Staatsangehörigkeit überleitet und damit die Erscheinung des Statusdeutschen auslaufen lässt (Renner 2002, 265). Diese Regelung war aufgrund der Verhältnisse in der unmittelbaren Nachkriegszeit verständlich gewesen, die anfänglich durch Unsicherheiten bei der internationalen Anerkennung der Figur des Statusdeutschen gekennzeichnet war (Renner 1999, 157). Durch § 40a StAG werden Mitglieder der betroffenen Gruppe kraft Gesetzes mit Ausstellung der Bescheinigung zum Nachweis der

---

[7] Dieser Punkt war bei Migrantenorganisationen, u.a. bei der Türkischen Gemeinde in Deutschland e.V., im Verlauf der Ausarbeitung des Gesetzentwurfs auf starke Kritik gestoßen, der Änderungsantrag der PDS-Fraktion war aber abgelehnt worden (BT-Drs. 14/990, vgl. weiter oben).

[8] „Deutscher im Sinne dieses Grundgesetzes ist vorbehaltlich anderweitiger gesetzlicher Regelung, wer die deutsche Staatsangehörigkeit besitzt oder als Flüchtling oder Vertriebener deutscher Volkszugehörigkeit oder als dessen Ehegatte oder Abkömmling in dem Gebiete des Deutschen Reiches nach dem Stande vom 31. Dezember 1937 Aufnahme gefunden hat."

Spätaussiedlereigenschaft[9] eingebürgert, auf die Einbürgerung als Verwaltungsakt wird bei dieser Gruppe somit verzichtet.

Sprachkenntnisse: Der Sprachtest

Über den Nachweis „ausreichender Kenntnisse" der deutsche Sprache hat es in der Ausarbeitung der Verwaltungsvorschriften zwischen den Bundesländern keine Einigung gegeben. Die Formulierung wurde aus diesem Grund dazu recht allgemein gehalten:

> „Ausreichende Kenntnisse der deutschen Sprache liegen vor, wenn sich der Einbürgerungsbewerber im täglichen Leben einschließlich der üblichen Kontakte mit Behörden in seiner deutschen Umgebung sprachlich zurecht zu finden vermag und mit ihm ein seinem Alter und Bildungsstand entsprechendes Gespräch geführt werden kann. Dazu gehört auch, dass der Einbürgerungsbewerber einen deutschsprachigen Text des alltäglichen Lebens lesen, verstehen und die wesentlichen Inhalte mündlich wiedergeben kann. Die Fähigkeit, sich auf einfache Art mündlich verständigen zu können, reicht nicht aus. Bei den Anforderungen an die deutschen Sprachkenntnisse ist zu berücksichtigen, ob sie von dem Einbürgerungsbewerber wegen einer körperlichen oder geistigen Krankheit oder Behinderung nicht erfüllt werden können. [...] Sind die erforderlichen Kenntnisse der deutschen Sprache nicht oder nicht hinreichend nachgewiesen, soll das persönliche Erscheinen des Einbürgerungsbewerbers zur Überprüfung der Sprachkenntnisse angeordnet werden. Die Anforderungen des Zertifikats Deutsch (ISBN 3-933908-17-5) sind dafür ein geeigneter Maßstab." [10]

Diese vage Formulierung hat nach Auskunft von Verwaltungsfachleuten dazu geführt, dass in der Verwaltungspraxis sehr große Umsetzungsspielräume existieren[11]. In Bayern sind die Sprachkenntnisse nachzuweisen durch (alternativ): das Zertifikat Deutsch der Volkshochschulen oder ein gleichwertiges Sprachdiplom; den vierjährigen erfolgreichen Besuch einer deutschsprachigen Schule; einen Hauptschulabschluss oder wenigstens gleichwertigen deutschen Schulabschluss; die Versetzung in die 10. Klasse einer weiterführenden deutschsprachigen Schule; ein erfolgreiches Studium an einer deutschen Hochschule oder Fachhochschule oder den erfolgreichen Abschluss einer in Deutschland erworbenen Berufsausbildung. Wer keinen dieser Nachweise erbringen kann, wird von der Einbürgerungsbehörde zu einem Sprachtest eingeladen (vgl. Kapitel 1.3). Maßstab für diesen sind dabei die Anforderungen des Zertifikats Deutsch (oder Deutsch alpha für Analphabeten). Diese Anforderungen betreffen

---

[9] gemäß § 15 Abs. 1 oder 2 des Bundesvertriebenengesetzes

[10] Allgemeine Verwaltungsvorschrift zum Staatsangehörigkeitsrecht (StAR-VwV), Kabinettsbeschluss vom 18.10.2000, Abs. 8.1.2.1.1 (Sprachkenntnisse) und 8.1.2.1.2. (Nachweis der Sprachkenntnisse)

[11] Vgl. dazu auch Dornis 1999 und 2001 sowie Kapitel 2.

alle Einbürgerungen, mit Ausnahme der Einbürgerungen von Kindern unter §
40b StAG. Erleichterungen sind vorgesehen für Minderjährige unter 16 Jahren,
für die Ermessenseinbürgerung älterer Personen über 60 Jahren und für mit
Deutschen verheiratete Bewerber[12].

Seit es am 1.1.2000 in Kraft getreten ist, ist das neue Staatsangehörigkeitsrecht keinesfalls unverändert geblieben (vgl. Renner 2002, 268f.). Zum einen
wurde der Einbürgerungsanspruch für Ehegatten, der in § 9 StAG geregelt ist,
durch das Gesetz zur Beendigung der Diskriminierung gleichgeschlechtlicher
Gemeinschaften[13] auf Lebenspartner ausgedehnt. Die ab September 2001
geltende Neuregelung der Bedeutung der Beherrschung der deutschen Sprache
für die Feststellung der Volkszugehörigkeit der Spätaussiedler wird den Weg in
die deutsche Staatsangehörigkeit „voraussichtlich einengen"[14] (Renner 2002,
269), wobei die zahlenmäßigen Auswirkungen nicht genau feststellbar sein
werden.

Experten merken an, dass durch die Reform des Staatsangehörigkeitsrecht
zwar in weiten Teilen eine „Modernisierung"[15] erfolgt ist, dass aber alles in
allem die Rechtslage damit „weder einfacher noch übersichtlicher" geworden
ist (Renner 2002, 265):

---

[12]   Im August 2002 präzisierte das Hessische Verwaltungsgericht die Anforderungen für den
Sprachtest. Es fällte als erstes Oberverwaltungsgericht in Deutschland ein Urteil zu den
Deutschkenntnissen, die Ausländer für eine Einbürgerung vorweisen müssen. In einem
Grundsatzurteil wurde entschieden, dass der im Ausländergesetz geforderte Nachweis ausreichender deutscher Sprachkenntnisse nur dann als erbracht gilt, wenn sich der Antragsteller
nicht nur mündlich, sondern auch schriftlich in der deutschen Sprache äußern kann. Das
Gericht begründete sein Urteil damit, dass der Gesetzgeber bei der Reform des Staatsangehörigkeitsrechts den Deutschkenntnissen besondere Bedeutung zugemessen hat. Der VGH
wies damit eine Klage eines anerkannten türkischen Asylbewerbers ab, der bei der Sprach-
prüfung zunächst an einem Diktat, später auch an einem Lesetest gescheitert war. Das Urteil
gilt als wichtiger Schritt zur Angleichung der Sprachprüfungskriterien. Dieses Verfahren ist
inzwischen jedoch beim Bundesverwaltungsgericht anhängig. Auch mit einer Entscheidung
vom 22.07.2003 hat das Verwaltungsgericht in Stuttgart diesen Entscheid wieder in Frage
gestellt (Stuttgarter Zeitung online, 23.07.2003).

[13]   Art.3 §1 Gesetz zur Beendigung der Diskriminierung gleichgeschlechtlicher Gemeinschaften:
Lebenspartnerschaften vom 16.2.2001. Lebenspartnerschaften mussten nach dem 1. August
2001 erst registriert werden, bevor Einbürgerungen auf dieser Grundlage vollzogen werden
konnten.

[14]   Mit dem Gesetz zur Klarstellung des Spätaussiedlerstatus vom 30.8.2001wird die Kenntnis
der deutschen Sprache nun im Sinne einer Voraussetzung für eine erfolgreiche Integration
in Deutschland und nicht (allein) als Merkmal der Volkstumszugehörigkeit im Ausland neu
definiert (Renner 2002, 267).

[15]   Nach Aussage eines Mitarbeiters des Bundeinnenministeriums auf einer Fachtagung zum
Thema.

„Eine an den Erfordernissen moderner Rechtsstaatlichkeit ausgerichtete klare Struktur ist nicht erkennbar; Ausnahmen und Abweichung schränken die Grundsätze des Abstammungsprinzips und der Vermeidung von Mehrstaatigkeit in mehrfacher Hinsicht ein. [...] Die Allgemeinen Verwaltungsvorschriften können diese Lücken nur unzulänglich füllen, zumal wichtige Einzelheiten zwischen Bund und Ländern umstritten waren und deshalb offen geblieben sind." (ibid.)

Welche Erfahrungen die letzten Jahre mit dem neuen Staatsangehörigkeitsgesetz in der Praxis mit sich brachten, soll im folgenden Kapitel kurz reflektiert werden.

1. 2 Das neue Staatsangehörigkeitsgesetz drei Jahre später: Erfahrungen und Rückblick[16]

Nach Angaben des Statistischen Bundesamts sind im Jahr 2002 rund 154.500 Personen in Deutschland eingebürgert worden. Damit haben sich in den Jahren 2000 bis 2002 insgesamt rund 519.000 Personen einbürgern lassen. Der Jahresdurchschnitt von Einbürgerungen von 173.000 liegt dabei um mehr als 50% über dem Wert des Drei-Jahres-Zeitraums vor der Reform: Für die Jahre 1997 bis 1999 betrug der Jahresschnitt 111.000 Einbürgerungen. Die jährliche Gesamtzahl der Einbürgerungen hat sich demnach nach einem sprunghaften Anstieg um 30% im ersten Jahr und einem leichten Abflachen im zweiten Jahr nun im dritten Jahr nach der Reform auf ein Normalmaß eingependelt[17]. Die Entwicklung der Einbürgerungszahlen zeigt nach Meinung von Verwaltungsfachleuten, dass die Modernisierung des Staatsangehörigkeitsrechts nachhaltig Wirkung zeigt und sich positiv auf die Einbürgerungsbereitschaft auswirkt. Eine Umfrage des Bundesinnenministeriums bei den Bundesländern, den kommunalen Spitzenverbänden, den Migrantenorganisationen sowie den Kirchen hatte bereits 2001 ergeben, dass – bei aller Kritik an einzelnen Punkten – die Modernisierung als solche auf positive Resonanz gestoßen war. Wie in den Vorjahren lassen sich weiterhin regionale Unterschiede in den Einbürgerungszahlen

---

[16] Die folgenden Ausführungen beruhen auf Beiträgen und Kommentaren von Praktikern aus der Verwaltung auf Bundes- und Landesebene bei folgenden Tagungen: „Citizenship in the Age of Migration", am 26.06.2002 in Berlin, „16. Migrationspolitisches Forum: Erfahrungen mit dem neuen deutschen Staatsangehörigkeitsrecht und Rechtsfragen doppelter Staatsangehörigkeit" am 7.10.2002 in Berlin und „Staatangehörigkeit und Einbürgerungskultur" am 7. und 8. Juli in der Bayerischen Landesvertretung in Berlin (siehe http://www.uni-bamberg.de)

[17] Es gilt bei diesen Zahlen jedoch zu berücksichtigen, dass sich der Antragsstau vor der Reform auf die folgenden Jahre 2000 und 2001 ausgewirkt hat. Andererseits hatten sich 1999, im letzten Jahr vor der Reform, viele Menschen noch einbürgern lassen, da sie offensichtlich das alte Recht subjektiv als vorteilhafter einschätzten.

feststellen: So erfolgten in den neuen Bundesländern im Jahr 2000 lediglich 1.947 (rund 1%) aller Einbürgerungen, was sowohl mit dem niedrigeren Ausländeranteil (1,8%) sowie mit der im Schnitt kürzeren Aufenthaltsdauer von Ausländern in Ostdeutschland zusammenhängt (Dornis 2002, 167).

Die von den Städten befürchtete „Flut von Anträgen" und das vom Städte- und Gemeindebund prognostizierte „Chaos bei Einbürgerungen"[18] ist ausgeblieben. Die erwartete Antragswelle von bis zu einer Million ist nicht eingetroffen. Auch die Zahl der nach § 40b eingebürgerten Kinder blieb weit hinter den Erwartungen zurück, was nach Meinung der Integrationsbeauftragten der Bundesregierung Marieluise Beck vor allem an der hohen Gebühr (DM 500,-) und dem kurzen Zeitraum lag, in dem dies möglich war. Der Übergangsanspruch wurde nur von 20.181 Kindern im Jahr 2000 und 23.403 im Jahr 2001 genutzt (Beauftragte 2002, 55).

In Gesprächen mit Experten der Verwaltung auf Bundesebene, in den Ländern wie auch in Kommunen sowie in der Literatur (z.B. Dornis 2002) wird konstatiert, dass im Bereich der Anspruchseinbürgerungen das Verwaltungsverfahren in Folge der Reform komplizierter geworden ist, wodurch es teilweise zu Verfahrensverlängerungen kommt. Während früher beim Anspruchserwerb der Staatsangehörigkeit neben Personenstandsdaten und Aufenthaltszeit nur die Straffreiheit und wirtschaftliche Leistungsfähigkeit überprüft wurde, erfolgt dies nun ebenfalls für die Sprachkenntnisse (siehe weiter unten) und das Bekenntnis zur freiheitlich-demokratischen Grundordnung (Dornis 2002, 171).

Ein weiteres Problem stellen die starken regionalen Disparitäten dar: So habe sich laut Auskunft von Experten durch die unterschiedlich umgesetzten Einbürgerungsanforderungen ein Nord-Süd-Gefälle entwickelt, das teilweise zu „Einbürgerungstourismus" in Bundesländer mit leichteren Anforderungen führe. Regionale Unterschiede bestünden vor allem bei der Durchführung des Sprachtests, aber auch hinsichtlich von aufenthaltsrechtlichen Voraussetzungen[19]. Hier wurde durchweg von Seiten der Praktiker eine stärkere Harmonisierung und stärkere „Kundenorientierung" angemahnt[20].

---

[18] „Städte rechnen mit einer Flut von Anträgen", Süddeutsche Zeitung vom 16.1.1999, „Städte befürchten Chaos bei Einbürgerungen", Süddeutsche Zeitung vom 18.11.1999

[19] Es existieren Unterschiede zwischen den Bundesländern dahingehend, was als „rechtmäßig" und „gewöhnlicher" Aufenthalt angesehen wird; so wurde zum Beispiel in der bayerische Verwaltungsrichtlinie die Anforderung eines ununterbrochenen achtjährigen Aufenthalts formuliert.

[20] Siehe den Bericht zur Tagung „Staatangehörigkeit und Einbürgerungskultur" am 7. und 8. Juli in der Bayerischen Landesvertretung in Berlin unter http://www.uni-bamberg.de.

1.3 Das (neue) Einbürgerungsverfahren[21]

Auch wenn, wie später aufzuzeigen sein wird, der Einbürgerungsprozess stark durch subjektive Dimensionen geprägt ist, so verbindet doch alle Einbürgerungswilligen ein gemeinsamer Schritt: der Gang zur Behörde und die Einleitung des administrativen Verfahrens der Einbürgerung. Gemäß § 8 StAG erfolgt die Einbürgerung auf Antrag eines Ausländers. Dieser muss bei der für den Wohnsitz des Antragstellers zuständigen Einbürgerungsbehörde eingereicht werden. Eine besondere Form des Antrags ist von Seiten des Gesetzgebers nicht zwingend vorgeschrieben; die Formblätter und dem Antrag beizufügenden Unterlagen sind in den jeweiligen Verwaltungsvorschriften der Bundesländer festgelegt. Der Antrag muss jedoch schriftlich erfolgen. Der Einbürgerungsbewerber muss sich über alle von der Behörde für wesentlich gehaltenen Umstände erklären und die von der Behörde für notwendig erachteten Unterlagen vorlegen, soweit er dazu in der Lage ist. Die Behörde muss den Antragsteller über die Voraussetzungen der Einbürgerung und das Einbürgerungsverfahren, insbesondere über die ihm zustehenden Rechte und die ihm obliegenden Mitwirkungspflichten belehren. Die Phase des administrativen Verfahrens, also der mehrmalige Kontakt mit den zuständigen Mitarbeitern in der Behörde, die Beibringung der notwendigen Unterlagen und die seit Kurzem erforderliche Absolvierung des Sprachtests, ist ein zentraler Aspekt im gesamten Einbürgerungsprozess und wird von den Antragstellern sehr unterschiedlich erlebt. Diese Phase wurde deshalb in der vorliegenden Untersuchung ausführlich berücksichtigt.

Gemäß $ 16 Abs. 1 StAG wird die Einbürgerung mit der Aushändigung der Einbürgerungsurkunde wirksam. Für die Urkunde gibt im Interesse der Rechtssicherheit ein bundeseinheitliches Muster. Sollte ein Einbürgerungsnachweis für die Aufgabe der vorherigen Staatsangehörigkeit erforderlich sein, wird zunächst eine schriftliche Einbürgerungszusicherung ausgestellt. In dieser wird dem Antragsteller die Einbürgerung für den Fall zugesagt, dass er die Aufgabe seiner alten Staatsangehörigkeit nachweist. In der Regel ist diese Einbürgerungszusicherung auf zwei Jahre befristet, Ausnahmen sind jedoch möglich. Die Einbürgerungszusicherung erfolgt weiterhin unter der Auflage, dass sich die für die Einbürgerung maßgebliche Sach – oder Rechtslage bis zum Ablauf der Frist nicht ändert. Gemäß § 38 Abs. 1 StAG werden für Einbürgerungen nach §§8, 9 StAG Einbürgerungsgebühren erhoben. Es wurde ein Festbetrag von DM 500,- (250 €) festgelegt, für minderjährige Kinder DM 100,- (50 €). Der Erhalt der Urkunde stellt den Abschluss des administrativen Verfahrens dar. Auch hier zeigte sich im Verlauf der Untersuchung, dass dieser Moment von den eingebürgerten Personen sehr unterschiedlich erlebt wird, was durch eine vertiefte Analyse der entsprechenden Interviewpassagen dokumentiert wurde.

[21] Folgende Ausführungen stützen sich auf Hailbronner/ Renner 2001, 462ff.

Vor In Kraft treten des reformierten Staatsangehörigkeitsgesetzes lag es im Ermessen des jeweiligen Einbürgerungsbeamten, die Sprachkenntnisse des Antragstellers einzuschätzen. Seit dem 1.1.2000 besteht in Bayern, dem Bundesland, in dem die empirische Untersuchung dieses Forschungsprojektes durchgeführt wurde, die Pflicht, die Sprachkenntnisse anhand eines standardisierten Sprachtests nachzuweisen. Sowohl die mündlichen als auch die schriftlichen Deutschkenntnisse der Bewerber werden durch externe Stellen (Volkshochschulen) überprüft, während sich die meisten anderen Bundesländer auf unstandardisierte, mündliche Prüfungen und Leseverständnistests beschränken und der jeweilige Sachbearbeiter die Sprachkenntnisse in einem Gespräch mit dem Antragsteller prüft (Beauftragte 2002, 56). Der in Bayern durchgeführte „Test Deutsch" wurde vom Deutschen Volkshochschulverband für das Bayerische Innenministerium entwickelt. Er setzt sich zusammen aus fünf Einzeltests, die in einer Gesamtprüfungsdauer von circa 45 Minuten absolviert werden. Um zu bestehen müssen in der Gesamtwertung mindestens 71 (bei Älteren und Ehegatten 61) von 100 Punkten, davon im schriftlichen Teil 10 von 15 Punkten erzielt werden. Der Schwierigkeitsgrad in Wortschatz und Grammatik orientiert sich an den Lehrbüchern „Grundbaustein Deutsch als Fremdsprache", die vom Deutschen Volkshochschulverband und den Sprachverband Deutsch für ausländische Arbeitnehmer herausgegeben werden[22]. Die Prüfung wird von Deutsch-Dozenten der jeweiligen Volkshochschulen abgenommen. Zur Information und Vorbereitung wird den Teilnehmern die Möglichkeit geboten, an einem Mustertest teilzunehmen, der die authentische Prüfungssituation simuliert[23]. Im Falle eines Nichtbestehens kann der Test beliebig oft wiederholt werden, allerdings frühestens nach drei Monaten. 10 der 26 befragten Personen in der vorliegenden Untersuchung wurden nach dem Jahr 2000 eingebürgert und mussten demnach den Sprachtest absolvieren. In vereinzelten Interviews wurde ausführlich vom subjektiven Erleben dieses administrativen Erfordernisses berichtet. Diese – teils sehr emotionalen – Ausführungen lieferten wichtiges Material, um den administrativen Akt der Einbürgerung in seiner subjektiven Wahrnehmung besser verstehen zu können.

---

[22] Eine tabellarische Übersicht über die einzelnen Testteile und ihre Bewertung findet sich im Anhang 1.

[23] Die Autorin hatte die Gelegenheit, im September 2000 an einem dieser Übungstests der Volkshochschule Bamberg teilzunehmen, der von den Einbürgerungskandidaten rege nachgefragt wurde. In anschließenden Gesprächen mit den Teilnehmern entstand der Gesamteindruck, dass sich bei den meisten die Befürchtung, der Test sei sehr schwer, nicht bestätigt hatte. Er wurde fast durchweg als „gar nicht so schwer" und „machbar" bewertet. Die Informationsveranstaltung der Volkshochschule und die Möglichkeit, an einem Mustertest teilzunehmen, hatte in diesen Fällen dazu beigetragen, Ängste und Unsicherheiten abzubauen.

Nach der Darstellung der Rechtsgrundlagen soll nun der Stand der Forschung zum Thema Einbürgerung und Integration dargestellt werden, gegliedert nach quantitativen Surveys und qualitativ-empirischen Untersuchungen, um das dieser Arbeit zugrunde liegende Forschungsprojekt in die Forschungslandschaft einordnen zu können.

2. Stand der Forschung zu Staatsangehörigkeit und Integration

Ich beschränke mich bei der Darstellung des Forschungsstands auf empirische Arbeiten[24], die für den Zusammenhang von Einbürgerung und Integration in Deutschland wichtig sind. Nicht behandelt werden die zahlreich vorhandenen juristischen und international vergleichenden Publikationen zum Thema Staatsangehörigkeit, ebenso wie Arbeiten, die sich mit der Einführung des neuen Staatsangehörigkeitsrechts in Deutschland zum 1. Januar 2000 und den damit verbundenen gesellschaftspolitischen Diskursen – insbesondere zur doppelten Staatsangehörigkeit – beschäftigen (z.B. Goldberg 1999, Storz/Reißland 2002).

Parallel zur politischen Konjunktur des Themas Staatsangehörigkeit wurde dieses auch verstärkt Objekt der Forschung seit Ende der 90er Jahre. Forscher verschiedener Disziplinen befassten sich zunehmend mit einbürgerungsbezogenen Fragestellungen. So sind zum Beispiel eine Reihe von Publikationen geschichts- und politikwissenschaftlicher Art erschienen (Conrad/Kocka 2001; Gosewinkel 2001; Green 2000; Hagedorn 2001; Holz 2000; Mackert 1999; Mackert/Müller 2000). Diese Arbeiten setzen sich vorrangig mit der historischen Entwicklung des deutschen Staatsangehörigkeitsrechtes auseinander, nehmen internationale Rechtsvergleiche vor oder beschäftigen sich aus theoretischer Perspektive mit Staatsangehörigkeit als Mechanismus gesellschaftlicher Inklusion bzw. Exklusion, in Anlehnung an den angelsächsischen Citizenship-Diskurs. Des weiteren liegt eine Reihe von Beiträgen vor, die sich direkt auf die Auseinandersetzung um das neue deutsche Staatsangehörigkeitsrecht beziehen bzw. die Umsetzung des neuen Rechts aus juristischer und verwaltungspraktischer Sicht behandeln (z.B. Storz/Reißlandt 2002, Dornis 2002, Renner 2002). Das Hauptinteresse dieser Arbeit gilt jedoch Publikationen, die den Einbürgerungsvorgang selbst bzw. die Stellung der Einbürgerung im Integrationsprozess zum Thema haben. Hierzu liegen eine Reihe quantitativ-empirischer und qualitativer Studien vor.

2.1 Quantitativ-empirische Forschung

Im Hinblick auf Einbürgerung wurde in den vorliegenden Surveys überwiegend der Wunsch nach Einbürgerung und die Motive für die Annahme bzw. Ablehnung der deutschen Staatsangehörigkeit erhoben. In der 1995 im Auftrag des Bundesministeriums für Arbeit und Sozialordnung durchgeführten repräsentativen Befragung ausländischer Arbeitnehmer und ihrer Familienange-

---

[24] Theoretische Arbeiten und Konzepte zur Integration finden sich in Kapitel 3.

hörigen (König/Schultze/Wessel 1986, Mehrländer/Ascheberg/Ueltzhöffer 1996, aktuell Venema/Grimm 2001[25]), die an die Untersuchungen von 1980 und 1985 anschloss, wurden Menschen türkischer, ehemals jugoslawischer, italienischer sowie griechischer Nationalität nach ihrer Absicht zur Annahme der deutschen Staatsangehörigkeit und die Einbürgerungswilligen bzw. Einbürgerungsunwilligen nach ihren jeweiligen Motiven befragt. Jeder fünfte der Befragten erklärte hierbei die Absicht, die deutsche Staatsangehörigkeit annehmen zu wollen, wobei sich ein deutliches Gefälle zwischen Angehörigen von EU-Nationen und Drittstaataangehörigen zeigte. Unter Einbeziehung der Ergebnisse der vorherigen Untersuchungen lässt sich festhalten, dass im Zeitverlauf bei allen Nationen eine starke Zunahme des Einbürgerungswillens vorlag: Die jeweiligen Prozentsätze haben sich mehr als verdreifacht, angestiegen war auch die Zahl derjenigen, die noch unsicher waren (Mehrländer/Ascheberg/Ueltzhöffer 1996, 412f). Neben dieser Untersuchung zeigten auch eine Erweiterung der Marplan-Ausländerstudien 1992 und 1993 (Thränhardt/Dieregsweiler/Santel 1994) und auch die Untersuchung von Heitmeyer et al. zu islamischem Fundamentalismus bei türkischstämmigen Schülern (Heitmeyer/Müller/ Schröder 1997) einen tendenziellen Anstieg der Einbürgerungsbereitschaft im Zeitverlauf, insbesondere bei Migranten aus Nicht-EU-Ländern. Thränhardt/Dieregsweiler/Santel (1994) haben in ihrer Untersuchung zur Lebenslage der Menschen aus den ehemaligen Anwerbeländern in Nordrhein-Westfalen die Befragungen des Marplan-Instituts herangezogen, in denen seit 1970 ebenfalls repräsentative Daten zu den fünf größten nichtdeutschen Nationalitäten in Deutschland erhoben werden. Eine Auswertung der Einbürgerungsdaten des Statistischen Landesamtes im Vergleich zu dem von den Befragten angegebenen Interesse an der deutschen Staatsbürgerschaft zeigte eine große Diskrepanz zwischen der Anzahl der Personen, die ein starkes oder zumindest gewisses Interesse an der deutschen Staatsangehörigkeit zeigten, und den tatsächlichen Einbürgerungszahlen. Aufgrund dieser Diskrepanz wurden im Auftrag des Ministeriums für Arbeit, Gesundheit und Soziales des Landes Nordrhein-Westfalen 1992 und 1993 Zusatzfragen in den Fragebogen des Marplan-Instituts aufgenommen, unter anderem zu den Motiven, warum Personen, die an der deutschen Staatsangehörigkeit interessiert sind, sie noch nicht beantragt haben oder aus welchem Grund sie überhaupt nicht daran interessiert seien. Thränhardt/ Dieregsweiler/Santel halten als Ergebnis fest, dass mehr als jeder dritte Befragte die Kompliziertheit des Verfahrens, also die Zahl der Dokumente, die Dauer und die Anzahl der befassten Instanzen als Motiv für eine ausbleibende Antrag-

---

[25] Diese neueste Repräsentativuntersuchung ist nicht mehr vom Forschungsinstitut der Friedrich-Ebert-Stiftung durchgeführt worden, ist aber ähnlich aufgebaut, um die Vergleichbarkeit mit den früheren Studien zu gewährleisten. Im Gegensatz zu den früheren Repräsentativuntersuchungen enthält die Untersuchung 2001 auch eingebürgerte Migranten. Jüngere Befragte unter 25 Jahren weisen sowohl überdurchschnittlich viele Eingebürgerte auf als auch ein überdurchschnittliche Neigung zur Annahme der deutschen Staatsangehörigkeit.

stellung trotz vorhandenen Interesses angab und dass ein ausbleibendes Interesse darauf zurückzuführen sei, dass Befragte ihre bisherige Staatsangehörigkeit behalten und nicht zugunsten der deutschen Staatsangehörigkeit aufgeben wollten (ibid., 235ff). Auch die von Heitmeyer Ende 1995 durchgeführte Befragung Jugendlicher türkischer Herkunft (Heitmeyer et al. 1997) enthält einige Fragen zu ethnisch-kulturellen Identifikationsmustern und zur Einbürgerung. Die Jugendlichen wurden u.a. gefragt, ob sie demnächst beabsichtigen würden, die deutsche Staatsangehörigkeit anzunehmen und ob sie glauben, dass sich ihre Situation dadurch verbessern würde. Auch in dieser Befragung zeigte sich, dass die Annahme der deutschen Staatsangehörigkeit von einer Mehrheit der Jugendlichen in Betracht gezogen wurde; zwei Drittel der Befragten meinten, dass sich dadurch ihre Situation ganz oder zum Teil verbessern würde. Aufgrund des durch den standardisierten Fragebogen methodisch festgelegten Rahmens war aber auch hier keine Vertiefung dieses Fragenkomplexes möglich.

Ein weiteres interessantes Ergebnis der oben zitierten Repräsentativuntersuchung war, dass insbesondere die junge Ausländergeneration stark an Einbürgerung interessiert ist (Mehrländer/Ascheberg/Ueltzhöffer 1996, 415), was sich auch in der Untersuchung von Schultze (1991) über türkische Väter und Söhne zeigte (zum Generationenunterschied vgl. auch Wobbe/Otte 2000). Während die überwiegende Mehrheit der älteren Türken die Annahme der deutschen Staatsangehörigkeit klar ablehnte, zeigten sich bei den Söhnen 15% interessiert und ein weiteres Drittel war sich in dieser Frage noch unsicher (ibid., 172). Zum gleichen Ergebnis kam auch eine vom Institut der deutschen Wirtschaft durchgeführte Studie: Bei einem großen Teil der zweiten Generation war die Bereitschaft vorhanden, die deutsche Staatsangehörigkeit anzunehmen oder dies in Erwägung zu ziehen (Herrmann 1998).

Neben der Entwicklung der Einbürgerungsbereitschaft erweisen sich bei der Untersuchung von Mehrländer, Ascheberg und Ueltzhöffer auch die Ergebnisse hinsichtlich der Motive für die Annahme bzw. die Ablehnung der deutschen Staatsangehörigkeit als interessant. So wurde gefunden, dass als wichtige Einbürgerungsanreize neben rechtlicher Gleichstellung, gesichertem Aufenthaltsrecht, der Ausübung politischer Rechte und Reisefreiheit innerhalb der EU das Gefühl des „Verwurzeltseins" in Deutschland und die geringen Bindungen an das „Heimatland" genannt wurden. Welch große Rolle identifikatorische Aspekte spielen können, zeigte sich allerdings vor allem bei den Gründen für die Ablehnung der deutschen Staatsangehörigkeit: Die Bewahrung der nationalen Identität rangiert hier weit vor anderen Gründen wie Rückkehrabsicht oder Aufgabe der bisherigen Staatsangehörigkeit (Mehrländer/Ascheberg/Ueltzhöffer 1996, 421f). Eine weitere Ausdifferenzierung dieser persönlichen Begründungen für eine Annahme bzw. Ablehnung der deutschen Staatsangehörigkeit war methodisch allerdings nicht möglich, da es sich um geschlossene Fragen innerhalb vollstrukturierter Interviews handelte.

Neben Studien, die Fragen zur Einbürgerungsabsicht und Motiven beinhalteten, liegen Untersuchungen vor, die zwar nicht ausschließlich Einbürgerung zum Thema haben, aber aktuelle Entwicklungen verdeutlichen und einige zusätzliche Aspekte zu den bereits in den früheren Arbeiten behandelten beisteuern. Es handelt sich dabei um Auswertungen von SOEP-Daten (Schmidt/ Weick 1998, Seifert 2000), um Studien, die sich speziell mit der Lebenssituation und Integration türkischer Zuwanderer beschäftigen (Sen et al. 2001, Weiß/ Trebbe 2001, Sackmann et al. 2001, von Wilamowitz-Moellendorf 2001), und um zwei vom europäischen forum für migrationsstudien (efms) durchgeführte lokale Integrationsstudien in Nürnberg und Frankfurt/Main, die auf die Zielgruppe der so genannten zweiten Migrantengeneration ausgerichtet waren (Worbs 2001, Straßburger 2001). Ich möchte kurz die zentralen Erkenntnisse der letztgenannten Studien darstellen, da sich gerade jüngere Zuwanderer bzw. die zweite Generation immer wieder als besonders interessiert an der Einbürgerung gezeigt haben[26] (vgl. weiter oben).

In der EFFNATIS-Studie[27] (Worbs 2001) wurden Jugendliche und junge Erwachsene mit türkischem und (ex-)jugoslawischem Hintergrund u.a. nach der Absicht zur Annahme der deutschen Staatsangehörigkeit und zur Bewertung des deutschen Passes befragt. Dabei zeigte sich, dass die Mehrheit der nicht eingebürgerten türkischen Migranten der zweiten Generation entweder die deutsche Staatsangehörigkeit annehmen wollten oder sie bereits beantragt hatten, bei den jugoslawischen Befragten waren es nur rund ein Drittel. Weitere circa 20% in beiden Gruppen waren prinzipiell interessiert, wünschten sich aber, ihre alte Staatsangehörigkeit behalten zu können. Bei der Beantwortung dreier vorgegebener Statements zur Bedeutung der Staatsangehörigkeit zeigte sich eine überwiegend instrumentelle Einstellung: Jeweils über 75% der Befragten (ohne Unterschiede nach Herkunftsgruppe) stimmten zu, dass die deutsche Staatsangehörigkeit „in erster Linie ein nützliches Papier" sei und dass es nichts mit dem Pass zu tun habe, ob man sich als Deutscher fühle oder nicht. Ein weiterer interessanter Aspekt ist, dass sich weniger als 5% der Befragten ohne deutsche Staatsangehörigkeit unsicher bezüglich ihres Aufenthaltsstatus fühlen; dieses Ergebnis steht im Kontrast z.B. zu Aussagen in Publikationen der Bundesausländerbeauftragten (Beauftragte 2000, 19).

---

[26] Für Informationen zu diesen Studien bedanke ich mich bei meinen Kolleginnen Susanne Worbs und Dr. Gaby Straßburger, die die jeweiligen Untersuchungen am europäischen forum für migrationsstudien durchgeführt haben.

[27] EFFNATIS bedeutet „Effectiveness of National Integration Strategies Towards Second Generation Migrant Youth in a Comparative European Perspective". Im Rahmen des Projekts wurden Politikanalysen sowie Sekundäranalysen bestehender Daten und Statistiken in den acht beteiligten Ländern durchgeführt. In Deutschland (Nürnberg), England und Frankreich fanden im Jahr 1999 zusätzlich empirische Erhebungen mit einem standardisierten Fragebogen statt. Für Einzelheiten zu Forschungsdesign und Ergebnissen siehe www.efms.de.

Die in Frankfurt durchgeführte Studie (Straßburger 2001) zeigt zunächst auf der Basis von kommunalen statistischen Daten eine starke Zunahme von Einbürgerungen ab 1994, besonders bei jüngeren Zuwanderern. Speziell hohe Zahlen wurden bei Türken und Marokkanern registriert, was sich auch in den Daten einer Befragung in drei Stadtteilen zeigte. Die erst genannte Gruppe hatte auch ein überdurchschnittlich ausgeprägtes Interesse an Einbürgerung, allerdings häufig verbunden mit den Wunsch nach Erhalt der türkischen Staatsangehörigkeit. Dieser Wunsch als Hinderungsgrund für eine weitere Steigerung der Einbürgerungszahlen nicht nur bei türkischen Migranten wird auch von Schmidt/Weick (1998,3) und Seifert (2000, 579) hervorgehoben. Schmidt und Weick bestätigen darüber hinaus anhand von SOEP-Daten von 1994 die schon aus anderen Arbeiten bekannte Differenz zwischen EU-Staatsangehörigen und Drittstaatern hinsichtlich des Interesses an der deutschen Staatsangehörigkeit. Mit der Präsentation von Ergebnissen des ALLBUS schließen die Autoren zudem die Perspektive der Aufnahmegesellschaft und deren Einstellung zur Einbürgerung ein: Danach lehnten 1996 49% der Befragten in den alten und 59% in den neuen Bundesländern die doppelte Staatsangehörigkeit ab. Als wichtigste Kriterien für die Einbürgerung eines Ausländers wurden das Fehlen von Straftaten, die Fähigkeit den eigenen Lebensunterhalt zu bestreiten und ein langer Aufenthalt in Deutschland gesehen.

Die Arbeiten von Sen et al. (2001) sowie Weiß/Trebbe (2001) basieren jeweils auf eigenen Mehrthemenbefragungen unter türkischen Migranten. Sie bestätigen zunächst die schon bekannte Tatsache, dass vor allem jüngere Befragte (besonders die schon in Deutschland geborenen) eine Einbürgerung anstreben oder bereits eingebürgert sind. Diese beiden Gruppen sind in der Untersuchung von Weiß und Trebbe auch diejenigen, bei denen sich die deutlichste Tendenz zu einem dauerhaften Aufenthalt in Deutschland abzeichnet (ibid., 84). In der Studie von Sen et al. wurden die Befragten darüber hinaus nach dem Vorliegen der Einbürgerungsvoraussetzungen, nach Motiven für die Annahme bzw. Nicht-Annahme der deutschen Staatsangehörigkeit und nach ihrer Bewertung der im neuen Staatsangehörigkeitsrecht zwingend vorgeschriebenen deutschen Sprachkenntnisse gefragt. 38,7% der Interviewten standen dieser Regelung bzw. einem Sprachtest ablehnend gegenüber; die Sprachkenntnisse wurden auch am häufigsten als nicht erfüllte Einbürgerungsvoraussetzung genannt (ibid., 104). Bei den Gründen für eine Antragstellung überwogen rechtliche Vorteile, Aufenthaltssicherheit und politische Rechte alle anderen Motive bei weitem (vgl. die Ergebnisse bei Mehrländer et al.), gegen eine Einbürgerung sprach an erster Stelle wiederum der Verlust der türkischen Staatsangehörigkeit.

In der Arbeit von Sackmann et al. (2001) wird die Rolle von Staatsbürgerschaft und Einbürgerung unter der Fragestellung einer „kollektiven Identität" türkischer Migranten bzw. von individuellen Selbstverortung der Befragten thematisiert. Dabei sahen die meisten Befragten zwischen einem Selbstverständnis als Türke und der Annahme der deutschen Staatsangehörigkeit keine prinzipielle Unvereinbarkeit; ein solcher Wechsel bedeutete für sie vorrangig eine formale Änderung mit vor allem praktischen, jedoch kaum „innerlichen" Konsequenzen (ibid., 33). Die Studie von Wilamowitz-Moellendorf (2001) im Auftrag der Konrad-Adenauer-Stiftung stellt insofern ein Novum dar, da systematisch türkischstämmige Deutsche mit türkischen Staatsangehörigen bzw. dem Gesamtsample der Befragung sowie mit Deutschen seit Geburt verglichen werden. Allerdings ist die Befragtenzahl mit insgesamt 326 eher klein und das vorliegende Arbeitspapier bezieht sich nur auf Einzelaspekte des Surveys (u.a. emotionale Verbundenheit mit Deutschland, Akzeptanz der Gesellschaftsordnung, Vertrauen in Institutionen, Bedeutung von Religion). Im Ergebnis zeigt sich, das die türkischstämmigen Deutschen stärker integriert sind als die türkischen Staatsangehörigen (bei einem insgesamt positiven Bild), wobei der Autor darauf hinweist, dass die Frage nach Ursache und Wirkung dieses Phänomens nicht mit Sicherheit beantwortet werden kann.

Andreas M. Wüst (2002) hat sich mit den politischen Einstellungen und dem Integrationsstatus von eingebürgerten Migranten beschäftigt. Seine politikwissenschaftliche Dissertation stützt sich auf zwei empirische Grundlagen: eine Befragung von 378 zwischen 1988 und 1997 eingebürgerten Personen in Heidelberg, und eine Sichtung des ZDF-Politbarometers von Februar bis Dezember 1999 mit 660 befragten Eingebürgerten. Die untersuchten Personen wurden nach ihren soziodemographischen Merkmalen, ihren politischen Grundhaltungen und ihrem Wahlverhalten analysiert. Dabei wurde auf eine Differenzierung nach den Haupt-Herkunftsländern zurückgegriffen, nämlich Aussiedler aus der ehemaligen Sowjetunion, Polen und Rumänien einerseits und ehemals türkische Staatsangehörige andererseits. Hinsichtlich des Integrationsstatus zeigten sich deutliche Differenzen zwischen russlanddeutschen Aussiedlern und den übrigen genannten Gruppen; erstere identifizieren sich zwar sehr stark mit Deutschland, unterscheiden sich aber im Hinblick auf Sprachkenntnisse, Sozialstatus und Werthaltungen am stärksten von gebürtigen Deutschen. Sie zeigen auch sehr geringes politisches Interesse und politische Informiertheit, im Gegensatz den deutlich besser integrierten Rumäniendeutschen und eingebürgerten Türken. Hinsichtlich der politischen Positionierung zeigte sich, dass die Unionsparteien vor allem Unterstützung bei eingebürgerten Russlanddeutschen und häufigen Kirchgängern finden, „während sie von eingebürgerten Türken und Befragten nicht-christlichen Glaubens gemieden werden. Die Kernanhängerschaft der SPD bildet zum großen Teil die Gruppe derer, die die Union meiden, aber darüber hinaus auch Eingebürgerte aus Polen und besser in die Gesellschaft integrierte Neubürger. Die Grünen schließlich rekrutieren ihre Anhänger vor allem unter jüngeren Hochgebildeten" (Wüst 2000, 218).

Claudia Diehl hat sich mit der Frage auseinander gesetzt, wie unterschiedliche Einbürgerungsraten verschiedener Migrantengruppen in der Bundesrepublik zu erklären sind (Diehl 2002). Auf Basis einer Befragung von 1.200

türkisch- und 1.200 italienischstämmigen Einwanderern, die überwiegend der zweiten Generation angehörten, untersuchte sie, warum manche Einwanderer die deutsche Staatsangehörigkeit annehmen oder dies zumindest planen, während andere Einbürgerungsberechtigte dies nicht tun. Ein Schwerpunkt der Analysen lag dabei auf der Rolle der kulturellen und identifikativen Integration im Einbürgerungsprozess. Diehls Analysen zeigten, dass Befragte, die in Deutschland geboren worden waren, häufiger eine Einbürgerung planten als Befragte, die in der Türkei geboren waren. Unter den Italienern planten insgesamt nur sehr wenige eine Einbürgerung. Diehl fand darüber hinaus, dass der Plan, die deutsche Staatsangehörigkeit zu erwerben, fast ausschließlich von der identifikativen und kulturellen Integration einer Person abhing; letztere spielte auch bei der Betrachtung von bereits eingebürgerten Personen eine wichtige Rolle. Sie stellte ebenfalls einen positiven Zusammenhang zwischen höherem Bildungsniveau und der Wahrscheinlichkeit, dass eine Person eingebürgert ist, fest.

Die Untersuchung von Dornis (1999, 2002) befasste sich mit regionalen Unterschieden im Einbürgerungsvollzug in Deutschland in acht deutschen Bundesländern und dem Einfluss dieser Praxis auf die Einbürgerungszahlen. Wenngleich der Effekt des Verwaltungshandelns nicht quantifizierbar ist, zeigen sich doch zum Teil erhebliche Unterschiede zwischen den untersuchten Behörden, z.B. hinsichtlich der Prüfung der Einbürgerungsvoraussetzungen, der Hinnahme von Mehrstaatigkeit und nicht zuletzt in der Informationspolitik gegenüber der ausländischen Wohnbevölkerung über die Möglichkeiten der Einbürgerung. Diese Unterschiede können nach Einschätzung des Autoren in vielen Fällen bestimmen, ob es zu einer Einbürgerung kommt oder nicht. Andererseits zeigte sich aber auch, dass der Einfluss der auf die Nachfrage wirkenden Faktoren, insbesondere der Struktur der jeweils lokalen ausländischen Wohnbevölkerung, „deutlich höher ist als der der Verwaltungspraxis selbst" (ibid., 41).

Damit lässt sich zunächst festhalten, dass die Forschung zur Einbürgerung von Migranten durch die genannten repräsentativen Untersuchungen wichtige Ergebnisse gewonnen hat. Die Surveys zeigen einen tendenziellen Anstieg der Einbürgerungsbereitschaft insbesondere bei Migranten aus Nicht-EU-Ländern und bei der zweiten und dritten Generation und geben überblicksartig Aufschluss über ausgewählte Motive zur Annahme bzw. Ablehnung der deutschen Staatsangehörigkeit. Zur Erkundung und Offenlegung der subjektiven Seite des Einbürgerungsvorgangs hat dieser methodische Zugang jedoch Grenzen: Vollstrukturierte Interviews mit geschlossenen Fragen vermögen es nicht oder nur sehr begrenzt, Kontexte, Motive, Wahrnehmungsweisen, Antizipationen, Gefühle und Entscheidungsprozesse beim Wechsel der Staatsangehörigkeit zu erfassen und damit Aufschluss über die subjektiven Dimensionen von Einbürgerung zu geben. Diese Begrenzung versuchten qualitativ-empirisch angelegte Forschungsprojekte zu überwinden.

2.2 Qualitativ-empirische Forschung

Unter qualitativer Sozialforschung werden Programmatiken und Forschungsmethoden verstanden, die den Prinzipien der Offenheit, Kommunikation und
Subjektorientierung unterliegen und induktiv empirisch arbeiten. Zum The-
menbereich Integration liegen qualitative Studien vor, die sich vor allem mit
identifikativen Aspekten der Integration beschäftigen. So untersuchte Portera
die ethnische Identität italienischer, Atabay diese bei türkischen Jugendlichen
in Deutschland (Portera 1995; Atabay 1994). In beiden Untersuchungen handelte es sich bei den 20 bzw. 17 Befragten jedoch ausschließlich um Jugendliche
mit italienischer bzw. türkischer Staatsangehörigkeit, es gab keine Untersuchungspersonen, die bereits die deutsche Staatsangehörigkeit angenommen
hatten. Die Auswirkungen des Wechsels der Staatsangehörigkeit wurden nicht
thematisiert; es blieb unklar, ob diese zu einer Neuorientierung führt oder keine
direkten Konsequenzen für das ethnische Zugehörigkeitsgefühl aufweist.

Einen stark biographisch geprägten Ansatz verfolgte Schmidt Hornstein
(1995) mit drei Porträts türkischer Akademiker, von denen sich zwei im Einbürgerungsverfahren befanden und eine Person bereits deutsche Staatsangehörigkeit hatte. Die Anwendung narrativer Interviews ermöglichte den Untersuchungspersonen eine ausführliche Darstellung ihrer Biographie. Die befragten
Personen setzten sich ausführlich mit ihren jeweiligen Einbürgerungsmotiven
und den Folgen eines Wechsel der Staatsangehörigkeit für ihre Zugehörigkeitsgefühle auseinander. Während die Motivation, rechtliche Gleichstellung mit
Deutschen zu erlangen, bei allen drei Befragten als Hauptargument für eine
Beantragung der deutschen Staatsangehörigkeit genannt wurde, nahmen emotionale Aspekte einen unterschiedlichen Stellenwert ein, der von dem Gefühl
einer mehrfachen Zugehörigkeit bis hin zum Selbstvorwurf der Abtrünnigkeit
und Illoyalität gegenüber dem Herkunftsland reichte. Da die Interviews systematisch und vollständig ausgewertet wurden, ermöglichte diese Untersuchung
Einblicke in die subjektive Wahrnehmung von Einbürgerung von großer inhaltlicher Tiefe und Ausführlichkeit.

Ein ebenfalls qualitativer Ansatz wird von Swiatkowski (2001) und von
Riegler (2000) verfolgt, die ihre Befragten ebenfalls jeweils ausführlich zu Wort
kommen lassen. Der Beitrag von Riegler beruht auf einer schon 1993 in Österreich durchgeführten Befragung zur Einbürgerungsbereitschaft von Migranten.
Anhand eines Interviewleitfadens wurden 78 qualitative Einzelinterviews sowie
eine Serie von Gruppendiskussionen durchgeführt. Die Befragten waren zu
jeweils einem Drittel bereits eingebürgert, hatten den Antrag gestellt oder
hatten keine österreichische Staatsangehörigkeit. Zentrales Erkenntnisinteresse
der Untersuchung waren Interesse oder Motive für den Wechsel der Staatsangehörigkeit, positive und negative Konsequenzen dieses Schritts und die
Einschätzung durch das eigene soziale Umfeld (Riegler 2000, 184). Einige Ergebnisse dieser Untersuchung decken sich mit Erkenntnissen der vorliegenden

Studie, zum Beispiel zur Art von Einbürgerungsmotiven, wie rechtliche Gleichstellung zu erlangen oder sich vom Herkunftsland distanzieren zu wollen[28]. Da in dem untersuchten Sample auch nicht Eingebürgerte waren, konnten auch Aussagen über Einbürgerungshindernisse getroffen werden, wie zum Beispiel eine starke Rückkehrorientierung oder Verbleibsicherheit[29].

Dieser Überblick zur quantitativen und qualitativen Forschung zum Thema Einbürgerung und Integration zeigt , dass der Vorgang der Einbürgerung und die immer größere Gruppe der eingebürgerten Migranten seit Ende der 90er Jahre verstärkt ins Blickfeld der sozialwissenschaftlichen Forschung in Deutschland gerückt sind, dass aber bestimmte Themen noch nicht untersucht wurden. So war der Wechsel der Staatsangehörigkeit *aus der Sicht von Migranten* zwar teilweise schon thematisiert worden, aber:

▶ solche Aspekte spielten eine eher untergeordnete Rolle;

▶ die Aussagekraft von Surveydaten war (und ist) begrenzt, da aufgrund der Untersuchungsanlage die Antwortkategorien z.B. hinsichtlich der Motive für eine Ablehnung oder Annahme der deutschen Staatsangehörigkeit sehr limitiert sind;

▶ bei den vorliegenden qualitativen Studien in Deutschland handelte es sich um Einzelfallstudien mit einer starken Beschränkung der Datenbasis.

Diese Forschungslücke war Ausgangspunkt für das Projekt, das dieser Arbeit zugrunde liegt. Da dieses Projekt nicht nur zum Ziel hatte, die subjektiven Dimensionen von Einbürgerung zu entdecken, sondern diese auch in einen integrationtheoretischen Zusammenhang zu stellen, sollen nun im folgenden Kapitel zunächst die integrationstheoretischen Grundlagen und der qualitative Zugang dargestellt werden, bevor die empirische Untersuchung selbst beschrieben wird.

---

[28] Verweise auf inhaltliche Ergebnisse dieser Studie finden sich in den jeweiligen Unterkapiteln in Kapitel 5.

[29] Laut Auskunft der Autorin wurden die Ergebnisse dieser interessanten Studie leider nur in einem sehr kurzen Überblicksartikel veröffentlicht, da eine ausführliche Publikation mangels Projektmittel nicht möglich war.

3. Theoretische und begriffliche Grundlagen: Integrationskonzept und qualitativer Zugang

Wie einleitend formuliert ist es Ziel dieser Arbeit, die subjektiven Dimensionen des Wechsels der Staatsangehörigkeit oder des Erwerbs einer zusätzlichen Staatsangehörigkeit und dessen Zusammenhang mit weiteren Aspekten des Integrationsprozesses näher zu untersuchen. Dieses Vorhaben bedarf in forschungstheoretischer Hinsicht der Klärung folgender Grundfragen:

▶ Was meint das Konzept „Integration"?

▶ Wie lässt sich Integration erforschen?

▶ Welcher Erkenntniswert liegt in der Exploration der subjektiven Perspektive?

▶ Und wie geht man bei der Entdeckung vor?

Diesen Fragen soll in den folgenden Kapiteln nachgegangen werde, somit der dem Projekt zugrunde liegende Theorierahmen abgesteckt und die forschungstheoretischen Grundlagen des qualitativen Zugangs erläutert werden.

3.1 Definition von Integration

Nach Esser wollen wir unter Integration als allgemeines Konzept den „*Zusammenhalt* von Teilen in einem „systemischen" Ganzen und die dadurch erzeugte *Abgrenzung* von einer unstrukturierten Umgebung" verstehen (Esser 2000, 261; Hervorhebungen im Original). Die Teile sind dabei ein „integraler" Bestandteil des Ganzen: „Die Integration eines Systems ist somit durch die Existenz von bestimmten *Relationen* zwischen den Einheiten und zur jeweiligen Umwelt definiert" (ibid., 262). Abhängig von der Struktur dieser Relationen kann ein System mehr oder weniger integriert sein. Integration bezieht sich zum einen auf den Vorgang der Verbindung dieser Einheiten, andererseits auch auf den resultierenden Grad der Eingebundenheit in das „Ganze" (Heckmann 2001, 343).

Integration im migrationssoziologischen Kontext bezieht sich auf den „Einschluss neuer Bevölkerungen in bestehende gesellschaftliche Strukturen und die Qualität und Art und Weise, in der diese neuen Bevölkerungen an das System sozioökonomischer, rechtlicher und kultureller Beziehungen angebunden werden." (ibid.). Sie wird verstanden als die Abnahme von Unterschieden in den Lebensumständen von Einheimischen und Einwanderern. Integration ist die stabile und gleichberechtigte Eingliederung hinzukommender Gruppen in die gesellschaftlichen Kerninstitutionen: in Arbeitsmarkt, Bildungs- und Qualifikationssystem, Wohnungsmarkt und politisch-staatliche Gemeinschaft; aber auch die Eingliederung in weitere gesellschaftlich-kulturelle Beziehungssysteme wie private, soziale Verkehrskreise und Vereine (ibid.). Integration bedeutet Veränderungen und Lernprozesse bei Migranten und Einheimischen, sie ist ein wechselseitiger Prozess, wenngleich kein gleichgewichtiger: Wer hinzukommt, muss sich mehr verändern und mehr lernen.

Integration liegt vor, wenn die verschiedenen Gruppen der Bevölkerung das gleiche Muster der Inklusion aufweisen; das heißt, es kann auch bei Assimilation soziale Ungleichheiten geben, aber diese Ungleichheiten dürfen sich zwischen den ethnischen Gruppen nicht unterscheiden; Integration „kann auch dadurch erfolgen, dass alle Teile der Bevölkerung sich derart verändern, dass die Verteilungen der verschiedenen Merkmale über die verschiedenen Gruppen hinweg gleich sind. (...) Die für die „Inklusion" in die Gesellschaft wichtigen Eigenschaften blieben als Bezug der „Angleichung" nahezu unverändert, wie etwa die Beherrschung der Sprache oder die kulturellen Kompetenzen" (Esser 2000, 289).

Bei der Erforschung von Prozessen der Integration gibt es zwei Elemente, die es in einem Erklärungsmodell zu berücksichtigen gilt: die gegebenen Kontextbedingungen einerseits und andererseits die Art und Weise, wie der Migrant diese objektiven Bedingungen erfährt und damit umgeht. Durch gewisse äußere Bedingungen wird die Situation der Akteure bestimmt[30]:

- durch materielle und technische Opportunitäten,

- durch institutionelle Regeln,

- durch den kulturellen Bezugsrahmen.

Diese äußeren Bedingungen stellen den Rahmen für die objektive Definition der Situation und bieten somit Handlungsalternativen für den Einzelnen. Der Handelnde sieht sich somit einer bestimmten Logik der Situation gegenüber: Es gibt bestimmte Alternativen des Handelns, es existieren bestimmte Erwartungen und Bewertungen, die die Orientierung der Akteure beeinflussen.

Neben der Logik der Situation ist das zweite wichtige Element im Erklärungsmodell, wie diese objektiven Bedingungen von den Akteuren erfahren werden. Durch Prozesse der Interaktion und Sozialisation sind so genannte „innere Bedingungen der Situation" (Esser 2000, 427) ebenfalls in gewisser Weise vorstrukturiert, die nicht durch Willensakte allein beeinflussbar sind. Im Zusammentreffen von äußeren und inneren Strukturen der Situation ergeben sich Orientierungen, die das Handeln leiten; es erfolgt eine deutlich strukturierte subjektive Definition der Situation, aus der sich, vor dem Hintergrund der objektiven Kontextbedingungen, eine strukturierte Sicht auf die Situation ergibt.

---

[30] Vgl. Esser 2000, 425f.

38

Beide genannten Elemente müssen bei der Untersuchung von Integrationsprozessen berücksichtigt werden. Wie dies konkret in der Forschung erfolgen
kann, wird im Folgenden näher erläutert. Zur Untersuchung der Kontextbedingungen ist es sinnvoll, den Integrationsbegriff in verschiedene Dimensionen
einzuteilen, um die Wirkung von auf Integration gerichteten Maßnahmen in
den verschiedenen Bereichen erforschbar zu machen und messen zu können.
Dies geschieht mit Hilfe von Integrationstheorien, wie im folgenden Kapitel
näher ausgeführt wird. Daran anknüpfend wird dargestellt, wie die subjektive
Sicht der Situation untersucht werden kann.

3.2 Integrationstheorien

Seit den zwanziger Jahren dieses Jahrhunderts beschäftigen sich Sozialforscher mit dem Prozess der Integration von Einwanderern. Während in den USA
schon in den 30er und 40er Jahren bedeutende Arbeiten von Mitgliedern der
Chicago Schule hierzu vorlagen, setzte die so genannte Ausländerforschung in
der Bundesrepublik erst zu Beginn der 70er Jahre ein, vor allem mit deskriptiven
Darstellungen zur sozialstrukturellen Lage von Ausländern. Diese Ausländerforschung kann als Vorform einer Migrations- und Integrationsforschung begriffen
werden. Mit den Untersuchungen von Esser (1980) und Heckmann (1981)
erfolgte eine Verknüpfung von Arbeiten zu Migration und Integration mit den
Kategorien einer internationalen Migrations- und Integrationsforschung.
Seitdem sind zaleiche Versuche unternommen worden, Erklärungen für verschiedene Arten und Grade von Integration zu geben und bei ihren Annahmen
von verschiedenen Ausgangspunkten ausgehen. Eine Kategorie von Theorien
geht zum Beispiel von Beobachtungen und Annahmen über die Aufnahmegesellschaft aus und stellt damit einen Bezug zur Integration von Migranten her
(z. B. der „Vorurteil-Diskriminierungs-Ansatz"). Eine andere Kategorie von
Theorien begründet ihre Annahmen auf Merkmalen der Migrantengruppen
(z.B. die Theorie des Kultur- und Identitätskonflikts, die Hypothese der ethnischen Mobilitätsfalle oder das Familienressourcenparadigma) (Heckmann 2001,
349f). Im folgenden soll ein vierdimensionales Integrationskonzept vorgestellt
werden, das sich in Theorie und Praxis als sinnvoll erwiesen hat[31] und das in
Anlehnung an „klassische" Ansätze der „Assimilationsforschung" wie Milton
Gordon und Hartmut Esser entwickelt wurde[32].

---

[31] Erfahrungen mit dem am efms durchgeführten Forschungsprojekt EFFNATIS zeigten, dass sich
der vierdimensionale Begriff zur Integration erfolgreich für Operationalisierungs- und Messverfahren sowie für die Kommunikation mit Politik, Verwaltung, dem Sozialbereich und
Medien eignet (Heckmann 2001, 344).

[32] Die folgenden Ausführungen beruhen auf Gordon 1964, Esser 1990a, 1990b, 2000, Heckmann 2001 und Wolf 1999.

3.2.1 Das Phasenmodell von Gordon

Aus Sicht der Integrationsforschung ist es von Bedeutung, etwas über den zeitlichen Verlauf, die relative Dauer und Geschwindigkeit der verschiedenen Dimensionen des Integrationsprozesses zu erfahren. Gordon entfachte Mitte der 60er Jahre mit seinem Phasenmodell die Diskussion über Integrationsphasen im Verhältnis zu ihren Dimensionen. In seinem Buch „Assimilation in American Life" konstruiert er ein mehrdimensional-abstraktes Modell zur Eingliederung von Migranten, das er mit der zunehmenden Pluralisierung der Gesellschaft begründet. Er unterscheidet sieben Variablen der Assimilation, die auch als Phasen im Prozess der fortschreitenden Assimilation begriffen werden können: Veränderungen kultureller Muster und Verhaltensweisen in Richtung auf Angleichung mit dem Aufnahmesystem (kulturelle oder verhältnismäßige Assimilation), Eintreten und Akzeptanz in verschiedenen Gruppen und Organisationen auf Basis von Primärbeziehungen (strukturelle Assimilation), Akzeptanz als Heiratspartner („marital assimilation"), Veränderung der ethnischen Gruppenidentität und damit Entwicklung von Zugehörigkeitsgefühlen zur Aufnahmegesellschaft (identifikationale Assimilation), Schwinden von Vorurteilen („attitude receptional behaviour"), Verschwinden von Diskriminierungen („behavior receptional discrimination") und kein Fortbestehen von Wert- und Machtkonflikten zwischen den ethnischen Gruppen (zivile Assimilation). Diese Phasen werden allerdings nicht in einem rigiden Stufenmodell durchlaufen, indem erst die Erfüllung der ersten Stufe den Übergang zur nächsten Stufe erlaubt, sondern der Assimilationsprozess kann in dem Modell von Gordon in mehreren Stadien gleichzeitig beginnen, die in zeitlich unterschiedlicher Abfolge beendet werden. Gordons beschreibendes Modell mit erklärenden Elementen ist somit flexibler als frühere Modelle (wie zum Beispiel der Race-Relations-Cycle von Robert Park oder das Modell von W. Brown) und erlaubt eine detailliertere Beschreibung von Teilprozessen (Wolf 1999, 32).

Obwohl im Gesamtprozess der „Assimilation" diese unterschiedlichen Phasen in unterschiedlichem Maße fortgeschritten sein können, setzt laut Gordon die kulturelle Assimilierung, auch als Akkulturation bezeichnet, zuerst ein. Sie ist ein Prozess, der auf jeden Fall einsetzt, wenn zwei ethnische Gruppen aufeinander treffen. Dies meint aber nicht, dass sie somit auch entscheidend für den Fortschritt des gesamtes Integrationsprozesses sei; als wichtigste Stufe auf dem Weg zur vollständigen Assimilierung erachtet Gordon die Eingliederung in Primärgruppen der Aufnahmegesellschaft. Diese würde notwendigerweise Akkulturation nach sich ziehen (Gordon 1964, 81).

3.2.2 Essers integrativer Ansatz der rationalen Wahl

Hartmut Esser hat in der deutschen Literatur durch seine theoretischen Konzepte wichtige Ergebnisse für die Erforschung von Prozessen der Integration und Assimilation geliefert. Essers Konzept geht davon aus, dass der Erwerb von Qualifikationen, Einstellungen, Identitäten und Werten als Handlungen oder zumindest als indirekte Folge von Handlungen begriffen werden können. Die Variablen in Essers Assimilationstheorie schließen jedoch nicht nur das rationale Handeln der Person ein, die auf Basis von Erfolgseinschätzung und Kostenkalkulation zu assimilativen Handlungen motiviert wird oder nicht, sondern auch die Umwelt der Person ist von wichtiger Bedeutung, da sie dem Migranten Handlungsopportunitäten bietet oder Handlungsbarrieren entgegenstellt (Esser 1980, 205f). Neben persönlichen Fähigkeiten und individueller Motivation spielen also rechtliche Rahmenbedingungen und insgesamt die Offenheit der Aufnahmegesellschaft eine entscheidende Rolle im „Assimilationsprozess".

Da ein soziales System, das integrierte Ganze, aus Relationen zwischen seinen einzelnen Teilen und zur Umgebung besteht und diese Relationen das mehr oder weniger intendierte Ergebnis des Handelns von Akteuren sind, wird beim Problem der Integration „die Spannung zwischen dem Systemaspekt gesellschaftlicher Prozesse und dem „konstitutiven" Beitrag der handelnden Akteure besonders deutlich" (ibid., 268). Esser diskutiert dieses Problem anhand der Begriffe „Systemintegration" und „soziale Integration"[33].

Abbildung 1: Systemintegration und die vier Dimensionen der Sozialintegration

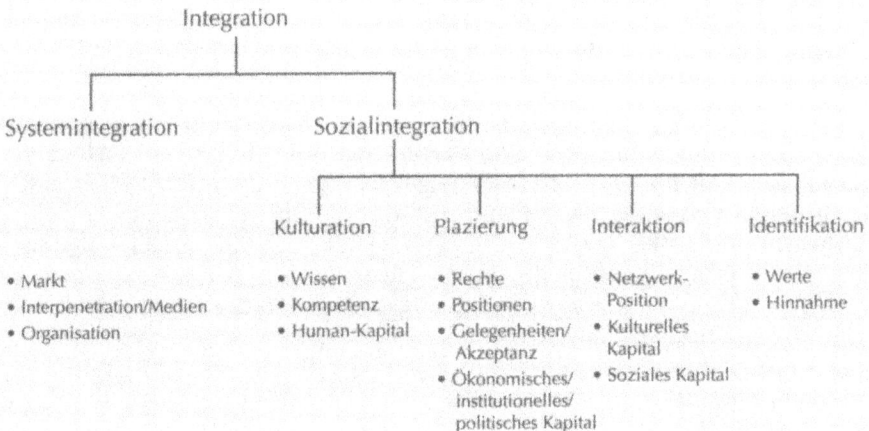

Quelle: Esser 2000, 279

---

[33] Er bezieht sich dabei auf David Lockwood, der Systemintegration als „the orderly or conflictful relationship between the *parts*" und soziale Integration als „the orderly or conflictful relationship between the *actors*" definiert hat (Esser 2000, 268).

41

Die *Systemintegration* bezieht sich auf eine globale Eigenschaft, die die Relationen als Ganzes betrifft. Die *Sozialintegration* dagegen bezieht sich auf Unterschiede zwischen den individuellen Akteuren im Ausmaß der Beziehungen, die sie unterhalten, und den Grad ihrer dadurch unterschiedlich hohen sozialen Einbettung (ibid., 269). Systemintegration ergibt sich demnach unabhängig von den jeweiligen spezifischen Motiven und Beziehungen der einzelnen Akteure, wie etwa durch den Weltmarkt oder den Staat, und unterliegt den beiden Mechanismen Markt und Organisation (ibid., 270). Soziale Integration dagegen hängt unmittelbar mit den Motiven, Orientierungen, Absichten und den Beziehungen der Akteure zusammen; sie bezeichnet auch die Beziehungen der Akteure zueinander und zum Gesamtsystem (ibid., 271).

Da jedes Systemereignis aber immer mit den Orientierungen und dem Handeln von Akteuren verknüpft ist – wie auch immer – und andererseits wiederum jede Orientierung und jedes Handeln vom System strukturiert wird, entfällt diese säuberliche Unterscheidung von Systemintegration und Sozialintegration wieder: „Die Integration der Gesellschaft ist in *jedem* Fall ein *emergentes* Merkmal der *Interdependenzen* und des *Zusammenwirkens* der Akteure." (ibid., 280; Hervorhebungen im Original). Essers Ansatz basiert somit auf der Grundannahme von Interdependenzen: „Soziale Systeme, und damit die Gesellschaften, konstituieren sich über *soziale* Relationen. Das sind wechselseitig aufeinander bezogene Orientierungen und Akte, soziale Kontakte, Interaktionen, Kommunikationen, soziale Beziehungen oder Transaktionen aller Art, die man zusammenfassend auch als soziales Handeln bezeichnet." (ibid., 264). Hinter diesem sozialen Handeln finden sich jedoch immer „*objektive* Strukturen": materielle Abhängigkeiten, institutionelle Grundregelungen und ein kultureller Bezugsrahmen der Orientierungen.

Wird in Öffentlichkeit und Fachliteratur von „Integration von Migranten" gesprochen, meint dies zwei sehr verschiedene Vorstellungen: erstens den „Zusammenhalt und das relativ gleichgewichtige Funktionieren eines gesellschaftlichen Verbandes, wobei zunächst gleichgültig ist, ob es sich um einen ethnisch homogenen oder ethnisch heterogenen Verband handelt" und zweitens „die Eingliederung individueller Mitglieder der ethnischen Gruppen in die verschiedenen Sphären der Aufnahmegesellschaft, sei es in der Form der Gewährung von Rechten und der Einnahme von Positionen, sei es als Aufnahme interethnischer Kontakte und Beziehungen oder die emotionale Identifikation mit dem Aufnahmeland." (Esser 2000, 286). Die erste Bedeutung von Integration korrespondiert demnach mit dem Konzept der Systemintegration, die zweite mit dem Konzept der sozialen Integration.

Betrachtet man zunächst die Sozialintegration, so kann sich diese bei Migrantenminderheiten auf drei „Systeme" beziehen: das Herkunftsland, das Aufnahmeland und die ethnische Gemeinde im Aufnahmeland. Unterscheidet man diese gesellschaftlichen Kontexte nach ethnischer Gemeinde bzw. Herkunftsgesellschaft einerseits und Aufnahmeland andererseits, kann die Sozialintegration eines Migranten verschieden ausfallen: Integration in beide Systeme (Mehrfachintegration), Integration nur in die Herkunftsgesellschaft bzw. ethnische Gemeinde (Segmentation), Integration nur in die Aufnahmegesellschaft (Assimilation) und keine Integration in beide Systeme (Marginalität). Eine Integration in die Aufnahmegesellschaft ist demnach nur in zwei Varianten möglich: als Mehrfachintegration oder Assimilation. Da ersterer Fall empirisch außerordentlich selten ist (z.b. Diplomatenkinder), ist Sozialintegration „eigentlich *nur* in der Form der *Assimilation* möglich: die Akkulturation an die *Aufnahme*gesellschaft in Hinsicht auf Wissen und Kompetenzen, die Plazierung und Inklusion in die funktionalen Sphären der *Aufnahme*gesellschaft, die Aufnahme von *inter*ethnischen Kontakten, sozialen Beziehungen und Tauschakten mit den Einheimischen und die emotionale Unterstützung nicht der Herkunfts-, sondern der *Aufnahme*gesellschaft." (Esser 2000, 288; Hervorhebungen im Original).

Esser unterscheidet dabei vier inhaltliche Dimensionen von Assimilation, die den Dimensionen der Sozialintegration entsprechen – Kulturation, Plazierung, Interaktion und Identifikation.

3.2.3 Die vier Dimensionen von Integration

Die von Esser vorgenommene Differenzierung des Integrationsbegriffs im Sinne von Sozialintegration anhand von vier Dimensionen, die er in seinen älteren Publikationen strukturelle, kognitive, soziale und identifikative Assimilation nannte, hat sich in der Integrationsforschung als sehr sinnvoll erwiesen. Im vorliegenden Forschungsprojekt wurde die inhaltliche Kategorisierung übernommen, die Begrifflichkeiten wurden jedoch modifiziert [34].

Plazierung oder strukturelle Integration

Unter Plazierung wird allgemein die „Besetzung einer bestimmten gesellschaftlichen Position durch einen Akteur" verstanden. „Akteure werden in ein bereits bestehendes und mit Positionen versehenes soziales System eingegliedert. Die wichtigsten Formen der sozialen Integration durch (Plazierungs-)Inklusion sind die Verleihung bestimmter *Rechte*, wie etwa das Staatsbürgerschaftsrecht oder, meist damit zusammenhängend, das Wahlrecht, die Übernahme beruflicher und anderer *Positionen*, meist abhängig vom Durchlaufen einer gewissen Bildungskarriere, und die Eröffnung von sozialen *Gelegenheiten*

---

[34] Der Terminus „Assimilation"wurde im Forschungsprojekt nicht verwendet, lediglich mit Bezug auf die Literatur. Er evoziert sehr schnell das Verständnis kultureller und ethnischer Repression. In der Hochphase des Nationalismus hatte er tatsächlich diese Bedeutung (Heckmann 2001, 343). Im Forschungsprojekt wurde durchweg der Begriff „Integration" verwendet.

zur Anknüpfung und zum Unterhalt sozialer Beziehungen zu den anderen Mitgliedern des sozialen Systems. Dabei ist die soziale *Akzeptanz*, das Fehlen von „Vorurteilen", Diskriminierungen und Schließungen also, eine wichtige Bedingung der Plazierung." (Esser 2000, 272; Hervorhebungen im Original). Die volle Mitgliedschaft und Einbindung der Migranten in die politisch-staatliche Gemeinschaft, d.h. die Staatsangehörigkeit, ist dabei die rechtliche Seite. Der Vollzug des Wechsels oder die Annahme einer zusätzlichen Staatsangehörigkeit ist der Abschluss des rechtlichen Integrationsprozesses. Der Migrant wird als Mitglied des politischen Gemeinwesens der Aufnahmegesellschaft rechtlich gleichgestellt: Er kann aktiv und passiv politisch partizipieren, verfügt über unentziehbares Bleiberecht, hat ein Recht auf Schutz und Fürsorge und genießt diplomatischen und konsularischen Schutz. Der Erwerb der deutschen Staatsangehörigkeit bedeutet somit einen Ressourcengewinn und die Eröffnung sozialer und beruflicher Chancen. Die deutsche Staatsangehörigkeit gewährt Aufenthaltssicherheit, also Schutz vor Ausweisung und Auslieferung, ermöglicht einfacheres Reisen innerhalb Europas durch Wegfall der Visumspflicht und gewährt freie Berufswahl und Arbeitnehmerfreizügigkeit. Sie vereinfacht die Aufnahme unselbständiger Erwerbstätigkeit, da die gemäß des Ausländergesetzes geforderte Arbeitserlaubnis, die befristet und mit räumlich eingeschränktem Geltungsbereich erteilt wird, oder die Erteilung einer generellen Arbeitsberechtigung hinfällig wird. Die Migranten erhalten das Niederlassungsrecht für freie Berufe, wie zum Beispiel Ärzte, das Recht auf selbständige Erwerbstätigkeit und Zugang zum öffentlichen Dienst, der ihnen als Drittstaatenangehörige innerhalb der Europäischen Union verwehrt geblieben wäre. Der Aufenthalt, der Wohnsitz, die Arbeitsstelle oder der Studienort kann mit Erhalt der Staatsangehörigkeit innerhalb der Bundesrepublik Deutschland und der Europäischen Union frei gewählt werden; im Bedarfsfall kann Arbeitslosen- und Sozialhilfe bezogen werden, ohne eine Ausweisung befürchten zu müssen.

Interaktion oder soziale Integration

Im Falle der Interaktion handelt es sich um einen Spezialfall sozialen Handelns, „bei dem die Akteure sich wechselseitig über Wissen und Symbole aneinander orientieren und so, und über ihr Handeln, Relationen bilden." (Esser 2000, 273). Als wichtige Arten sozialer Integration unterscheidet Esser neben Interaktion soziale Beziehungen, bei denen die Abstimmung der Akteure über verbindliche und mehr oder weniger feste Regeln erfolgt, und Transaktionen, also der Tausch von Gütern aller Art. Durch dieses soziale Handeln bilden die Akteure Netze von Relationen oder soziale Netzwerke aus, indem sie sich kennen, verschiedene Formen von Kommunikation und Transaktion ausführen. Die wichtigsten Folgen von sozialer Integration durch Interaktion sind der Erwerb von kulturellem Kapital, also bestimmte Fertigkeiten, Vorlieben und Distinktionen, und von sozialem Kapital, also Ressourcen und Opportunitäten, die sich aus der Einbettung in das soziale Netzwerk ergeben (Esser 2000, 274). Soziale Integration meint das Widerspiegeln der Zugehörigkeit zu einer neuen Gesellschaft in der Privatsphäre, in den privaten Beziehungen der Menschen sowie in Gruppen- und Vereinszugehörigkeit (vgl. Heckmann 2001, 344). Eine fortschreitende soziale Integration heißt, dass neben sozialen Beziehungen zu Mitgliedern der eigenen ethnischen Gruppe, wie sie oft unmittelbar nach der Zuwanderungssituation erfolgen, zunehmend Kontakte zu sozialen Verkehrs- und Freundeskreisen der Aufnahmegesellschaft etabliert werden, am Vereinswesen partizipiert oder ein Eintritt in Cliquen auf der Basis von Primärbeziehungen erfolgt. Ein weiterer wichtiger Indikator für soziale Integration ist dabei die Akzeptanz der Mitglieder der Aufnahme- und Herkunftsgesellschaft als jeweilige Heiratspartner. Interethnische Heiraten und Beziehungen sind ein aussagekräftiger Indikator dafür, in welchem Ausmaß Angehörige verschiedener ethnischer Gruppen in ihrem Alltag persönlich miteinander verkehren und enge Beziehungen zueinander pflegen. Heiratsmuster, Vereinsmitgliedschaften und soziale Verkehrskreise reflektieren die soziale Nähe zwischen verschiedenen Migrantengruppen und der deutschen Bevölkerung als auch die Annäherung verschiedener Migrantengruppen untereinander.

Kulturation oder kulturelle Integration

Um in einem sozialen System agieren zu können, müssen die Akteure über bestimmtes Wissen verfügen und bestimmte Kompetenzen besitzen. Diese beziehen sich auf „die Kenntnis der wichtigsten Codierungen von typischen Situationen und die Beherrschung der daran anknüpfenden Programme sozialen Handelns. (...). Die Sozialintegration als Kulturation ist insbesondere ein Prozess des Erwerbs des jeweiligen Wissens bzw. der jeweiligen Kompetenzen. Es ist ein Teil der *Sozialisation* des Menschen in die jeweilige Gesellschaft, genauer: ein Teil der *kognitiven* Sozialisation" (Esser 2000, 272; Hervorhebungen im Original). Kulturelle Integration betrifft im Wesentlichen die Migranten und ihre Nachkommen, ist jedoch auch ein interaktiver, wechselseitiger Prozess, der die Aufnahmegesellschaft ebenfalls verändert (Heckmann 2001, 343). Neben den rein funktionalen Lern- und Anpassungsprozessen, die die Interaktionsfähigkeit der Migranten unterstützen, spielt vor allem die Internalisierung von Normen, Werten und Einstellungen bei den Migranten, die in veränderten Lebensentwürfen, Karriereplanung und Glaubenssystemen sichtbar werden, eine wichtige Rolle. Wichtigster Aspekt ist hierbei die Sprache als Kommunikationsträger.

Identifikation oder identifikative Integration

Die Sozialintegration durch Identifikation bezieht sich auf Einstellungen des Akteurs: „Es ist eine gedankliche und emotionale Beziehung zwischen dem einzelnen Akteur und dem sozialen System als „Ganzheit" bzw. als „Kollektiv", die bei dem *einzelnen* Akteur als *Orientierung* mit einem *kollektiven* Inhalt besteht" (Esser 2000, 275; Hervorhebungen im Original). Identifikatorische Integration ist somit die Entwicklung von Zugehörigkeitsgefühlen zur aufnehmenden Gesellschaft; sie zeigt sich in persönlichen Zugehörigkeitsdefinitionen zur ethnischen oder nationalen Gemeinschaft.

Die zentrale Bedeutung der strukturellen Integration

Innerhalb des oben ausgeführten Integrationskonzepts bildet die Einbürgerung eine wesentliche Dimension der strukturellen Integration. Der Vollzug des Wechsels oder die Annahme einer zusätzlichen Staatsangehörigkeit ist der Abschluss des rechtlichen Integrationsprozesses, Migranten werden als Mitglied des politisch-staatlichen Gemeinwesens der Aufnahmegesellschaft gleichgestellt. Integration bedeutet hierbei die Inklusion als Akteure der Gesellschaft und ihre Plazierung auf zentralen Positionen in den funktionalen Sphären: „Und das sind jene Positionen, bei denen es unmittelbar um die primären Zwischengüter und um die kulturellen Ziele der jeweiligen *Kern*gesellschaft geht." (Esser 2000, 304).

Durch den Erhalt der Staatsangehörigkeit der Aufnahmegesellschaft stehen dem Akteur Rechte zu, die alle Staatsbürger innehaben, insbesondere die politischen Rechte und hier vor allem das Wahlrecht und die sozialen Rechte des Wohlfahrtsstaats. Die Einbürgerung lässt sich somit zweifelsohne als ein wichtiger Schritt für die soziale Integration bewerten, „über die Inklusion der Akteure in die besonderen Privilegien der Staatsbürger." (Esser 2000, 304). Andererseits aber garantiert diese rechtliche Inklusion in keiner Weise eine Plazierung auf den zentralen Positionen der Funktionssysteme: Um zum Beispiel eine gehobene berufliche Position zu erreichen, bedarf es darüber hinaus auch noch anderer Anstrengungen von seiten des Migranten, wie das erfolgreiche Durchlaufen des Bildungssystems. Allerdings ist sie die Bedingung für alle anderen Formen der sozialen Integration in die Aufnahmegesellschaft:

> „Nur über die Plazierung in die zentralen Funktionsbereiche werden die Migranten und ethnischen Gruppen für die Einheimischen so interessant, dass es auch für sie zu interessanten interethnischen Kontakten kommen kann und sich schließlich sogar eine emotionale Identifikation mit der neuen Heimat einstellt. […] Weil diese Plazierung aber an der vorherigen Erwerb von gewisser Qualifikationen, Fertigkeiten und auch funktional eigentlich „peripherer", symbolisch jedoch höchst bedeutsamer „assimilativer" Eigenschaften gebunden ist, werden auch die anderen Dimensionen der Assimilation bzw. der sozialen Integration in die Aufnahmegesellschaft wichtig: Die *Akkulturation* an das Wissen und der Erwerb von Kompetenzen des Aufnahmelandes und die Aufnahme *inter*ethnischer Beziehungen, mindestens." (Esser 2000, 304-305).

Aus der Sicht der Integrationstheorie ist somit die strukturelle Assimilation eine notwendige Voraussetzung für den Integrationsprozess. Empirische wissenschaftliche Studien unterstützen diese Sichtweise: Eingebürgerte Befragte sind, im Vergleich zu nicht-eingebürgerten Befragten, tendenziell besser integriert – was jedoch noch keine Aufschlüsse über die Richtung des Kausalzusammenhangs gibt: Lassen sich Menschen, die gut integriert sind, einbürgern oder hatte die Einbürgerung diesen integrativen Effekt?

Um mehr Erkenntnisse über Ursache und Wirkung von Einbürgerung und Integration zu erhalten, ist es deshalb von zentraler Bedeutung, sich auf ein weiteres Element des Erklärungsmodells zu konzentrieren und diesen Schritt aus der Akteursperspektive zu durchleuchten. Eingebürgerte Personen haben sich an einem bestimmten Punkt in ihrer Biographie zum Schritt der rechtlichen Integration entschlossen und leben seitdem mit den Konsequenzen dieses Handelns in ihrem Alltag. Über die Frage, in welcher Weise diese strukturelle Integration weitere Aspekte der Plazierung, der sozialen Interaktion, der Kulturation und der Identifikation beeinflusst hat, soll die Betrachtung der subjektiven Perspektive mehr Aufschluss geben.

3.3 Integration als Folge des Handelns menschlicher Akteure: Die subjektive Perspektive

Die subjektive Perspektive ist in der soziologischen Forschung von zentralem Erkenntnisinteresse. Da Soziologie in ihrem Grundverständnis eine Wissenschaft ist, die „soziales Handeln deutend verstehen" und „dadurch in seinem Ablauf und in seinen Wirkungen ursächlich erklären" will (Weber 1921/1972, 1), ist der Ausgangspunkt soziologischer Analysen zunächst die Rekonstruktion des subjektiv gemeinten Sinns des Handelns. Der „subjektive Sinn" ist hier im Gegensatz zum „objektiv richtigen" oder metaphysisch ergründeten „wahren Sinn" gemeint. Ob ein Handeln jedoch sinnhaft und mit einem subjektiv gemeinten Sinn verbunden ist oder bloß reaktiv ist, wird sich laut Max Weber dem Forscher nicht in jedem Fall voll erschließen. Wichtig jedoch für die Evidenz des Verstehens ist die volle „Nacherlebbarkeit" (Weber 1921/1972, 2): Man muss sich in die Situation des Handelnden hineinversetzen und herausfinden, wie der Akteur die Situation sieht und welche Absichten und Überzeugungen er mit seinem Handeln verbindet. Wenn man soziale Vorgänge erklären will, muss man sich um die „Weltsichten, Wahrnehmungen, Überzeugungen, Vorlieben, Interpretationen, Interessen, Abhängigkeiten und Erwartungen aus der Sicht der jeweils untersuchten Akteure bemühen." (Esser 1996, 23).

Das an der Situation orientierte, sinnhafte, problemlösende Handeln der Menschen ist entscheidendes theoretisches Werkzeug bei der Erklärung von kollektiven Wirkungen (Esser 1996, 4), wie zum Beispiel die immer größere Zahl von Staatsbürgern nichtdeutscher Herkunft mit allen Folgeerscheinungen eine ist. Diese kollektiven Wirkungen, also u.a. soziale Prozesse, wie sie im Falle von Integration stattfinden, stehen zwar im Mittelpunkt der soziologischen Analyse, müssen sich aber letztendlich auf das soziale Handeln von menschlichen Akteuren beziehen lassen. Nicht „die Gesellschaft" erzeugt soziale Prozesse, sondern der einzelne Akteur, den zu untersuchen deshalb von zentralem wissenschaftlichen Interesse ist: Deutendes Verstehen, das den subjektiven Sinn des Handelns in einer typischen Situation rekonstruiert, ist unabdingbare Voraussetzung für jedwede Erklärungsversuche. Situation, Akteur, das soziale Handeln und dessen Wirkungen sind die vier Elemente einer verstehend-erklärenden Soziologie.

Abbildung 2: Die drei Analyseschritte bei der verstehend-erklärenden Soziologie nach Max Weber

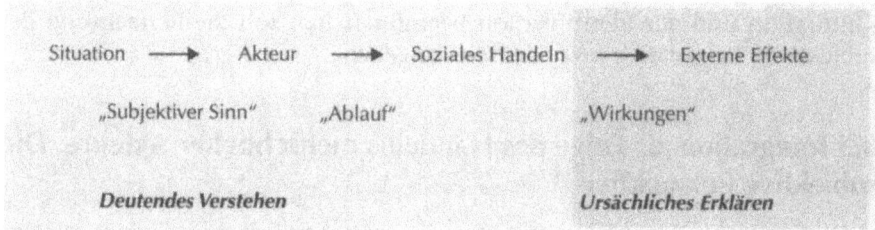

Quelle: Esser 1996, 6

Die vorliegende Arbeit hat sich zum Ziel gesetzt, den Prozess der Einbürgerung deutend zu verstehen und damit die ersten zwei der drei Analyseschritte zu bearbeiten. Die bestimmte Situation, in der der Akteur handelt, soll in ihrer individuellen Besonderheit ausgeleuchtet werden und somit die inneren Bedingungen der Situation entdeckt werden. Der Akteur sieht sich objektiven Kontextbedingungen gegenüber, bestimmten Alternativen des Handelns, vor deren Hintergrund eine subjektive Definition der Situation erfolgt. Durch Fokussierung auf Biographie des Akteurs, den Kontext der Einbürgerungsentscheidung und die subjektiv wahrgenommenen Folgen dieses Schritts sollen individuelle Erwartungen und Bewertungen durch den Akteur offengelegt werden. Da die Identität des Akteurs geprägt ist durch soziale Interaktion und Sozialisation, ermöglicht die Offenlegung der Situation Einblicke in die Orientierungen, die der Akteur im Zusammentreffen der äußeren und inneren Strukturen der Situation als leitend für sein Handelns wahrnimmt. Indem der Ablauf seines sozialen Handelns rekonstruiert wird, ermöglicht dies Einblicke in den subjektiven Sinn, den er seinem Handeln zuschreibt.

Wie kann der subjektive Sinn konkret erforscht werden?

Der Forscher muss direkten Zugang zur Situation des Handelnden finden, um mehr über die individuelle Perspektive herauszufinden und um zu entdecken, welche Absichten und Überzeugungen er mit seinem Handeln verbindet. Aus diesem explorativen Anspruch ergeben sich zwingende Konsequenzen für das Forschungsdesign: Es sollte sich an Grundsätzen orientieren, die sich in den Prinzipien der qualitativen Sozialforschung wiederfinden.

3.4 Grundannahmen qualitativer Sozialforschung und qualitatives Forschungsdesign

Ein qualitativer Ansatz ist adäquat, wenn er ermöglicht, sich dem Untersuchungsgegenstand subjektbezogen anzunähern. Bei qualitativen Forschungen findet eine direkte Interaktion zwischen Forscher und Untersuchungsperson statt, der Forscher ist aktiv in die Erhebungssituation eingebunden (vgl. Hoffmeyer-Zlotnik 1992). Dadurch ist zwar nur die Erhebung einer weitaus geringeren Fallzahl möglich als dies in quantitativen Projekten der Fall ist, doch erschließt sich nur so vertieft die Struktur und Dynamik sozialen Handelns auf der Mikroebene (vgl. Bock 1992). Es können so umfassende Informationen über Motive, Wahrnehmungsweisen, Kognitionen, Emotionen, Entscheidungsprozesse und rationale Erwägungen gewonnen werden. Bei einem qualitativen Untersuchungsdesign wird der potentielle Forschungsgegenstand nicht – wie dies in standardisierter Forschung der Fall ist – auf das „tatsächlich Gegebene" oder manifeste Inhalte beschränkt. Er bleibt damit offen für nicht unmittelbar ersichtliche Phänomene und latente Sinnstrukturen (vgl. Lamnek 1995a, 8f). Die sinnvoll handelnden Individuen wirken möglichst weitgehend strukturierend in den Forschungsprozess hinein.

Qualitative Forschungsmethoden wurden im Methodendiskurs längere Zeit von seiten derer, die quantitativ arbeiten, lediglich aus der Perspektive der negativen Abgrenzung definiert: Qualitative Forschung *beschränke* sich auf eine kleine Zahl von Untersuchungspersonen, sie verwende *keine* echten Stichproben nach dem Zufallsprinzip und *keine* quantitativen, metrischen Variablen und sie führe *keine* statistischen Analysen durch. Der Methodendiskurs wurde so jahrelang durch die polarisierende Gegenüberstellung positivistisch-quantitativer versus hermeneutisch-qualitativer sozialwissenschaftlicher Verfahren geprägt[35]. Zur adäquaten Beschreibung qualitativer Forschungsansätze bedarf es jedoch anderer Ansatzpunkte, um die strukturelle Verschiedenheit wiedergeben zu können.

---

[35] Adjektive wie „unsystematisch", „impressionistisch" oder „exploratorisch" wurden zur Etikettierung qualitativer Forschung herangezogen (Glaser/Strauss 1998, 227).

Obwohl in den 50er und 60er Jahren noch als gleichwertige Methode angewandt, zum Beispiel durch Gruppendiskussionsverfahren und Biographieforschung, wurden qualitative Methoden in den 70er Jahren mehr und mehr „in die explorative Phase abgedrängt" (Hoffmann-Riem 1980, 339) und lediglich zur Vorbereitung quantitativer Projekte herangezogen – „als heuristische Instrumente zur Vorbereitung von Untersuchungen, gleichsam als Materiallieferant für die Erstellung standardisierter Verfahren" (Witzel 1982, 10). Erst seit den 80er Jahren begann sich die qualitative Sozialforschung zu emanzipieren, durch die zunehmende Erkenntnis, dass qualitative Verfahren angemessen und fruchtbar zur empirischen Erfassung der sozialen Wirklichkeit herangezogen werden können.

Qualitative Forschung allerdings ist kein einheitliches Forschungsprogramm, sondern vielmehr ein Sammelbegriff für sehr verschiedene methodische Vorgehensweisen und Forschungspraktiken (Steinke 1999, 15). Wie es zu dieser Ausdifferenzierung kam und welche jeweiligen wissenstheoretischen Grundlagen dazu führten, soll der folgende Überblick verdeutlichen. Daran anknüpfend werden Grundannahmen und Prinzipien und schließlich mögliche Gütekriterien qualitativer Sozialforschung diskutiert.

3.4.1 Wissenschaftstheoretische und methodologische Entwicklung qualitativer Sozialforschung

In den 80er Jahren noch eher abwertend als „Modetrend" (Küchler 1980) bezeichnet, zeigt ein genauer Blick auf den Forschungsstand und die Entwicklung der Grundlagentheorie zur qualitativen Sozialforschung eine doppelte Widerlegung dieses Etiketts. Zum einen hat sich gezeigt, dass qualitative Verfahren keineswegs nur eine begrenzte Zeit „in" waren, sondern sie genießen seitdem wachsende Aufmerksamkeit in der empirischen Methodendiskussion (Lamnek 1995a, 1). Zum anderen handelte es sich bei diesen Methoden keineswegs um eine Neuschöpfung, sondern das Unbehagen gegenüber standardisierten Methoden blickt sowohl in Deutschland wie in den USA auf eine lange Tradition zurück.

Bereits in den 40er und 50er Jahren gab es in den USA eine verhältnismäßig hoch entwickelte Diskussion über qualitative Verfahren. Blumer warf bereits 1954 die Frage auf: „What is Wrong with Social Theory?" und formulierte damit seine Bedenken gegenüber der grundlagentheoretischen Position und Methodologie der quantitativen Sozialforschung (Blumer 1954). Sein Postulat, dass die Forschung möglichst nahe an der „natürlichen" Welt der alltäglichen Erfahrung bleiben sollte, wurde mit alternativen Forschungsansätzen vor allem im Forschungsbereich zu sozialen Außenseitern in den 60er Jahren erprobt. Durch die Methode der teilnehmenden Beobachtung versuchten die Forscher, so weit wie möglich in die Lebenswelt der Untersuchungspersonen „einzutauchen".

Als Beispiel für dieses Forschungsvorgehen gilt Whytes klassische ethnographische Studie über eine italienische Straßengang in einer Großstadt im Osten der USA in den 40er Jahren, die er „Eastern City" nennt und in deren Slumviertel „Cornerville" er die Gangmitglieder und Angehörigen der „Street Corner Society" über zwei Jahre beobachtet und befragt hat (Whyte 1996[36]). Whyte hatte sich über eine Schlüsselperson Zugang zu einer Gruppe junger italienischer Migranten der zweiten Generation verschafft und gewann somit Einblicke in Motive, Werthaltungen und Lebensgefühl sowie über die soziale Organisation, Freundschaftsbeziehungen und Loyalitäten dieser lokalen Kultur. Diese Studie gilt bis heute als gelungenes Beispiel einer ethnographischen Studie, in deren Tradition sich qualitative Gemeinde- und Subkulturforschung, Untersuchungen zum abweichenden Verhalten bis zu den „Cultural Studies" entwickelt haben (Flick u.a. 2000, 16).

Basierend auf Untersuchungen des National Opinion Research Center erstellte Hyman 1954 einen umfassenden Forschungsbericht über die verzerrende Einflussnahme des Interviewers auf Forschungsdaten der empirischen Sozialforschung. Mögliche Fehlerquellen in der Interviewmethode wurden aufgezeigt – nach Ansicht des Autors eine „dangerous confession", die Gefahr lief, Interviewmethoden generell als fehlbar abzuurteilen (Hyman 1954, 3). Anknüpfend an die Erkenntnisse über systematische Interviewereffekte wurden Hinweise formuliert, wie es diese zu vermeiden galt, unter anderem in der Interviewerrekrutierung und -schulung oder in der konkreten Interviewsituation. Bemerkenswert an dieser Diskussion in den USA war vor allem, dass sie sich nicht nur auf die vorwiegend mit teilnehmender Beobachtung arbeitende Anthropologie und die für qualitativ soziologische Deskription und interaktionistische Theorietradition bekannte Chicagoer Schule beschränkte; sie bezog auch auf die im Bureau of Applied Social Research durchgeführten Forschungsprojekte, die in den Anfängen des Instituts vorwiegend qualitativ ausgerichtet waren, mit ein (Hopf 1979, 12).

Merton, Fiske und Kendall haben bereits Mitte der 50er Jahre auf der Grundlage umfangreicher Interview-Transkripte ihre Erfahrungen mit der von ihnen als „focused interview" bezeichneten Befragungstechnik diskutiert. Diese wurde als Spezialform qualitativer Interviews am Bureau of Applied Social Research im Zusammenhang mit der Massenkommunikationsforschung der 40er Jahre entwickelt und unterscheidet sich von offeneren Formen qualitativer Befragungen vor allem durch die Fokussierung auf vorab definierte Themen, mit dem Ziel der Exploration subjektiver Bedeutungen und Betroffenheit. Ausgehend von dem Wissen, dass die interviewten Personen eine ganz bestimmte Situation erlebt haben („have been involved in a particular situation") – wie zum Beispiel einen bestimmten Film gesehen – wurden die hypothetisch bedeutsamen Elemente dieser Situation analysiert und als Ergebnis ein Interviewleitfaden

---

[36] Ursprüngliche Ausgabe 1943.

51

entwickelt: „The hypothetically significant elements, patterns, processes and total structure of this situation have been provisionally analyzed by the social scientist. (...) On the basis of this analyses he takes the third step of developing an interview guide, setting forth the major areas of inquiry" (Merton /Fiske/ Kendall 1956, 3). Eigentliches Ziel des Interviews war dann die Erfassung der subjektiven Erfahrungen der Person, die sich in der vorweg analysierten Situation befanden. Im Verlauf des Interviews wurde Wert darauf gelegt, dass der Interviewer das Gespräch möglichst wenig lenkte, die von den Versuchspersonen gegebene Definition der Situation vollständig und spezifisch zum Ausdruck kam und die Reaktionen auf den auslösenden Stimulus möglichst breit erfasst wurden, vor allem bezüglich affektiver und wertbezogener Aspekte (Merton/Kendall 1979, 178).

Bereits in den 50er und 60er Jahren wurden in den USA also schon eine Reihe von Vorschlägen zur Systematisierung und Explikation qualitativer Methoden erarbeitet. 1969 lieferten McCall und Simmons eine ausführliche Zusammenstellung der gegenwärtigen Theorie- und Methodendiskussion zur teilnehmenden Beobachtung („participant observation"), unter anderem zu praktisch-methodischen Fragen wie „How do you know if the informant is telling the truth?" von Dean und Whyte bis hin zur induktiven Hypothesengenerierung (McCall/Simmons 1969). Etwa zur gleichen Zeit wurden im Kontext der Chicagoer Schule Auswertungsverfahren für qualitatives Datenmaterial für ein methodisch kontrolliertes induktives Vorgehen entwickelt und expliziert, wie unter anderem in den frühen Publikationen von Glaser und Strauss zur Grounded Theory deutlich wird (Kelle 1994, 44).

In den 70er Jahren hatte sich die qualitative Methodologie in den USA als eigenständiger Forschungsansatz etabliert, wie man anhand der Standardwerke nachvollziehen kann, die in dieser Zeit eine Kodifizierung der theoretischen und methodologischen Prinzipien qualitativer Sozialforschung anstrebten. In dem von Filstead 1970 herausgegebenen Band zur qualitativen Methodologie wurde der Versuch unternommen, den Erkenntniswert und die spezifischen Verfahren qualitativer Forschung gegenüber quantitativen Verfahren abzugrenzen, somit die zahlreichen methodologischen Facetten aufzuzeigen und, wie im Vorwort zugespitzt formuliert, ein Überdenken soziologischer Verfahren derer zu provozieren „who measure everthing and understand nothing." Neben einer Bestandsaufnahme der gegenwärtigen Diskussion zur Lokalisierung qualitativer Forschung in der Soziologie vereinte der Band zahlreiche Praxisbeiträge, die sich auf die Phase der Feldforschung, Arten der Datenerhebung und Datenanalyse, aber auch auf Probleme der Validität und Reliabilität von Daten konzentrierten. Bezüglich der Theorieentwicklung und Theorieentdeckung anhand qualitativen Datenmaterials stellten Glaser und Strauss Strategien vor, die eine Verschränkung von Datenerhebung und Datenanalyse und die Heranziehung von Vergleichsgruppen beinhaltete. In ihrem frühen methodologischen Schriften (1971;1979) konzentrierten sie sich dabei auf die Theorieentwicklung als induktiv angelegten Prozess: Phänomene sollten im Interviewmaterial entdeckt und daraus Theorien entwickelt werden. In späteren methodologischen Arbeiten dagegen (Strauss 1994; Strauss/Corbin 1996), die sie vermehr getrennt und unabhängig publizierten, trugen beide Autoren verstärkt dem Umstand Rechnung, dass sich der qualitative Forscher nicht völlig voraussetzungslos dem Datenmaterial nähern könne, sondern sein theoretisches Vorwissen in den Forschungsprozess einbringen würde. Sie entwickelten daraufhin unterschiedliche Überlegungen, wie die theoretischen Vorannahmen und Kategorien als „Heuristiken der Theoriekonstruktion" verwendet werden können, wobei Glaser die Heranziehung einer Liste theoretischer Codes, Strauss hingegen die Verwendung eines einzigen Kodierparadigmas empfahl (Kelle 1994, 284) (siehe dazu mehr in Kapitel 4).

Auch in Deutschland hat bereits in der Soziologie der 50er Jahre eine Anwendung um qualitative Verfahren stattgefunden, sowohl in der Tradition der hermeneutisch-sprachwissenschaftlichen Philosophie als auch durch die Frankfurter Schule. Ein Beispiel für eine Untersuchung in dieser Zeit ist die industriesoziologische Untersuchung von Popitz. Er und seine Mitarbeiter führten 1953 und 1954 empirische Untersuchungen zur technischen und sozialen Bedingtheit der Arbeit in Großbetrieben durch. Da die bis dahin üblichen Thesen von Mechanisierung und Anpassungsfähigkeit als zu allgemein und schablonenhaft erachtet wurden, untersuchte Popitz einzelne Arbeitsvollzüge, um neue menschliche Verhaltensformen zu sehen, zu beschreiben und zu verstehen, die zur Bewältigung der spezifischen Leistungsansprüche technischer Industriearbeit notwendig geworden waren. Zentrales Vorgehen hierbei war die Konzentration auf den Einzelfall, der durch Beobachtung und Beschreibung der einzelnen Arbeitsvollzüge und durch persönliche Erfahrungsberichte durch die Arbeiter untersucht wurde (Popitz et al. 1957a). In einer daran anknüpfenden Untersuchung (Popitz et al. 1957b) führten die Autoren im gleichen Betrieb 600 Befragungen von Arbeitern durch. Zugrunde lag ein „Fragen-Schema", das so konzipiert war, dass „die Arbeiter den Eindruck gewannen, ihre Gedanken freizügig darlegen zu können. (...) Nur dann konnte auch der Interviewer später das Gespräch so zurückhaltend lenken, dass er lediglich eine Art Hilfestellung durch Zwischenfragen und durch gelegentliche Überleitung zu neuen Themen zu leisten schien." (S. 11). Als Einstieg wurden die Arbeiter über ihre konkreten Arbeitsabläufe befragt. Wichtig war den Autoren dabei, dass die Interviews „möglichst lange den Charakter der Mitteilung von Erfahrung" hatten. Die Autoren betonen, dass sie in ihrer Diskussion der Befragungsmethode synonym das Wort „Gespräch" verwenden würden, da sich durch die Fragetechnik tatsächlich oftmals ein „Gesprächs-Klima" entwickle (S. 15)[37].

---

[37] Im vorliegenden Forschungsprojekt wurde ebenfalls das Wort „Gespräch" verwendet, was sich als sehr gut geeignet erwies, um keine Frage-Antwort-Erwartung bei den Befragten zu wecken (siehe Kapitel 4.1).

Auch die Untersuchung des Frankfurter Instituts für Sozialforschung über Einstellungen zum Nationalsozialismus im postfaschistischen Deutschland wurde mit qualitativen Methoden durchgeführt. Die erste Studie, die das Institut nach seiner Neugründung 1950 durchführte, entsprach der Aufgabe des Instituts, „die Oberfläche der öffentlichen Meinung, so wie sie sich offiziell bekundet, zu durchdringen und ein wissenschaftlich fundiertes Urteil zu ermöglichen, wie charakteristische Gruppen der Bevölkerung der Bundesrepublik zu weltanschaulichen und politischen Fragen tatsächlich stehen" (Pollock 1955, V). Neben wichtigen inhaltlichen Erkenntnissen, wie das der Existenz einer „nicht-öffentliche Meinung" in der Bevölkerung, waren vor allem auch die methodischen Ergebnisse zentral für diese Untersuchung. Um Einstellungen von Menschen erheben zu können, die Gegenstand der öffentlichen Meinung sein könnten, galt es zu berücksichtigen, dass diese nicht isoliert, sondern in ständiger Wechselbeziehung zwischen dem Einzelnen und den auf ihn wirkenden Gesellschaft entstehen. Darüber hinaus unterliegen diese Meinungen, je nach Situation, starken Affektschwankungen und stellen eventuell Rationalisierungen dar, deren latenten Inhalt es zu entdecken galt (Pollock 1955, 33). Die Untersuchung erfolgte an Orten, die den Teilnehmern bekannt und vertraut waren, und deren Ablauf nach einem anfänglichen Stimulus durch das Vorspielen eines Textes vom Tonband „ohne starre thematische Beschränkung" verlief. Auch Abschweifungen wurden bewusst in Kauf genommen, „weil es nur dadurch möglich war, die für die Beurteilung der geäußerten Meinungen und Einstellungen so überaus wichtigen freien Assoziationen zu erhalten." (S. 34).

Die Rezeption von qualitativ-empirischen Untersuchungsberichten und die methodische Auseinandersetzung mit verschiedenen Forschungsdesigns stellten eine wichtige Grundlage für die Konzeption des vorliegenden Projektes dar. Um tiefergehende Erkenntnisse über die subjektive Sicht des Einbürgerungsprozesses zu gewinnen und unvermutete Dimensionen zu entdecken, lehnte sich das Forschungsteam an hermeneutische Grundkonzeptionen an und rekurrierte auf kodifizierte qualitative Verfahren, wie zum Beispiel die Grounded Theory. Wie auch in den oben zitierten Studien, konzentrierte sich das Erkenntnisinteresse auf den Einzelfall, um den biographischen Bezug sowie Einstellung, Kognitionen und Emotionen offen legen zu können. In der Interviewmethode wurden Elemente narrativer Technik mit leitfadengestützten Interviews verknüpft, um gleichzeit Offenheit wie auch Vergleichbarkeit des Datenmaterials zu gewährleisten. Auch in der Auswertungsmethode wurde an ausgewählte Verfahren angeknüpft, Elemente übernommen und weiterentwickelt: so wurden die Kodierverfahren der Grounded Theory übernommen, aber dennoch theoriegeleitet ausgewertet.

Wie dieser kurze historische Abriss zeigt, gingen die Bemühungen um eine eigene qualitative sozialwissenschaftliche Methodologie somit in Deutschland zunächst von der Frankfurter Schule aus, die die von ihr anvisierte Theorie der

Gesellschaft nicht in empirischen Befunden aufgehen lassen wollte (Hoffmann-Riem 1980, 341). Adorno, mit Walter Dirks Herausgeber der Frankfurter Beiträge zur Soziologie, kritisierte den Objektivitätsbegriff der Sozialforschung. Auch Habermas' Auseinandersetzung mit soziologischen Theorieansätzen steckte den Rahmen für das geisteswissenschaftliche Kontrastprogramm zur positivistisch verfahrenden Soziologie ab. Habermas gab die Richtung für eine Weiterentwicklung von hermeneutischer und interpretativer Sozialforschung vor, durch Hervorhebung der Analyse des Sinnverstehens mit dem Nachdruck auf Forschung als Kommunikation und mit Hinwendung zur pragmatischen Sprachtheorie (Hoffmann-Riem 1980, 341).

Zentral in phänomenologisch-hermeneutische und sprachphilosophisch beeinflussten Diskursen war unter anderem der Rückbezug auf die Tradition der geisteswissenschaftlichen Philosophie Diltheys und Husserls, der als Begründer des phänomenologischen Forschungsansatzes gilt, und die Auseinandersetzung mit der Philosophie von Alfred Schütz, wie er sie 1960 in „Der sinnhafte Aufbau der sozialen Welt" dargelegt hat. Alfred Schütz griff den phänomenologischen Ansatz Husserls auf und nahm ihn, ergänzt mit Max Webers Methodologie, zum Ausgangspunkt für die Analyse der Sinnstruktur der sozialen Welt[38] oder auch „Lebenswelt" (Schütz 1971, 11). Schütz interessierte der subjektive Sinn, den die Handelnden mit ihrem Handeln verbinden. Auf Basis der phänomenologischen Hintergundtheorie geht qualitative Sozialforschung von der Grundannahme aus, dass die soziale Wirklichkeit das Ergebnis von gemeinsam in sozialer Interaktion hergestellten Bedeutungen und Zusammenhängen ist. Beides wird von dem jeweils Handelnden im Rahmen seines subjektiven Relevanzhorizonts interpretiert und stellt damit die Grundlage für das Handeln oder die Handlungsentwürfe dar. Sozialwissenschaftliche Erklärungen sollten deshalb auf den subjektiven Handlungssinn rekurrieren und das Handeln erklären.

Vor allem die Arbeitsgruppe Bielefelder Soziologen unternahm in Abstimmung auf den so definierten Objektbereich erste Schritte zu einer Lehre des Forschungshandelns. Sie haben aus den wissenschaftlichen Untersuchungsansätzen wie auch aus der wissenschaftsgeschichtlichen Entwicklung die Elemente herausgefiltert, die „als Reflexion auf die Andersartigkeit des sozialwissenschaftlichen gegenüber dem naturwissenschaftlichen Gegenstandsbereich gewertet werden können" (Hoffmann-Riem 1980, 342). Im Rahmen des methodologischen Postulats dieser „reflexiven Soziologie" oder „interpretativen

---

[38] Schütz' Interesse galt seit seiner Studienzeit der philosophischen Grundlegung der Sozialwissenschaften, lange Zeit von der Faszination der methodologischen Schriften Max Webers dominiert. Seine Erkenntnis war jedoch, dass dieser zwar die Werkzeuge, die er für seine konkrete Forschung benötigt hatte, „zwar geschmiedet hatte, dass aber sein Hauptproblem – das Verstehen des subjektiven Sinns einer sozialen Handlung für den Handelnden selbst – noch der philosophischen Begründung bedürfe." (Schütz 1971, 9).

Paradigmas", das seinen Ausgangspunkt an der Wirklichkeitskonzeption des Handelnden ansetzte und den Interpretationsprozess, in dessen Verlauf der Handelnde seinen Wahrnehmungen Bedeutung zuschreibt, nachvollzog, kombinierte die Arbeitsgruppe Bielefelder Soziologen Mitte der 70er Jahre typische Verfahrensweisen des interpretativen Paradigmas – wie teilnehmende Beobachtung oder unstrukturierte Interviews – mit in der empirischen Sozialforschung vorherrschenden Methoden, wie Interview oder Inhaltsanalyse. Im Kern betonen die Vertreter des interpretativen Paradigmas die Bedeutungszuschreibung des Handelnden gegenüber sozialen Gegebenheiten, d.h. ein Handelnder reagiert nicht unmittelbar, wie dies im Sinne einer verhaltenstheoretischen Stimulus-Response-Beziehung unterstellt wird, sondern reagiert vermittelt durch selektive und interpretierende Wahrnehmung. Interpretationsprozesse spielen deshalb eine zentrale Rolle innerhalb sozialer Interaktion. Der Bestand an Alltagswissen bietet dabei die Orientierung für das Handeln der Individuen und wird jeweils an die situativ spezifischen Bedingungen gekoppelt. Er unterliegt aber auch einem individuellen Wandlungsprozess, da das Individuum wechselnden gesellschaftlichen Bezügen ausgesetzt ist und sich durch diese Sozialisation verändert.

Situationsbezogenheit und Prozesshaftigkeit interpretativer Momente sozialen Handelns können nur durch eine Methodologie erfasst werden, die direkt bei der Sichtweise der Individuen ansetzt und sich auf diese einlässt (Witzel 1982, 13). Die Untersuchungsmethode muss demnach den Blick auf die spezifische Perspektive des einzelnen Handelnden ermöglichen: „Die methodologische Zentrierung auf *„the actor's point of view"* entspricht der theoretischen Vorstellung der Sozialwissenschaft, dass die Individuen die Alltagswirklichkeit über ein durch Interpretationsleistungen geordnetes Handeln konstituieren." (Witzel 1982, 13). Der Schwerpunkt liegt hierbei auf überdauernden Interpretationsmustern, also Typologisierungen, die als „aktiv vollzogenen Leistungen der Individuen und nicht als von strukturellen Bedingungen determiniert analysiert werden." (Witzel 1982, 13). Methodologische Implikation dieses Ansatzes ist, sich auf die Innenperspektive des Handelnden zu konzentrieren: „Will der Forscher die Sinngebung seiner untersuchten Person erfassen, (...) darf er seine Interpretation nicht unkontrolliert mit denen seiner Untersuchten vermischen", wie es zum Beispiel durch das Aufstellen von Kategorienschemata zur Erfassung von Orientierungsmustern der befragten Personen geschieht, mit der nur noch „die immanente Bestätigung des bereits in die eigenen Erklärungsstrukturen zerlegten Gegenstandes" vollzogen wird und das Relevanzsystem des Forschers dominiert (Witzel 1982, 15). Die Sammlung von Daten über noch unbekannte gesellschaftliche Zusammenhänge lässt die schrittweise Einengung des Untersuchungsfeldes und Präzisierung der Fragestellung zu. Der Forscher beginnt jedoch nicht konzeptlos, sondern bedient sich so genannter „sensitizing concepts", also flexibler theoretischer Konzepte. Die sinnhafte Strukturierung sozialer Wirklichkeit der Untersuchten wird somit ergänzt durch „von „außen" ansetzende Interpretationen im Bezugsrahmen der Wissenschaft". (Witzel 1982, 16). Im Verlaufe des Forschungsprozesses bekommen diese „sensitizing concepts" selbst einen empirischen Gehalt. Um die Welt der Handelnden schrittweise auf der Grundlage von deren Absichten und von Situation zu analysieren, wurde im Rahmen des interpretativen Paradigmas der Analyse und Auswertung der Daten eine induktive Vorgehensweise empfohlen.

Die diskutierten Methoden innerhalb des interpretativen Paradigmas, wie zum Beispiel das Gruppendiskussionsverfahren bei Meinefeld, teilnehmende Beobachtung bei Bohnsack oder Schützes narrative Interviewtechnik, wurden jeweils zunächst in ihren allgemeinen methodologischen Grundlagen erläutert, dann für einen konkreten Forschungskontext vorgestellt und abschließend der Rückbezug zu ihrem erkenntnistheoretischen Bezugsrahmen hergestellt und diskutiert (Arbeitsgruppe Bielefelder Soziologen 1973 und 1976). Auch im dieser Arbeit zugrunde liegenden Forschungsprojekt wurde auf Elemente des narrativen Interviews nach Schütze rekurriert und diese in dem Erhebungsinstrument „narrativ-leitfadengestützte" Interviews integriert.

Die späten 70er Jahre in Deutschland brachten eine intensivere Auseinandersetzung mit qualitativen Forschungsmethoden, mit denen der Zugriff auf gesellschaftliche Tatsachen über die Wirklichkeitskonzeption der Handelnden erfolgen sollte. Ausschlaggebend für diesen Entwicklungsschub dürfte nicht zuletzt die Ausformulierung und Anwendung zweier neuer Methoden gewesen sein, bei denen es sich nicht mehr um den Nachvollzug amerikanischer Entwicklungen handelte, auch wenn natürlich Bestandteile der amerikanischen Diskussion rezipiert und integriert wurden (Bergold/Flick 1987, 10). Schütze mit der Methode des narrativen Interviews und Oevermann mit dem Ansatz der Objektiven Hermeneutik entwickelten neue Arten des Vorgehens bei der Erhebung oder Analyse qualitativer Daten. Von diesen beiden Ansätzen ausgehend wurden in der Folge nicht nur Forschungstätigkeiten angeregt, sondern auch eine neue grundlegende Methodendiskussion entfacht. Es wurde aber auch seit Beginn der 70er Jahre eine wachsende Zahl qualitativ forschender Projekte durchgeführt, wie zum Beispiel in der Industrie- und Betriebssoziologie, der Organisationssoziologie, in der pädagogischen Forschung, in der Erziehungssoziologie und Sozialisationsforschung und in der Stadt- und Regionalforschung (Hopf 1979, 11).

1980 konstatierte Hoffmann-Riem, dass zwar kein Paradigmenwechsel „mit Wucht über die Sozialforschung hereingebrochen" sei, dass jedoch eine Alternative zur quantitativen Sozialforschung Konturen gewinne und diejenigen anlocke, „die den soziologischen Gegenstandsbereich nicht befriedigend durch die Befolgung naturwissenschaftlicher Forschungspostulate erschließbar sehen." (S. 339). Der soziologische Forschungsbereich wurde wieder durch eine stärkere Berücksichtigung der Perspektive der Handelnden verbreitert, die interpretative

Sozialforschung war soweit grundlagentheoretisch fundiert, dass eine kontrastierende Darstellung zur herkömmlichen Forschung sinnvoll unternommen werden konnte (ibid.). Küchler warf sogar die Frage auf, ob es sich dabei um „einen neuen Königsweg" für die empirische Forschung handele (1983).

Ob wir in den 90er Jahren, wie Mayring es nennt, eine „qualitative Wende" (Mayring 1994, 161) und eine „tiefgreifende Veränderung der Sozialwissenschaften in diesem Jahrhundert" (zitiert in Lamnek 1995a, 1) durch den Rückgriff auf qualitative Methoden erlebt haben, bleibt zu diskutieren. Dennoch ist an der gegenwärtigen Situation folgendes neu (Lamnek 1995a):

▶ Die Ausbreitung qualitativer Verfahren und die Zahl qualitativ arbeitender Forschungsprojekte ist erheblich angestiegen.

▶ Die Methodendiskussion um den qualitativen Ansatz hat eine neue Qualität erreicht, d.h. sie wird systematisch mit dem Ziel der „Begründung eines eigenständigen Paradigmas betrieben und erschöpft sich nicht mehr in der kritischen Auseinandersetzung mit den herkömmlichen, quantitativen Methoden" (S.5).

▶ Die Kritik an quantitativen Verfahren hat eine „Grundlagendiskussion über die Prinzipien empirischer Sozialforschung entfacht, in deren Gefolge eine unreflektierte Anwendung traditioneller Forschungsmethoden nicht mehr legitimierbar erscheint" (S.5).

In den 90er Jahren hat sich die qualitative Forschung zu einem breiten, fast schon unübersichtlichem Feld entwickelt, sie ist etabliert und konsolidiert (Flick et al. 2000, 13).

3.4.2 Prinzipien qualitativer Sozialforschung

Bei aller Heterogenität der unter „qualitative Forschung" zusammengefassten Forschungsansätze lassen sich doch, unter anderem auf Basis der oben dargestellten wissenschaftstheoretischen Entwicklung, verschiedene Grundannahmen und Prinzipien festhalten, die allen qualitativen Methoden mehr oder weniger gemeinsam sind und sie verbinden (Flick et al. 2000, 20f). Mehrere Autoren (Hopf 1978[39], Hoffmann-Riem 1980; Lamnek 1995a; Mayring 1999; Flick et al. 2000, 22f) haben zentrale, teilweise überlappende und sich ergänzende Prinzipien qualitativer Sozialforschung formuliert, die im Folgenden zusammengefasst dargestellt werden.

---

[39] Hopf spricht dabei genauer von „Anforderungen" an das qualitative Interview und „Kriterien zur Beurteilung von Interviewstrategien" (Hopf 1978, 99) Sie bezieht sich dabei auf die „Criteria of the Effective Focus Interview" von Merton, Fiske und Kendall (1956, 11ff).

Offenheit

Generell gilt für die interpretative Sozialforschung das Prinzip der Offenheit, also der Verzicht auf hypothesengeleitete Datengenerierung. Das Interview dient dazu, Zusammenhänge zu entdecken, die zunächst deskriptiv beschrieben werden. Laut Mayring lässt sich das Prinzip der Offenheit sowohl auf theoretischer wie auch methodischer Ebene festmachen: Sowohl die theoretischen Strukturierungen und Hypothesen wie auch die methodischen Verfahren dürfen nicht den Blick auf wesentliche Aspekte des Forschungsgegenstandes versperren, sondern müssen sich erweitern, modifizieren, oder auch revidieren lassen (Mayring 1999, 16). Der Gegenstand der Untersuchung ist demnach zu Beginn in gewissem Maße vorläufig, er ist erst nach Anschluss des explorativen Prozesses ganz bekannt, was dazu dient, den Forscher für das Erkennen von Bezügen und die Aufdeckung von Strukturen offen zu halten. Dies gilt im gleichen Maße auch für den Forschungsgegenstand: Er kann sich im Laufe des Forschungsprozesses thematisch verschieben, kann sich als Teilproblem eines viel umfassenderen Zusammenhangs herausstellen oder aus dem bisherigen Zusammenhang herausgelöst und einem anderen zugeordnet werden (Kleining 1982, 233). In der Forschungspraxis ist es demnach wichtig für den Wissenschaftler, dass zwar ein gewisses Vorverständnis als Vorhanden akzeptiert wird, aber diese Kenntnisse als veränderbar, überwindbar und vorläufig akzeptiert werden (Kleining 1982, 231).

Sehr ausführlich hat sich in der Literatur Hoffmann-Riem bereits 1980 mit der Offenheit als Prinzip der interpretativen Sozialforschung auseinander gesetzt. Auch hier steht im Mittelpunkt, dass die theoretische Strukturierung des Forschungsgegenstands zurückgestellt wird, bis sie sich „durch die Forschungssubjekte herausgebildet hat. (...) Bereits - nicht ausschließlich! – die Dokumentation des durch die Forschungssubjekte strukturierten Forschungsgegenstandes, die ‚Analyse von innen', gilt ihm [dem Sozialforscher] als Wissen." (S. 343f). Des weiteren sind Bedeutungszuschreibungen an die jeweilige Kommunikationssituation gebunden, was für die Forschungspraxis heißt, dass sich der Sozialforscher der „Produktion von Bedeutung aussetzen und erst auf der Grundlage der Strukturierungsleistungen der Forschungssubjekte die eigene Analyse vornehmen" soll (S. 344). Die theoretische Strukturierung bedeutet demnach den Verzicht auf Hypothesenbildung ex ante: Zwar wird die Forschungsfrage unter theoretischen Aspekten umrissen, die Ausarbeitung der Fragestellung dagegen zielt auf die Generierung, nicht Überprüfung von Hypothesen (vgl. Glaser/Strauss 1979). Natürlich hat der Forscher bestimmte Hintergrunderwartungen, mit denen er ein Projekt beginnt; diese sollten jedoch thematisiert werden und nicht unkontrolliert als Interpretationsrahmen für empirische Erscheinung fungieren: „Nur über die sorgfältige Erkundung der Wirklichkeitskonzeption der Handelnden verspricht er [der interpretative Soziologe] sich die Interpretationskontrolle, die vor Forschungsartefakten bewahrt" (S. 345).

Kommunikation

Im Sinne des qualitativen Paradigmas entsteht soziale Wirklichkeit durch Interaktion und Kommunikation. Die kommunikative Verständigung zwischen Forscher und Untersuchungsperson ist der Zugang der qualitativen Sozialforschung zur Handlungssituation, die Datengewinnung in der Sozialforschung hat somit einen, wie Schütze es bezeichnet, kommunikativen Grundcharakter. Da konkrete Handlungssituationen – bis auf teilnehmende Beobachtung – nur schwer in der Forschung einzufangen sind, versucht man im Interview, durch kommunikative Akte die zugrundeliegenden Handlungsverläufe zu erfassen. Man geht dabei davon aus, dass in der Kommunikationssituation die Bedeutungszuschreibungen einer Handlungssituation repräsentiert werden, wenn retrospektiv oder fiktiv über den Handlungsverlauf gesprochen wird: „Daher reicht es zur Generierung von Wirklichkeit aus, wenn ein kommunikativer Akt über einen vergangenen oder fiktiven Handlungsablauf initiiert wird." (Lamnek 1995b, 200). Forscher und Untersuchungsperson durchlaufen einen Prozess „des gegenseitigen Aushandelns der Wirklichkeitsdefinitionen" (Lamnek 1995a, 24).

Auch für Hoffmann-Riem (1980) ist Kommunikation neben der Offenheit das zweite grundlegende Prinzip interpretativer Sozialforschung: „Das Prinzip der Kommunikation besagt, dass der Forscher den Zugang zu bedeutungsstrukturierten Daten im allgemeinen nur gewinnt, wenn er eine Kommunikationsbeziehung mit dem Forschungssubjekt eingeht und dabei das kommunikative Regelsystem des Forschungssubjekts in Geltung läßt." (S. 347). Mit dem Aufbau der Kommunikationsbeziehung entscheidet sich, welche Tiefenschicht der Datengewinnung erreicht wird. Erst wenn die Untersuchungsperson selbst weitgehend in eigener Regie die jeweilige Konzeption von gesellschaftlicher Wirklichkeit entwickeln kann und die Kommunikationssituation nicht vorwiegend von den Regeln des wissenschaftlichen Informationsgewinns dominiert wird, wird der handlungsorientierende Sinn erkennbar (S. 347).

Für die Kommunikation in der Forschungssituation sollten Regeln gewählt werden, die der alltagsweltlichen Kommunikation am nächsten kommen, da „ohne das vertraute Gerüst kommunikativer Regeln der eigenen Handlungssphäre (...) das Gesellschaftsmitglied nicht die Orientierungen seines eigenen Handelns aufdecken" wird, „die außerhalb seines Rahmens die Wirklichkeit mitkonstituieren." (S. 347).

Naturalistizität und Kontextualität

Bei der Erhebung ist es wichtig, dass das Prinzip der Natürlichkeit in der Erhebungssituation eingehalten wird. Dies bezieht sich zum einen auf den Handlungsverlauf und die Umgebung, d.h. die Interaktionssituation während des Interviews sollte der Untersuchungsperson möglichst alltagsweltlich erscheinen. Zum anderen sollte der Sprachcode einer kommunikativen Situation im Alltag möglichst nahe kommen (Lamnek 1995b, 201). Qualitative Erhebungs-, Analyse- und Interpretationsverfahren sind in starkem Maße der Kontextualität verpflichtet: Daten werden in ihrem natürlichen Kontext erhoben und Aussagen im Kontext einer längeren Antwort oder Erzählung oder der Interviewverlaufs insgesamt ausgewertet (Flick et al. 2000, 23). Zurück geht das Konzept der Kontextualität vor allem auf Garfinkel und die Ethnomethodologie, die Äußerungen und Handlungen der Interviewten als nicht von der Lebenspraxis trennbar erachteten. Für die qualitative Forschungspraxis bedeutet dies, dass Erhebungsinstrumente so gestaltet werden sollten, dass der soziale, kulturelle, situative, biographische und historische Kontext in die Untersuchung einbezogen wird; der Forscher sollte sich demnach mit dem „sozialen Umfeld des Informanten" vertraut machen (Steinke 1999, 30). Methodisch geschieht dies zum Beispiel im Interview, indem längere Äußerungssequenzen angestrebt werden und offene Antworten ermöglicht werden; auch sämtliche Bemühungen der Dokumentation von Interviews, wie Tonbandaufnahmen und Interviewtranskripte, zielen darauf, den Erhebungskontext möglichst detailliert und vollständig zu erfassen (Steinke 1999, 31).

Subjektorientierung

Mayring meint damit, dass das zu untersuchende Subjekt in seiner Ganzheit und Historizität berücksichtigt werden soll und mit einem problemorientierten Forschungsinteresse an die Untersuchungspersonen herangegangen werden soll (Mayring 1999, 13f). Werden Bereiche im Forschungsprozess analytisch getrennt, so sollten sie im weiteren Verlauf des Forschungsprozesses in einer ganzheitlichen Betrachtung zusammengeführt und interpretiert werden (Mayring 1999, 21). Hopf spricht hierbei vom „personalen Kontext: Der persönliche und soziale Kontext, in dem die analysierten Deutungen und Reaktionen stehen, muss in ausreichendem Umfang erfasst sein. Seine Kenntnis ist unter anderem Voraussetzung für die Interpretation nicht antizipierter Reaktionen auf die im Interview thematisierten Kommunikationsinhalte" (1978, 100).

Induktion

Im Unterschied zum hypothesenüberprüfenden deduktiven Ansatz liegt der Schwerpunkt in der qualitativen Forschung auf Induktion: Aus einzelnen Beobachtungen werden erste Zusammenhänge vermutet, die dann durch weitere systematische Beobachtung zu erhärten versucht werden (Mayring 1999, 24). Die erfahrbare Wirklichkeit wird als Ausgangspunkt genommen, um sie zu beschreiben und sie zu analysieren (Heinze 2001, 27). Dieses Vorgehen wird gewählt, um, im Sinne der Grounded Theory, auf der Grundlage eines theoretischen Vorverständnisses Zusammenhänge und Strukturen zu entde-

cken, Kontexte, Persönlichkeitsmerkmale und Motive für Handlungen adäqua-
ter abbilden zu können und darauf aufbauend Hypothesen zu generieren (vgl.
dazu Friedrichs 1980, 226f; Bock 1992, 91f).

Reichweite und Tiefe

Das Spektrum der im Interview angeschnittenen Problemstellungen darf
nicht zu eng gefasst sein. Maximiert werden sollte dabei sowohl die Reichweite
der im Gedächtnis zurückgerufenen Reize als auch die im Interview mitgeteil-
ten subjektiven Reaktionen. Im qualitativen, explorativen Interview bezieht
sich dies auf reale Lebenssituationen; das Interview soll eben gerade nicht nur
die Themenbereiche abdecken, „die aufgrund vorangehender theoretischer oder
empirischer Erkenntnisse als relevant unterstellt werden und die im allgemeinen im ‚Interview-Leitfaden‘ festgehalten sind, sondern dass im Interview
Problemstellungen, die außerhalb dieses Rahmens liegen, aktiv aufgegriffen
werden"[40] (Hopf 1978, 100). Entsprechend soll auch die Tiefen-Dimension im
qualitativen Interview angemessen repräsentiert sein: „Der Befragte soll
unterstützt werden bei der Darstellung der affektiven, kognitiven und wert-
bezogenen Bedeutung bestimmter Situationen und bei der Darstellung seiner
Involviertheit."[41] (Hopf 1978, 100).

3.4.3 Gütekriterien qualitativer Sozialforschung und deren methodische Umsetzung im Forschungsprojekt

Die Frage, anhand welcher Kriterien die Wissenschaftlichkeit, Güte und
Geltung qualitativer Sozialforschung bewertet werden kann, ist grundlegend für
das Design eines geplanten Forschungsprojektes sowie auch für die weitere
Etablierung dieses Forschungsansatzes in der Gesamtlandschaft empirischer
Sozialforschung. Die Formulierung von Bewertungskriterien für Methoden und
Ergebnisse qualitativer Forschung spielt deshalb eine zentrale Rolle für deren
Legitimierung. In der Literatur werden dazu verschiedene Grundpositionen
diskutiert (vgl. Steinke 2000); es herrscht jedoch weitgehend Einigkeit darüber,
dass die für Verfahren der quantitativen Sozialforschung geltenden Gütekrite-
rien der Validität, der Gültigkeit und der Reliabilität nicht so ohne weiteres als
Maßstäbe zur Messung der Qualität von qualitativen Forschungsergebnissen

---

[40] Bei Merton, Fiske und Kendall heißt es zum Kriterium „Range": „The interview should enable
interviewees to maximize the reported range of evocative elements and patterns in the
stimulus situation as well as the range of responses" (1956, 12).

[41] Bei Merton, Fiske und Kendall heißt es zum Kriterium „Depth": „The interview should help
interviewees to describe affective, cognitive and evaluative meanings of the situation and the
degree of their involvement in it." (1956, 12).

herangezogen werden können (Flick 1987; Lamnek 1995a, Steinke 2000). Die Gütekriterien sollten dem eigenen Profil qualitativer Forschung entsprechen, d.h. ihren Kennzeichen, Zielen und ihren wissenschaftstheoretischen und methodologischen Ausgangspunkten (Steinke 2000, 322).

Auf Basis allgemeinerer theoretischer Grundlagen der qualitativen Sozialforschung hat Mayring Gütekriterien zusammengestellt (Mayring 1999, 115ff), die ich im folgenden um von anderen Autoren diskutierte Bewertungskriterien ergänzt habe (Steinke 2000; Flick 1987; Heckmann 1992). Ich möchte es jedoch nicht bei einer reinen Aufzählung belassen, sondern zeigen, wie diese Gütekriterien in der konkreten Anwendung im Forschungsprojekt angewandt wurden (oder auch nicht) und inwieweit eine forschungspraktische Anwendung, unter Berücksichtigung forschungsökonomischer Erfordernisse, möglich ist.

Regelgeleitetheit

Trotz des Anspruchs einer gewissen Offenheit gegenüber Analyse und Forschungsgegenstand muss auch qualitative Forschung gewisse Verfahrensregeln einhalten, die eine systematische, sequentielle Bearbeitung des Forschungsmaterials gewährleisten. Dazu ist es erforderlich, die Analyseschritte vorher festzulegen und das zu analysierende Material in sinnvolle Einheiten zu unterteilen (Mayring 1999). Qualitative Forschung muss sich um die Kodifizierung der Forschungstechniken bemühen, das heißt die Explikation und systematische Analyse des Vorgehens mit dem Ziel der logischen Formulierung von Methoden. Das methodische Vorgehen wird somit in gewisser Weise vereinheitlicht. Mit der Anwendung von Leitfadeninterviews, der narrativen Technik oder der Methode der Grounded Theory liegen zum Beispiel verschiedene kodifizierte und entwickelte Verfahren vor, die ein Kontrolle bzw. den Nachvollzug der Untersuchung erleichtern (Steinke 2000). Diese wurden im qualitativen Forschungsprojekt „Einbürgerung und Integration", dessen Ergebnisse dieser Arbeit zugrunde liegen, herangezogen. Die Regelgeleitetheit wurde sowohl durch Anwendung und Kombination kodifizierter Verfahren, wie auch durch theoretische und methodologische Reflexion gewährleistet, die nicht nur die Konstruktion des Erhebungsinstruments, sondern auch die Auswahl der Interviewpartner und den Auswertungsprozess begleitete.

Argumentative Interpretationsabsicherung und Interpretation im Forschungsteam

Da interpretative Verfahren eine zentrale Rolle in qualitativer Forschung spielen, unterliegen sie insbesondere kontrollierender Qualitätseinschätzung. Der intersubjektive Nachvollzug muss gewährleistet sein. Um sie adäquat argumentativ begründen zu können, sollten die Interpretationen sinnvoll theoriegeleitet und in sich schlüssig sein; sollten Brüche auftauchen, müssen diese erklärt werden. Diese wurde im vorliegenden Projekt durch eine umfangreiche und detaillierte Dokumentation des interpretativen Verfahrens gewährleistet (siehe weiter unten).

Wenn möglich sollten die einzelnen Analyseschritte im Projekt mit Kollegen diskutiert werden. Die Interpretation in Gruppen ist eine diskursive Form der Herstellung von Intersubjektivität und Nachvollziehbarkeit durch den expliziten Umgang mit Daten und deren Interpretation, wie sie vor allem auch im Rahmen der Grounded Theory empfohlen wird (Steinke 2000, 326). Dies war im Forschungsprojekt „Einbürgerung und Integration" durch die gemeinsame Projektarbeit der zwei Wissenschaftlerinnen gewährleistet, die arbeitsteilig in allen Phasen der Untersuchung aktiv eingebunden waren. Die ersten drei Interviews wurden bewusst gemeinsam durchgeführt und ausgewertet; somit konnte sowohl eine Harmonisierung der Arbeitschritte, gleichzeitig aber auch eine kritische Diskussion mit verschiedenen Interpretationsmöglichkeiten gewährleistet werden. Der unterschiedliche qualifikatorische Hintergrund des Forschungsteams, der soziologisch-empirische Erfahrung mit sprachlich-geisteswissenschaftlicher Ausbildung vereinte, machte ein kritisches Hinterfragen der interpretativen Ergebnisse aus interdisziplinärere Perspektive möglich. Des weiteren wurden die Ergebnisse in regelmäßigen Projektbesprechungen mit dem Projektleiter und weiteren Kollegen[42] vorgestellt und diskutiert.

Nähe zum Gegenstand

In der Forschung ist Gegenstandsangemessenheit ein zentraler Leitgedanke: Indem der Forscher seine Untersuchung möglichst nah an die Alltagswelt der zu befragenden Personen anknüpft, wird der Forschungsprozess gegenstandsnah, d.h. es sollte erreicht werden, dass sich die Untersuchung auf die natürliche Lebenswelt der Untersuchungspersonen richtet und deren Interessen und Relevanzsysteme einbezieht (Mayring 1999). Das Kriterium der Angemessenheit sollte dabei nicht nur allein auf den Gegenstand, sondern auch bezüglich der Erhebungs- und Auswertungsmethoden kritisch beleuchtet werden. Hat die Methode eine dem Gegenstand angemessene Herangehensweise zugelassen? Wurden den Äußerungen und Bedeutungen der Untersuchten hinsichtlich des Untersuchungsgegenstandes ausreichend Spielraum eingeräumt? Kommen die subjektiven Perspektiven, alltäglichen Handlungsweisen und Bedeutungen in Bezug auf den Gegenstand zur Geltung und werden sie nicht zu stark durch methodische Strukturen eingeschränkt bzw. vorstrukturiert? Wurde durch das Sampling-Verfahren eine Auswahl der Untersuchungspersonen gewährleistet, die dem Gegenstand angemessen ist? (Steinke 2000).

---

[42] Mein besonderer Dank hierbei gilt, neben dem Projektleiter Prof. Heckmann, Prof. Dr. Thomas Müller-Schneider, der mit kritischen und konstruktiven Diskussionsbeiträgen das Projekt bereicherte.

Die Nähe zum Gegenstand wurde im vorliegenden Forschungsprojekt durch kritische Reflexion des Untersuchungsinstruments sowie durch das Auswahlverfahren des Theoretical Samplings gewährleistet. Im Rahmen der Gruppendiskussion, die als Voruntersuchung für die qualitative Studie durchgeführt wurde, wurden zum Beispiel methodische Schwächen des bis dato entwickelten Erhebungsinstruments entdeckt und dieses entsprechend modifiziert. Die Ergänzung narrativer Interviewtechniken ermöglichte einen weitaus intensiveren Einblick in die individuelle und biografische Bedeutung von Einbürgerung als dies mit reinen Leitfadeninterviews der Fall gewesen wäre. Die Feldphase wurde des weiteren mehrfach unterbrochen, um eine Sichtung des Datenmaterials und die Entdeckung theoretischer Lücken zu ermöglichen. Somit konnte die Auswahl weiterer Interviewpartner auf Basis von Kriterien erfolgen, die aus dem Datenmaterial emergiert waren und entsprechende Nähe zum Gegenstand aufwiesen (Theoretical Sampling).

Kommunikative Validierung

Mayring schlägt vor, die Forschungsergebnisse nach Abschluss der Untersuchung noch einmal mit den Befragten zu diskutieren. Wenn sich die Untersuchungspersonen in den vorgelegten Interpretationen und Analyseergebnissen wiederfinden, kann dies als wichtiges Argument zur Absicherung der Untersuchungsergebnisse herangezogen werden. Heinze (1995) ergänzt, dass dabei unterstellt wird, dass der Interaktionscharakter der Forschungstätigkeit und wechselseitiges Lernen eine Voraussetzung für das erkennende Vordringen in den Konstitutionszusammenhang des untersuchten Gegenstandsbereichs ist: Veränderungen auf seiten der Erforschten sind methodisch kontrolliert herbeizuführenden Entwicklungen mit besonderem Erkenntniswert. Beurteilungsgegenstand kann, neben anderen (Flick 1987), somit die Angemessenheit einzelner Interpretationen bzw. die Entscheidung zwischen verschiedenen Interpretation sein: Sie ist somit Teil der Auswertungsphase und dient als Überprüfungskriterium und Absicherung der vorgenommenen Interpretationen.

Dieser Validierungsschritt war aus zeitlichen Gründen im vorliegenden Forschungsprojekt nicht möglich, da erneute Treffen mit den Interviewpartnern nur in äußerst zeitaufwändiger Weise zu realisieren gewesen wären. Abgesehen davon wird, neben forschungsökonomischen Gründen, der Ertrag eines solchen Vorgehens von der Autorin durchaus kritisch gesehen. Ergebnis der wissenschaftlichen Untersuchung ist es ja gerade nicht, bei den subjektiven Bedeutungsstrukturen der Betroffenen stehen zu bleiben, sondern diese in einen weiteren Gesamtkontext einzubetten, in unserem Fall in einen integrationstheoretischen Zusammenhang. In diese Einbettung fließt das durch die Auseinandersetzung mit dem Thema gewonnene Vorwissen des Forschers ein. Darüber hinaus werden die subjektiven Relevanzen nicht nur präsentiert, sondern im biografischen Bezug dargestellt oder themendeskriptiv verknüpft.

Bis zum Abschluss des Analyseprozesses sind die Ergebnisse also derart „weiterverarbeitet" worden, zum Beispiel im Rahmen der qualitativen Typenbildung, dass eine kommunikative Validierungsmethode nicht angemessen wäre.

Triangulation

Mayring empfiehlt, durch Verbindung mehrerer Analysegänge die Qualität der Forschung zu verbessern. Konkret kann dies durch Heranziehung verschiedener Datenquellen, unterschiedlicher Interpreten, Theorieansätze oder Methoden erfolgen und indem versucht wird, für die Fragestellung unterschiedliche Lösungswege zu entwerfen. Geeignet ist hierfür auch eine Verbindung qualitativer und quantitativer Analyseschritte[43] (Mayring 1999). Die Triangulation verschiedener Methoden kann dazu beitragen, die Angemessenheit und die resultierenden Verzerrungen der einzelnen Methoden transparenter werden zu lassen (Flick 1987).

Mehrere Analysegänge wurden im vorliegenden Forschungsprojekt durchgeführt: Nach einer Globalanalyse und einem anschließenden qualitativ-typenbildenden Verfahren folgte eine narrationsanalytische Auswertung von Textsequenzen, die die zuvor gefunden Ergebnisse vertieften und ergänzten. Die Kombination von qualitativen und quantitativen Methoden ist im vorliegenden Forschungsprojekt ebenfalls versucht worden, ist aber auf erhebliche Schwierigkeiten gestoßen. Es war angestrebt worden, anhand der Daten mit einem clusteranalytischen Verfahren typisierbare Einbürgerungsverläufe zu identifizieren. Die Anwendung dieses Verfahrens brachte allerdings eine Reihe von Problemen mit sich[44]. In der Datenerhebung hatte sich das Forschungsteam für das Theoretical Sampling in Anlehnung an die Grounded Theory entschieden, um das Spektrum der subjektiven Dimensionen von Einbürgerung in

---

[43] Mit dem Begriff „Triangulation" – ursprünglich verwendet in der Landvermessung als Verfahren zur Bestimmung der räumlichen Lage eines unbekannten Punktes ausgehend von zwei bekannten Punkten – wird schon seit den 50er Jahren eine Forschungsstrategie umschrieben, die eine Forschungsfrage durch Anwendung verschiedener Messverfahren zu beantworten sucht. Ein Beispiel hierfür ist, Ergebnisse qualitativer Forschung durch statistische Methoden zu validieren. Eine Konvergenz von Forschungsergebnissen, welche mit unterschiedlichen Messoperationen ermittelt wurden, könnte somit die Validität erhöhen. Mit der wachsenden Anerkennung qualitativer Methoden in den 80er und 90er Jahren geriet das Konzept der Triangulation jedoch zunehmend unter Kritik: Durch die Akzeptanz, dass verschiedene empirische Methoden auf verschiedenen erkenntnistheoretischen Modellen aufbauen können und sich deshalb auch auf verschiedenen Phänomene beziehen, wurde ein direkter Vergleich von Forschungsresultaten als schwierig erachtet (vgl. Kelle/Erzberger 2001).

[44] Die Ausführungen zu Vorgehensweise und Problemen des clusteranalytischen Verfahrens gehen auf meine Kollegin Susanne Worbs zurück, die die Clusteranalyse durchführte und aufgrund ihrer quantitativ-empirischen Kompetenz und Erfahrung die Grenzen der Methode deutlich machte.

seiner ganzen Breite erfassen zu können. Dieses Verfahren implizierte eine absichtliche Erzeugung von Varianz, was dem Ziel einer Typenbildung (also des Auffindens von Gemeinsamkeiten zwischen den Untersuchungspersonen) logischerweise entgegenwirkte. Diese Varianz bezog sich sowohl auf inhaltliche Aspekte des Einbürgerungsprozesses als auch – damit einhergehend – auf die sozio-demographischen Merkmale der Interviewpartner. Das zweite Problem hing mit den narrativen Elementen der Interviews zusammen: Die befragten Eingebürgerten sollten stärker als bei einem Leitfadeninterview die Möglichkeit erhalten, ihre eigenen Relevanzen in das Interview einzubringen. Das Resultat dieser Methodik war, dass sich nicht alle Interviewpartner zu allen Aspekten des Einbürgerungsprozesses geäußert haben und somit eine große Zahl von „Missings" die Folge waren, die das clusteranalytische Verfahren erschwerten.

Obwohl in diesem Forschungsprojekt nicht umgesetzt, wird eine Kombination von qualitativen und quantitativen Methoden dennoch als sinnvoll erachtet und wurde zuvor schon erfolgreich angewandt[45]. Ein kombiniertes Forschungsdesign könnte in einem künftig Forschungsprojekt umgesetzt werden (vgl. Kapitel 6.4.2).

Empirische Verankerung

Die Bildung und Überprüfung von Hypothesen und Theorien sollte in der qualitativen Forschung empirisch, das heißt in den erhobenen Daten verankert sein. Die Strategie der Hypothesenbildung muss so angelegt sein, dass sie erlaubt, Neues und Unvermutetes zu entdecken und theoretische Vorannahmen in Frage zu stellen und zu modifizieren. Die Hypothesen und Theorien sollten dicht an den Daten, z.B. den subjektiven Sicht- und Handlungsweisen der untersuchten Personen sein und auf Basis systematischer Datenanalyse entwickelt werden. Als Weg zur Überprüfung theoretischer Verankerung eignet sich zum Beispiel die Verwendung kodifizierter Methoden wie die der Grounded Theory und die Sicherstellung, dass für die angeführten Theorien hinreichende Textbelege vorhanden sind (Steinke 2000). In der Grounded Theory wird somit der Anspruch umgesetzt, ein kodifiziertes Verfahren im Umgang mit den Daten zu praktizieren. Ausgewählte Elemente der Grounded Theory wurden im vorliegenden Forschungsprojekt umgesetzt.

---

[45] So setzte dies meine Kollegin Susanne Worbs im Rahmen ihrer Diplomarbeit über ethnische Identität von Migranten um, in der sie eine qualitative Befragung von Jugendlichen türkischer und portugiesischer Herkunft durchführte (Worbs 1997). Anhand einer Clusteranalyse konnten die Befragten in drei Gruppen zusammengefasst werden: in einen herkunftsorientierten, einen kosmopolitischen und einen bikulturellen Typus. In der Arbeit wurde eine Verknüpfung qualitativer und quantitativer Auswertungsmethoden durchgeführt.

Verfahrensdokumentation

Der Forschungsvorgang sollte detailliert und so vollständig wie möglich dokumentiert werden, da Techniken und Messinstrumente nicht wie in quantitativen Erhebungen standardisiert vorgegeben sind, sondern die Methoden gegenstandsspezifisch entwickelt werden. Folgende Aspekte der Verfahrensdokumentation sind dabei zentral: die Explikation des Vorverständnisses; die Dokumentation der Entwicklung und Anwendung der Erhebungsmethoden und des Erhebungskontextes; die Dokumentation der Transkriptionsregeln; die Dokumentation der Auswertungsmethoden und der Informationsquellen und die Zusammenstellung des Analyseinstrumentariums. Dadurch wird der Forschungsprozess intersubjektiv nachprüfbar (Mayring 1999; Steinke 2000).

Die Heranziehung von ATLAS.ti, einer Software, die speziell zur Auswertung qualitativen Datenmaterials entwickelt wurde (vgl. dazu Kapitel 4.3.1) und die die Erfassung, Ordnung und Auswertung des Interviewmaterials erleichtert, bringt für die Verfahrensdokumentation erhebliche Vorteile:

▶ **Übersichtliche Datenverwaltung:** Durch die in der Software angebotenen Ordnungsprinzipien können Primärtexte, Codes, Codefamilien und Memos jederzeit nach den aktuellen Bedürfnissen im Forschungsprozess strukturiert und ausgedruckt werden.

▶ **Dokumentation des Forschungsprozesses:** Der Forschungsvorgang kann detailliert und so vollständig wie möglich dokumentiert werden, zum Beispiel der Übergang von einer alphabetischen Codeliste hin zu strukturierten Codefamilien. Interviewtexte, Codelisten und Kommentaren werden auf CD archiviert.

▶ **Regelgeleitetheit in der Auswertung:** Trotz des Anspruchs der Offenheit gegenüber Analyse und Forschungsgegenstand muss auch qualitative Forschung gewisse Verfahrensregeln einhalten, die eine systematische, sequentielle Bearbeitung des Forschungsmaterials gewährleisten. Dazu ist es erforderlich, die Analyseschritte festzulegen und das zu analysierende Material in sinnvolle Einheiten zu unterteilen (Mayring 1999). Dies wird mit Unterstützung der Software systematisch durchführbar und jederzeit nachvollziehbar.

▶ **Arbeitsteilung im Forschungsteam:** Durch getrennte Login-Kennzeichnung kann anhand des Materials jeweils rekonstruiert werden, wann welcher Mitarbeiter die Daten bearbeitet hat. Dies ist für die arbeitsteilige Organisation des Forschungsprozesses und den inhaltlichen Austausch im Forschungsteam eine wertvolle Arbeitshilfe.

Limitation

Dieses Gütekriterium dient dazu, die Grenzen des Geltungsbereichs, d.h. der Verallgemeinerbarkeit einer im Forschungsprozess entwickelten Hypothese oder Theorie herauszufinden, zu überprüfen und deutlich zu machen. Dazu sollte analysiert werden, auf welche weiteren Bedingungen im Sinne von Kontext, Fälle, Untersuchungsgruppen, Phänomene oder Situationen die Forschungsergebnisse, die unter spezifischen Untersuchungsbedingungen entwickelt wurden, zutreffen. Es gilt dabei vor allem zu klären, welche Bedingungen minimal erfüllt sein müssen, damit das in der Hypothese oder Theorie beschriebene Phänomen auftritt.

Es gilt dabei jedoch festzuhalten, dass das Ergebnis einer Textinterpretation zunächst den Status einer wissenschaftlichen Hypothese hat. Die Geltungsbegründung kann nicht zu einer endgültigen Verifizierung führen, sondern zu „einer Aussage mit Wahrscheinlichkeitscharakter" (Heckmann 1992, 159). Im Unterschied zu vorläufig formulierten Annahmen ist jedoch die den Interpretationsprozess abschließende Hypothese das Resultat eines Verstehensprozesses, in dem „unter Anwendung der Interpretationsregeln Hypothesen fortschreitend modifiziert, falsifiziert oder verifiziert wurden." (ibid.). Sie ist Ergebnis bewusst praktizierter methodischer Prinzipien. Interpretationsergebnisse, etwa über den subjektiven Sinn, können der Einzelfallanalyse dienen oder qua Typenbildungsverfahren zusammengefasst werden.

3.5 Von der Theorie zur kodifizierten Methode: Die Grounded Theory von Glaser und Strauss

Eine Grounded Theory ist eine gegenstandsverankerte Theorie, die auf der Grundlage von systematisch gewonnen Daten entdeckt wird. Sie wird induktiv aus der Untersuchung des Phänomens abgeleitet, das sie abbildet (Strauss/ Corbin 1996, 7). Am Anfang der Untersuchung steht also nicht eine Theorie, die es zu überprüfen gilt, sondern ein Untersuchungsbereich, dessen Relevanzen sich erst im Laufe des Forschungsprozesses herauskristallisieren.

Die Grounded Theory als Methodologie ist ursprünglich von den Soziologen Barney Glaser und Anselm Strauss entwickelt worden. Die zwei aus gänzlich verschiedenen Traditionen empirischer Forschung stammenden Autoren – Strauss aus der Tradition der Feldforschung und qualitativen Datenanalyse der Chicagoer Schule, Glaser aus der Tradition der Surveymethodologie und quantitativen Analyse der Columbia-Schule – begannen in den sechziger Jahren auf Basis eigener qualitativer Studien der Frage nachzugehen, wie sich die Entdeckung neuer Phänomene methodisch kontrolliert für die Theoriebildung nutzen ließe (Kelle 1994, 283). Sie widmeten sich in ihrer Arbeit der elementaren soziologischen Frage, wie die Entdeckung und Entwicklung von Theorien in der empirischen Forschung verankert werden könne und die Theorien aus konkretem Datenmaterial heraus in direkter Bezugnahme auf die soziale Realität gewonnen werden können (Lamnek 1995a, 112). Die Autoren versuchten, auf der Basis ihrer eigenen Forschungserfahrungen Regeln zu entwerfen, die den Prozess der Theoriebildung und die Prüfung der Plausibilität und Glaubwürdigkeit von Theorien anleiten sollten: Für Glaser und Strauss ist „die Theoriebildung im Rahmen qualitativer Sozialforschung gleichsam Schutzmaßnahme gegen scholastische Formen des Theoretisierens und die Verselbständigung kategorialer Systeme" (Hopf 1979, 26)[46].

Das Suchen nach der Theorie und die Überprüfung ihres Wahrheitsgehaltes ist direkt mit dem Prozess der Generierung verknüpft:

> „In contrasting grounded theory with logico-deductive theory and discussing and assessing their relative merits in ability to fit and work (predict, explain and be relevant), we have taken the position that the adequacy of a theory for sociology today cannot be divorced from the process by which it is generated." (Glaser/Strauss 1967, 5).

Durch systematisches Erheben und Analysieren von Daten, die sich auf das zu untersuchende Phänomen beziehen, werden Zusammenhänge entdeckt und diese als Grundlage für abstrahierende Theoriebildung herangezogen. Datensammlung, Datenanalyse und Theorie stehen so in einer wechselseitigen Beziehung zueinander (ibid., 8). Der Forschungsprozess ist dabei zirkulär: die Prozesse von Datenerhebung und Hypothesenbildung stehen in einem ständigen Wechsel, Theorieentwürfe werden immer wieder nach Überprüfung an der empirischen Realität korrigiert, erweitert oder verworfen. Die im quantitativen Forschungsverlauf übliche Phasentrennung von Datenerhebung und Datenauswertung wird aufgehoben (Hermanns 1992, 114). Zentral dabei ist, dass die Annäherung an den Forschungsgegenstand ohne „perceived theory that dictates, prior to reserach, ‚relevancies' in concepts and hypotheses" erfolgen (Glaser/Strauss 1968, 33) soll, vielmehr soll den Konzepten und Hypothesen die Möglichkeit eingeräumt werden, „to emerge first on their own (Glaser/Strauss 1979)".

Die Empfehlung von Glaser/Strauss, der Forscher solle sich möglichst unvoreingenommen dem Datenmaterial nähern, damit die Theorien aus dem Material „emergieren" könnten, ist allerdings in der Literatur als „induktivistisches Selbstmißverständnis" diskutiert worden (Kelle/Kluge 1999). Glaser/Strauss sind in ihren eigenen Forschungsprojekten dieser Empfehlung selbst nicht gefolgt, da sie erkannten, dass in der Praxis sich kein Forscher als tabula rasa dem Untersuchungsgegenstand nähert. In der wissenschaftstheoretischen Literatur herrscht hierüber weitgehend Einverständnis: Der Sozialwissen-

---

[46] Diese Strategie der Theoriebildung richtete sich vor allem gegen Theorien des logisch-deduktiven Typs in der Art der Parsonsschen Systemtheorie, „deren Abgehobenheit und Realitätsferne für sie ein dauerndes Ärgernis" darstellte (Hopf 1979, 26).

schaftler geht in seiner Forschung von einem bestimmtes Vorverständnis aus, welches grundsätzlich nötig ist, um überhaupt einen Sachverhalt interpretieren zu können (Girtler 1988, Gadamer 1965). Allerdings versuchten Glaser und Strauss in ihren jüngeren Publikationen der Frage nachzugehen, *wie* das theoretische Vorwissen in den Forschungsprozess sinnvoll integriert werden kann, ohne dass dieser „deduktivistisch" wird. Als Lösung schlugen sie das Konzept der „theoretischen Sensibilität" vor, also die Fähigkeit des Forschers, über empirisch gegebenes Material in theoretischen Begriffen zu reflektieren. Der qualitative Forscher verwendet sein – vages und unscharfes – theoretisches Vorwissen und die soziologischen Begriffe als sensibilisierende Konzepte, die er in Auseinandersetzung mit dem empirischen Feld konkretisiert und damit in definitive Konzepte umwandelt. Je mehr implizites theoretisches Vorwissen, desto besser: ein großer Theorie- und Begriffsfundus hilft dem Forscher, neu entdeckte und unerwartete Befunde theoretisch einzuordnen und empirische Sachverhalte in theoretische Sprache umzusetzen (Kelle/Kluge 1999, 29).

Die Grounded Theory wurde im vorliegenden Projekt als induktives Verfahren verwendet. Die Zielsetzung des Projektes war primär beschreibend-explorativ: Es ging darum, die bislang kaum beachtete „subjektive Seite" des Verwaltungsvorganges Einbürgerung auszuleuchten. Aus dieser Zielsetzung ergab sich zwingend eine qualitative und induktive Methodik. Es wurde allerdings nicht das gesamte Forschungsdesign nach der Konzeption der Grounded Theory strukturiert, sondern es wurden bestimmte Verfahrenselemente berücksichtigt, nämlich:

▸ im **induktiven Verfahren** des Projektes: Auch wenn die Forschungsfrage in theoretische Vorüberlegungen eingebettet war, war es nicht Ziel der Untersuchung, bestimmte Hypothesen zu überprüfen, sondern Relevanzen der Untersuchungspersonen im Datenmaterial zu entdecken.

▸ im Prozess des „**Theoretical Sampling**" bei der Auswahl der Untersuchungspersonen: die Grounded Theory fordert, dass nicht von vornherein festgelegte Untersuchungspersonen befragt werden, sondern das deren Auswahl mit dem Prozess der Datenanalyse verschränkt wird. So wurde auch im vorliegenden Projekt vorgegangen (vgl. Kapitel 4.2.1)

▸ im Prozess der ersten Kodierung des Datenmaterials, dem so genannten **offenen Kodieren**, für das Glaser und Strauss verschiedene Methoden aufzeigen (vgl. Kapitel 4.3.2). Hierzu wurde die speziell entwickelte Computer Software Atlas.ti benutzt, die auf der Grounded Theory basiert.

Der Rückgriff auf Elemente der Grounded Theory wird in den entsprechenden Kapiteln noch näher beschrieben.

4. Die empirische Untersuchung

Nachdem in den bisherigen Kapiteln der politisch-gesellschaftliche Hintergrund und der Theorierahmen des vorliegenden Forschungsprojekts beschrieben wurden, soll das nun folgende Kapitel 4 einen Überblick über die durchgeführte empirische Untersuchung geben. Es wird dabei die Vorgehensweise bei der Erhebung der Daten (Kapitel 4.1 und 4.2) und bei deren Auswertung (4.3) dargestellt und wichtige Zwischenergebnisse im Datenanalyseprozess, wie die Gliederung des Interviewmaterials nach Codefamilien, präsentiert. Die Forschungsergebnisse werden anschließend in Kapitel 5 dargestellt.

4.1 Entwicklung des Untersuchungsinstruments „narrativ-leitfadengestützte Interviews"

Die Entwicklung des Untersuchungsinstruments „narrativ-leitfadengestützte Interviews" ist das Ergebnis eines Prozesses, der Vorstudien in Form von Experteninterviews und einer Gruppendiskussion, die Auseinandersetzung mit der relevanten Fachliteratur sowie eine Schulung der Projektbearbeiterinnen zur narrativen Interviewtechnik einschloss.

4.1.1 Verfahren und Erkenntnisgewinn leitfadengestützter Interviews

Das ursprüngliche Forschungsdesign sah den Einsatz von leitfadengestützten Interviews vor, welche bezüglich des Grades der Standardisierung auf einem Kontinuum zwischen narrativem und standardisiertem Interview etwa „im Mittelfeld" gelagert sind. Statt eines standardisierten Fragebogens liegt dieser Art von Interview, das in der Literatur auch als teil- oder semistrukturiert bezeichnet wird, ein Leitfaden zugrunde. Die entscheidende Abgrenzung zum standardisierten Interview ist, dass es im Interview keine Antwortvorgaben gibt und die Befragten ihre Antworten und Erfahrungen frei artikulieren können.

Nach der theoretischen Auseinandersetzung mit dem Forschungsgegenstand und auf der Basis von Voruntersuchungen wie Experteninterviews oder Gruppendiskussion werden Leitfadenkomplexe festgelegt, die den Themenschwerpunkten entsprechen und die für die Fragestellung des Untersuchungsvorhabens relevant erscheinen. Diese können offen formulierte Fragen, Stichworte, aber auch präzise ausformulierte Items enthalten, deren jeweilige Abfolge und Gewichtung nicht von vorne herein festgelegt, sondern mit dem Befragten im Verlauf des Interviews entwickelt wird (vgl. Hopf 1991). Die Gesprächsführung ist damit sehr offen, da dem Befragten relativ große Antwortspielräume eingeräumt werden; die allgemein gehaltenen Themenkomplexe werden im Verlauf des Interviews vom Forscher situationsbezogen operationalisiert (vgl. dazu Hopf 1991, 177f; Schnell/Hill/Esser 1993, 390f).

Die Handhabung des Leitfadens kann sich zwischen striktem Festhalten an ausformulierten Fragen und unstrukturiertem Erzählen lassen bewegen, wobei die Datenerhebung im ersten Fall einer standardisierten Methode, im zweiten Fall eher narrativen Methoden nahe kommt. In der Literatur wird ein Mittelweg vorgeschlagen: „Um den Leitfaden richtig zu gebrauchen, darf sich der Interviewer weder zu fest an ihm klammern noch sich munter über ihn hinwegsetzen" (König zitiert in Hopf 1978, 101), wobei jedoch Hopf betont, dass sich aus der praktischen Erfahrung zeigt, dass die Gefahr eines „Leitfaden-Oktroi größer ist als die Gefahr einer ,munteren' Abweichung vom Interview-Leitfaden" (ibid.).

Der Leitfaden dient als „Checklist": er sichert, dass alle durch die Voruntersuchung erschlossenen forschungsrelevanten Fragen tatsächlich angesprochen werden. Durch die vorab durchgeführte Festlegung auf abzufragende Themenkomplexe in dieser Interviewform liefert der Leitfaden ein Mindestmaß an Vergleichbarkeit der Interviews, ermöglicht aber dennoch ein flexibles Eingehen auf nicht-antizipierte Äußerungen des Befragten, was Einblicke in dessen Relevanzstrukturen und Erfahrungshintergründe eröffnet.

Im Forschungsprojekt, das dieser Arbeit zugrunde liegt, wurden nach der Sichtung der relevanten Fachliteratur zum Thema Einbürgerung Themenkomplexe zu einem vorläufigen Leitfaden zusammengestellt. Die in der Integrationstheorie verwendeten Dimensionen von Integration, wie sie in Kapital 3 dargelegt wurden, dienten der Strukturierung des theoretischen Vorwissens im Leitfaden. Anschließend wurden anhand dieses Leitfadens insgesamt fünf **Experteninterviews** durchgeführt. Die ausgewählten Interviewpartner waren Mitarbeiter von Beratungsstellen für Migranten und von Wohlfahrtsverbänden, Mitarbeiter von Einbürgerungsbehörden, Juristen sowie Dozenten an Volkshochschulen, die im Zusammenhang mit dem Sprachtest „Deutsch" intensive Kontakte mit Personen im Einbürgerungsverfahren haben. Die Experteninterviews sollten zum einen dem Zweck dienen, die Leitfadeninhalte auf Vollständigkeit zu überprüfen und eventuell Streichungen oder Erweiterungen vorzunehmen. Zum anderen ging es darum, die Experten auch direkt zu diesen Inhalten zu befragen und somit die „objektiven" Rahmenbedingungen offenzulegen, innerhalb derer sich einbürgerungswillige Migranten bewegen. Damit sollten auch Problemfelder aus der Berater- bzw. Behördenperspektive entdeckt werden[47].

Der vorläufige Leitfaden enthielt die folgenden Themen- und Fragenkomplexe:

▶ Welche **Kenntnisse** haben die zu Befragenden vom deutschen Staatsangehörigkeitsrecht und der Einbürgerung?

▶ Welche **Motive** wurden bei der Erwägung für die Stellung des Antrags auf deutsche Staatsangehörigkeit berücksichtigt, welche waren ausschlaggebend? Handelte es sich dabei zum Beispiel um eine primär instrumentell motivierte Entscheidung?

---

[47] Die einzelnen Ergebnisse werden hier nicht in Form eines Protokolls wiedergegeben. Zentrale Aspekte der Experteninterviews sind in Kapitel 2 und 5 eingeflossen.

▶ Nehmen Eingebürgerte die Einbürgerung als **Erhöhung** ihrer **sozialen Chancen und Ressourcen** wahr? Machen sie **Diskriminierungserfahrungen?** Werden die sich bietenden Möglichkeiten für Ausbildung, für Beruf und Geschäftstätigkeit von den einzelnen Personen als Chance empfunden oder ist dies nicht der Fall? In welchem Maße existiert überhaupt ein Wissen um diese Möglichkeiten? Inwiefern werden sie tatsächlich genutzt?

▶ Ändern sich nach der Einbürgerung die **sozialen Verkehrskreise** der Personen? Wie reagiert die Familie, wie reagieren Freunde und das soziale Umfeld auf den Wechsel der Staatsangehörigkeit und wie wird diese Reaktion von den Eingebürgerten empfunden? Wie steht es um die Vereinsmitgliedschaften nach der Einbürgerung: Liegt hier eine Orientierung an ethnischen Vereinen der Herkunftsgruppe vor oder werden Eingebürgerte zunehmend in Vereinen der Mehrheitsgesellschaft Mitglied? Ist die Bereitschaft, einen deutschen Ehepartner zu wählen, bei Eingebürgerten größer?

▶ Urteilen sie, durch **politische Partizipation** Einfluss nehmen zu können?

▶ Wie werden sie nach der Einbürgerung durch **Mitgliedschafts- und Referenzgruppen** wahrgenommen?

▶ Vermittelt die Einbürgerung ein Gefühl von **Sicherheit** (Aufenthaltssicherheit)?

▶ Entwickelt sich in der Folge der Einbürgerung ein **Interesse an der Kultur und Geschichte des Aufnahmelandes?** Hat die Einbürgerung Einfluss darauf, ob sich Werte, Normen und kulturelle Alltagsgewohnheiten am Herkunftsland orientieren oder eine Annäherung an die Kultur des Aufnahmelandes erfolgt?

▶ Wie wirkt sich die Einbürgerung auf ethnische **Zugehörigkeits- und Loyalitätsempfindungen** aus? Wie wird die Aufnahmegesellschaft bezüglich Integrations- und Identifikationsangeboten wahrgenommen? Welche subjektiv wahrgenommenen „Hindernisse" stellt ihnen die Aufnahmegesellschaft entgegen? Begreifen Sie die Einbürgerung als Identifizierungsangebot oder rein instrumentell?

4.1.2 Gruppendiskussion

Als Ergebnis der Experteninterviews zeigte sich, dass der Leitfaden die wesentlichen und relevanten Aspekte des Themas Einbürgerung abzudecken schien; die inhaltlichen Fragen wurden je nach Position des Experten mehr oder weniger ausführlich beantwortet. In einem nächsten Schritt wurde eine Gruppendiskussion durchgeführt, die im Mai 2001 im Interkulturellen Beratungszentrum der Arbeiterwohlfahrt Nürnberg stattfand. Hierbei sollten vor allem folgende Erkenntnispotenziale von Gruppendiskussion genutzt werden: Aktualisierung „tieferliegender" Meinungen und Provokation von spontanen

Reaktionen; Einsichten in Prozesse der Meinungsbildung von Individuen in bestimmten Gruppen und Wechselwirkungen von individueller und Gruppenmeinung; eine Übersicht über Art und Ausmaß der Meinungen, Werte und Konflikte bei den jeweiligen Teilnehmern (Mayring 1999; Lamnek 1995b). An der Gruppendiskussion teilgenommen haben, neben den zwei Forscherinnen und einer deutschen Sozialberaterin, eine bosnische Frau, die sich im Einbürgerungsverfahren befand, eine eingebürgerte Philippina, vier eingebürgerte Türkinnen und zwei türkische Sozialberater, die in ihrer täglichen Arbeit mit Personen im Einbürgerungsverfahren zu tun haben.

Bei der Auswertung der Gruppendiskussion[48] ließ sich nicht immer klar unterscheiden, ob es sich bei bestimmten Äußerungen um reine Einzelmeinungen handelte oder um ein kollektives Produkt, das Ergebnis von gruppendynamischen Prozessen im Gesprächsverlauf war. Folgende Themen jedoch wiesen eine hohe metaphorische und interaktive Dichte auf und standen im Zentrum der Aufmerksamkeit:

- **Motive** für die Antragstellung und damit verbundene Emotionen und Wahrnehmungen: vor der Antragstellung dominierten die alltäglichen Ärgernisse und Nachteile, deren Kumulierung zu einem bestimmten Zeitpunkt die philippinische Teilnehmerin anschaulich beschrieb: „Da hab ich gesagt, ich muss das machen!" Nach der Einbürgerung gab es bei den bereits eingebürgerten türkischstämmigen Teilnehmern das Gefühl, zwar formal gleiche Rechte zu besitzen, aber nicht wirklich akzeptiert zu sein. Hier gab es einen deutlichen Unterschied zu der bosnischen Frau, die sich noch im Antragsverfahren befand und eine positive Sicht der Einbürgerung vertrat („Du kannst mit deutschem Pass mehr leichter Job finden und bist akzeptiert").

- Zurückhaltend waren die Teilnehmer hingegen beim Thema **Wahlrecht** und hinsichtlich des Verhältnisses zu **Referenzgruppen**, insbesondere zur Familie, bei der Entscheidungsfindung und nach der Einbürgerung. Einige Bemerkungen am Ende der Diskussion, die ohne Anreiz durch die Gesprächsleiter kamen, wiesen aber darauf hin, dass es hier durchaus Probleme gibt.

Ein zentrales Ergebnis der Gruppendiskussion hinsichtlich des Untersuchungsinstrumentes war, dass bestimmte „sensible" Themenbereiche mit einem leitfadengestützten Vorgehen schlecht zugänglich erschienen. So äußerten sich die Teilnehmer zwar ausführlich über Motive und Wirkungen von Einbürgerung, waren aber deutlich zurückhaltender, wenn es beispielsweise um die Rolle der Familie in der Entscheidungsfindung oder die Reaktion von Referenzgruppen nach dem vollzogenen Wechsel der Staatsangehörigkeit ging. Einige

---

[48] Wie auch bei den Experteninterviews werden die einzelnen Ergebnisse hier nicht in Form eines Protokolls wiedergegeben, sondern es wird auf sie im Kapitel 5 rekurriert.

Bemerkungen am Ende der Diskussion, die ohne Anreiz durch die Gesprächsleiter kamen, wiesen aber darauf hin, dass diese Fragen die Teilnehmer durchaus
beschäftig(t)en. Sicher war die vorgefundene Reserviertheit in gewissem Ausmaß auch der Gruppensituation geschuldet, doch schienen Nachfragen nur
anhand des Interviewleitfadens hier an Grenzen zu stoßen.

Diese Erfahrung zeigte, dass durch ein – mehr oder weniger striktes – Opera-
tionalisieren der im Leitfaden vorgegebenen Themenbereiche die Gefahr
bestand, dass der affektive und soziale Kontext der individuellen Reaktionen zu
oberflächlich erfasst werden würde, wovor in der Fachliteratur auch teilweise
gewarnt wird (vgl. dazu Hopf 1978). Umgekehrt kann dies auch dazu führen,
dass Themen, die nicht im Leitfaden vorgegeben sind, aber in der Interviewsituation an anderer Stelle vom Befragten eingebracht werden, Gefahr laufen,
vorschnell als irrelevant oder redundant eingestuft zu werden und die explora-
tiv angelegte Untersuchung somit zur „Pseudo-Exploration" wird. Hopf hat
diese Phänomene als „Leitfaden-Bürokratie" bezeichnet: Der Leitfaden läuft in
bestimmten Interviewsituationen Gefahr, „von einem Mittel der Informations-
gewinnung zu einem Mittel der Blockierung von Informationen" zu werden
(ibid, 102).

Auf Basis einer gründlichen Auswertung der Gruppendiskussion wurde es
deshalb für notwendig erachtet, eine methodische Weiterentwicklung des
Erhebungsinstruments vorzunehmen, um auch in sensiblere Themenbereiche
vordringen und die Relevanzstrukturen der jeweilig Befragten besser entdecken
zu können. Die geplanten leitfadengestützten Einzelinterviews wurden deshalb
durch narrative Gesprächselemente ergänzt[49].

4.1.3 Verfahren und Erkenntnisgewinn narrativer Interviews

Das narrative Interview ist ein Erhebungsverfahren, das nicht dem üblichen
Frage-Antwort-Schema folgt. Fritz Schütze, auf den diese Methode zurückgeht,
definiert das narrative Interview als sozialwissenschaftliches Erhebungsverfahren, mit dem der Interviewte durch eine erzählgenerative Anfangsfrage zu
einer Erzählung persönlicher Erlebnisse veranlasst wird (Schütze 1976 und
1977). Er versuchte damit, eine bis dato in der Soziologie wenig beachtete
menschliche Fähigkeit für die Sozialforschung zu nutzen: die Fähigkeit des
Erzählens. Dabei geht es in der Regel um Erlebnisse mit sozialwissenschaftlich

---

[49] Zur Einübung dieser Interviewtechnik nahm das Forschungsteam im Juli 2001 an der
Fortbildung „Offene Interview- und Gesprächsführung" beim Quatext Institut für qualitative
Sozialforschung in Berlin unter Leitung von Prof. Dr. G. Rosenthal teil. Hier wurden einerseits
Kenntnisse zum methodologischen Hintergrund und zu Prinzipien offener Erhebungsverfahren vermittelt, andererseits konkrete Fragetechniken wie die Formulierung der Eingangsfrage, der erzählgenerierenden Nachfragen und das aktive Zuhören eingeübt sowie Möglichkeiten für den konkreten Einsatz in den jeweiligen Forschungsprojekten diskutiert.

interessierenden lebensgeschichtlichen, alltäglichen und/oder kollektiv-historischen Ereignisabläufen, in die die befragte Person selbst verwickelt war (Glinka 2003, 9). Diese weitgehend schichtunabhängige narrative Kompetenz wurde von Schütze eingesetzt, um Handlungsabläufe abzubilden, deren Vollzug dem Forscher nicht über Beobachtung direkt erschließbar ist, so dass dieses Zugangsproblem nur über eine sprachliche Rekonstruktion abgelaufener Ereignisketten und deren retrospektiver Deutung aus der Sicht des Handelnden gelöst werden kann (Hoffmann-Riem 1980, 359). Schützes Empfehlungen zum Aufbau eines narrativen Interviews haben somit zum Ziel, dass bei der „im Rahmen der an Kommunikation gebundenen sozialwissenschaftlichen Datenbildung ein Höchstmaß an Relevanzsetzungen des Forschungssubjekts über dessen eigengesteuerte und vom Zuhörer mitgetragene Darstellung zum Ausdruck kommt" (Hoffmann-Riem 1980, 360). Der Befragte wird ermuntert, eine Stehgreiferzählung wiederzugeben. Mit der Kategorie „Stehgreiferzählung" wird vorausgesetzt, dass die befragte Person vor dem Interview keine systematische Vorbereitung auf die beabsichtigte Erzählthematik vorgenommen hat, geschweige denn sie schriftlich abgefasst oder eingeübt hat (Glinka 2003, 9).

Der Hauptteil des Interviews besteht damit aus der Erzählung selbsterlebter Ereignisse durch den Informanten (Hermanns 1991). Im Sinne der Offenheit als Prinzip der qualitativen Sozialforschung (siehe Kapitel 3.2.2) ist es dem Befragten bei dieser Interviewform weitgehend freigestellt, was er zu berichten für angebracht hält (Kleining 1982, 235). Eine Schlüsselstellung im Interview kommt dabei der Eingangsfrage zu, die für das Gelingen des Kommunikationsschemas von entscheidender Bedeutung ist. Schütze betont hierbei, dass der Forscher daran arbeiten sollte, die Eingangsfrage so zu formulieren, dass relevante Aspekte in der Lebensführung der Untersuchungsperson angesprochen werden, gleichzeitig aber gesichert bleiben soll, dass die Frage nicht als zu starkes Eindringen in die Privatsphäre gewertet wird, sondern einen Sachverhalt trifft, der auch von öffentlichem Interesse ist und daher die Erzählung rechtfertigt. Es sollte deshalb mit der Eingangsfrage auch das Interesse am gesamten Hintergrundzusammenhang des Projekts zum Ausdruck gebracht werden, damit der Befragte nicht zu zweifeln beginnt, dass seine Äußerungen auch tatsächlich relevant für den Forscher sind (zitiert in Hoffmann-Riem 1980, 360).

Ausgelöst von dieser erzählgenerativen Anfangsfrage werden Handlungsabläufe durch Evozierung von Erzählungen rekonstruiert, Erinnerungsprozesse gefördert und heikle Themenbereiche verbalisiert. Anhand des Interviews werden Prozesse sozialen Handelns analysiert, die in der Erzählung präsentiert werden (Fischer-Rosenthal / Rosenthal 1997, 156). Ziel des narrativen Interviews ist also, „die in die Gegenwart transportierte Erfahrungsaufschichtung durch die Dynamik des Erzählvorgangs zu verflüssigen und den damaligen Erlebnisstrom, trotz notwendiger Raffungen und Erinnerungsverluste, neu zu verlebendigen, um auf diese Weise die Erfahrungsaufschichtung des Gedächtnisses zu konkretisieren und aufzufrischen" (Heinze 1995, 67).

Zentral ist dabei die These, dass *Erzählungen*, die durch diese Frageform generiert werden, im Gegensatz zu *Beschreibungen* und *Argumentationen* eigenerlebte Erfahrungen widerspiegeln, die damit dem faktischen Handeln am nächsten stehen und „die Orientierungsstrukturen des faktischen Handelns auch unter der Perspektive der Erfahrungsrekapitulation in beträchtlichem Maße rekonstruieren" (Schütze zitiert in Fischer-Rosenthal / Rosenthal 1997, 140). Ziel ist die Entdeckung neuer Aspekte, abgelöst vom Relevanz- und Kategoriensystem des Interviewers.

Während bei standardisierten Befragungen eine asymmetrische Kommunikationssituation vorliegt, d.h. der Interviewer ungeachtet der vom Befragten gegebenen Antwort im Sinne der festgelegten Reihenfolge und Formulierung mit der nächsten Frage in seinem Fragebogen fortfährt, sind die Antwortmöglichkeiten des Befragten in nichtstandardisierten Befragungen weitaus weniger begrenzt. Somit ist eine offenere Erforschung von Relevanzsystemen der Befragten möglich, die vom Forscher bisher noch unberücksichtigt geblieben waren. Das Datenmaterial wird nicht durch auf ein spezielles Erkenntnisinteresse gerichtete, zielorientierte Frageformulierungen in Breite sowie Tiefe beschränkt. Empathie im qualitativen Interview kann dazu beitragen, eine starre Rollenverteilung im Gesprächsablauf eher zu vermeiden, da die Prädetermination durch den Forscher hier weniger ausgeprägt ist. Durch die einem Alltagsgespräch nachempfundene Kommunikationsbeziehung zwischen Forscher und Befragtem wird die Situation offener und freier gestaltet, der Interviewer kann flexibler auf Antworten reagieren. Dem Befragten wird der Freiraum eingeräumt, eine Gewichtung der ihm wichtigen Themenbereiche vorzunehmen (Lamnek 1995b, 40f). Nicht der Interviewer definiert, was zu einem Thema gehört oder nicht, die Regie der Gestaltung des Interviews wird der interviewten Person überlassen und ihr damit „Raum zur Gestaltentwicklung" (Rosenthal 1995, 193) eingeräumt. Der Interviewer soll während der Erzählung keine thematischen oder evaluativen Interventionen vornehmen (Hermanns 1991).

Nach der Erzählung greift der Interviewer Stichworte der Erzählung auf und fragt erzählgenerierend nach. Dieser Teil des Interviews ist für die spätere Auswertung von hoher Relevanz, da die Nachfragen bereits die Funktion des „Abtestens" von Annahmen haben, die sich aufgrund der Haupterzählung aufgedrängt haben, jedoch nicht allein durch diese geklärt wurden (Fischer-Rosenthal/Rosenthal 1997, 144). Die Nachfragen orientieren sich nicht an dem vorab konstruierten Leitfaden, sondern werden einzelfallspezifisch nach den von der Untersuchungsperson angebotenen Kategorien formuliert.

Für die Interviews im Forschungsprojekt wurde somit ein die Exploration unterstützendes Untersuchungsinstrument konstruiert, das eine Kombination von narrativen und leitfadengestützten Elementen darstellt. Damit sollten folgende Vorteile erzielt werden:

▶ Durch Erzählung selbsterlebter Ereignisse im narrativen Teil ist eine **Offenheit der Interviewsituation** gegeben; Einblicke in die Relevanzstrukturen und die Erfahrungshintergründe des Befragten werden eröffnet.

▶ Der Interviewer kann flexibel auf Antworten reagieren, dem Befragten wird der Freiraum eingeräumt, eine Gewichtung der ihm wichtigen Themenbereiche vorzunehmen und **eigene Sinnzusammenhänge herzustellen.** Die Generierung und Aufrechterhaltung der vom Befragten aufgebauten Erzähllogik wird damit gefördert.

▶ Der narrative Teil gewährleistet die **Entdeckung neuer Aspekte,** abgelöst vom Relevanz- und Kategoriensystem des Interviewers; durch verständnisgenerierende Nachfragen können einerseits neu entdeckten Aspekte unmittelbar vertieft werden, andererseits Unklarheiten beseitigt werden, wie z.b. Widersprüche oder unklare zeitliche Abfolgen von geschilderten Ereignissen.

▶ Durch das bei der Konstruktion des Leitfadens gewonnene Vorwissen kann der Interviewer die Äußerungen des Befragten verstehend nachvollziehen sowie inhaltsbezogenere und genauere Nachfragen stellen und bittet damit nicht lediglich „taktisch-freundlich um weiteres Sprachmaterial" (Witzel 1982, 73). Durch dieses **aktive Zuhören und Nachfragen** wird dem Befragten vermittelt, dass seine Äußerungen von Interesse für den Interviewer sind, was vertrauensbildend wirkt und sich positiv auf die Kommunikationsbeziehung zwischen Forscher und Befragtem auswirken kann. Dies ist eine wichtige Grundlage, um Aspekte zu thematisieren, die unter anderem in den Bereich der Privatsphäre des Befragten reichen.

▶ Im narrativen Erzählfluss können Aspekte des Themas unerwähnt bleiben, da sie so sehr in die Selbstverständlichkeiten des Alltagslebens des Befragten eingebettet sind, dass sie nicht der Erwähnung wert scheinen (vgl. Witzel 1982, 93). Durch am Leitfaden orientierte gezielte Thematisierung dieser Aspekte und durch Bitte um Explikation kann der Inhalt dieser Selbstverständlichkeiten aufgebrochen und mehr darüber erfahren werden. Durch den **Leitfaden als „Checklist"** wird somit sichergestellt, dass alle durch die Vorarbeiten als forschungsrelevant erachteten Fragen tatsächlich angesprochen werden.

▶ Andererseits **verhindert** das Zulassen von längeren Erzählpassagen im Interview eine „Leitfadenbürokratie": Reichweite und Dauer der Erzählung zu bestimmten Themenbereichen werden vom Befragten bestimmt, nicht antizipierte Äußerungen können vom Interviewer umfassender berücksicht und vertieft werden.

▶ Im narrativen Interview werden **affektive und wertbezogene Äußerungen** berücksichtigt, was wiederum eine notwendige Voraussetzung für die Aufdeckung latenter Sinnstrukturen ist.

▶ Durch die erzählungsgenerative Eingangsfrage wird das **Gespräch gleich-zeitig gelenkt und dennoch offen** gehalten. Der gelegentliche Blick auf den Leitfaden allerdings verhindert, dass das Gespräch ausufert und der vom Interviewer angezielte Gegenstandsbereich verfehlt wird.

▶ Durch die Kombination von Leitfaden und narrativen Elementen wird ein **Mindestmaß an Vergleichbarkeit** der Interviews gewährleistet.

4.2 Auswahl der Untersuchungspersonen und Durchführung der Interviews

4.2.1 Die Auswahl der Untersuchungspersonen

Theoretischer Hintergrund des Auswahlverfahrens

Die Auswahl der Untersuchungspersonen war, neben der Konstruktion des Untersuchungsinstruments, zentrale Grundlage für das Forschungsprojekt, mit Implikationen für die Verschiedenartigkeit und Reichhaltigkeit der Daten, aber auch für deren Verallgemeinerbarkeit und Vergleichbarkeit. Wie im Theorierahmen in Kapitel 3 dargestellt ist die subjektive Perspektive der einzelnen Person von Interesse, die Betroffene einer bestimmten Situation ist, die spezifische Beweggründe für ihr Handeln hat und bezüglich ihrer Lebenslage in einem individuellen Kontext handelt. Entsprechend der individuell spezifischen Schilderung von Erfahrungen wird versucht, die Problematik in ihrer „individu-ellen Gesamtheit aufzufinden" (Witzel 1982, 79). Diese zu verstehen ist Voraus-setzung für interindividuelle Vergleiche. Aufgrund der im Vergleich zu stan-dardisierten Erhebungen zeit- und ressourcenaufwendigen Methode muss die Größe der Untersuchungspopulation zwar beschränkt bleiben, sollte aber an-dererseits eine gewisse Breite und Verschiedenartigkeit vorweisen, um dem explorativen Anspruch gerecht zu werden und eine spätere Differenzierung von Subkategorien zu gewährleisten.

Glaser und Strauss haben für die Auswahl von Untersuchungspersonen in qualitativen Untersuchungen ein Verfahren vorgeschlagen, das die Datensamm-lung und damit auch die Auswahl von Untersuchungspersonen als Prozess be-greift, der mit dem Prozess der Hypothesenbildung und Theorieentwicklung ver-bunden ist, das so genannte „**Theoretical Sampling**": „Theoretical sampling is the process of data collection for generating theory whereby the analyst jointly collects, codes, and analyses his data and decides what data to collect next and where to find them, in order to develop his theory as it emerges." (Glaser/Strauss 1967, 45). Am Anfang der Untersuchung steht eine vorläufig formulierte Frage-stellung als theoretischer Ausgangspunkt, der als Grundlage für die ersten Ent-scheidungen über die Auswahl von Untersuchungspersonen dient. Auf Basis inhaltlicher Subkategorien – und nicht nur durch forschungstechnisch bedingte Reduktionen des Datenmaterials – werden durch den fortlaufenden Erkenntnisgewinn weitere Auswahlentscheidungen getroffen (Glaser/Strauss 1979), der weitere Forschungsprozess erfolgt anhand „theoretisch geleiteter Datenerhebung" (Strauss 1994, 56). Die grundlegenden Fragen beim theoretischen Sampling lauten: Welchen Gruppen oder Untergruppen von Populationen, Ereignissen, Handlungen wendet man sich bei der Datenerhebung als nächstes zu? Und welche theoretische Absicht steckt dahinter? Somit wird der Prozess der Datenerhebung durch die sich entwickelnden Hypothesen gesteuert.

Für die konkrete Forschungssituation bedeutet theoretisches Sampling die Verschränkung von Datenerhebung und Datenanalyse: Den ersten Interviews folgt unmittelbar eine analytische Sitzung, in der die Daten systematisch untersucht werden. Die Hypothesen, die provisorisch nach der Auswertung der ersten Interviews gebildet wurden, werden im weiteren Forschungsprozess mit neuen Erkenntnissen verglichen und modifiziert. Um dies zu ermöglichen, wird in einer fortgeschritteneren Phase der Untersuchung mit **diskriminierendem Sampling** gearbeitet: Untersuchungspersonen werden so ausgewählt, dass die Chancen zum Verifizieren der Beziehungen zwischen Subkategorien und zum „Auffüllen spärlich entwickelter Subkategorien" maximiert werden (Strauss/ Corbin 1996, 158).

Die Zielsetzung des theoretischen Samplings ist es, Befragte so auszuwählen, dass anhand des Interviewmaterials Subkategorien entwickelt und konzeptionell in Beziehung gesetzt werden können:

> „The basic criterion governing the selection of comparison groups for discovering theory is their *theoretical relevance* for furthering the development of emerging categories. The researcher chooses any groups that will help generate, to the fullest extent, as many properties of the category as possible, and that will help relate categories to each other and to their properties" (Glaser/Strauss 1967, 49).

Während beim anfänglichen Sampling das Interesse besteht, so viele Subkategorien zu generieren wie möglich, liegt der Schwerpunkt im fortgeschritteneren Stadium des Forschungsprozesses auf der Entwicklung, Verdichtung und Sättigung von Subkategorien. Als Kriterium zur Beurteilung des geeigneten Zeitpunkts, an dem das Sampling-Verfahren abgeschlossen werden sollte, schlagen Glaser und Strauss die „theoretische Sättigung" vor: „*Saturation* means that no additional data are being found whereby the sociologist can develop properties of the category. As he sees similar instances over and over again, the researcher becomes empirically confident that a category is saturated." (Glaser/ Strauss 1967, 61). Die inhaltliche Sättigung erfolgt dabei unter gewissen Einschränkungen, nicht alle gefundenen Subkategorien sind gleich zentral und relevant. Im Laufe des Forschungsprozesses kristallisieren sich Schlüsselkategorien heraus, die am erklärungskräftigsten sind und die in größerer Tiefe untersucht werden sollten als weniger relevante Kategorien (ibid., 77). Im vorliegenden konkreten Untersuchungsdesign musste darüber hinaus die Sättigung der Subkategorien mit der Gesamtzahl an vorgesehenen Untersuchungspersonen abgestimmt werden.

Konkrete Auswahl der Untersuchungspersonen

In einer **ersten Interviewwelle** wurden zwischen September und Dezember 2001 zunächst elf Interviews mit möglichst verschiedenen Personen bezüglich Alter, Geschlecht, Bildungsstand, frühere Nationalität, Migrationshintergrund und Zeitpunkt der Einbürgerung durchgeführt. Die ersten drei Interviews wurden gemeinsam durch das Forscherteam durchgeführt, um eine inhaltliche und interviewtechnische Abstimmung zwischen beiden Interviewerinnen zu gewährleisten und den Einsatz des Erhebungsinstruments zu optimieren. Alle folgenden Interviews wurden von jeweils einer Interviewerin durchgeführt. Die Auswahl der ersten elf Interviewpartner wurde mit Hilfe von Experten getroffen, die mit einbürgerungswilligen Migranten zu tun haben, nämlich Migrantensozialberatern und Mitarbeitern der Staatsangehörigkeitsbehörde der Stadt Bamberg (zu Einzelheiten der Kontaktaufnahme und der Interviewdurchführung siehe Kapitel 4.2.3).

Parallel zur Durchführung der ersten Interviewwelle wurde das auf Tonband vorliegende Datenmaterial verschriftlicht, in die Analyse Software ATLAS.ti eingelesen und in einem ersten Schritt offen codiert (zur Erläuterung des Verfahrens „offenes Kodieren" siehe Kapitel 4.3.2.). Die Codes wurden dann zu Codefamilien zusammengefasst und anhand des zeitlichen Verlaufes der Einbürgerung strukturiert. Auf Basis der Ergebnisse erfolgte die Auswahl der Untersuchungspersonen für die **zweite Interviewwelle** anhand theoretischen Samplings, d.h es wurde versucht, offensichtliche inhaltliche „Lücken" im vorliegenden Interviewmaterial zu zu füllen:

▸ Bei der Mehrzahl der zunächst befragten Personen zeichnete sich das Muster ab, dass die Einbürgerung einen biografisch „logischen" Schritt darstellte, der sich aufgrund bereits erfolgter Akkulturationsprozesse quasi „selbstverständlich" angeschlossen hat. Um vermutete Variationen dieses Musters zu entdecken, wurden in der zweiten Welle der Zeitpunkt der Zuwanderung, der Generationenstatus und der ursprüngliche Aufenthaltstitel der Befragten variiert.

▸ Bei den Interviewpartnern der ersten Welle waren Motive der Verbesserung der beruflichen Chancen und der Eröffnung von Ressourcen eher marginal vorhanden. Bei der weiteren Auswahl der Untersuchungspersonen wurden deshalb auch bewusst Eingebürgerte einbezogen, die beruflich erfolgreich waren oder bei denen die Ausübung des Berufs unter Umständen vom Erhalt der deutschen Staatsangehörigkeit abhängig war.

▸ Bei den zuerst befragten Personen erwies sich der Entscheidungsprozess für eine Einbürgerung als für sie relativ unproblematisch; Konflikte oder Gefühle von „Verrat", wie sie teilweise in der Literatur oder auch in den Experteninterviews genannt wurden, wurden so gut wie gar nicht geschildert. Um diese vermutete Lücke zu schließen, wurde bei der weiteren Auswahl von Untersuchungspersonen eine größere Varianz bezüglich der ursprünglichen

Nationalitäten angestrebt, da bei einigen Ländern eine stärkere Bindung an die Herkunftsnationalität vermutet werden konnte. So wurden verstärkt auch Eingebürgerte aus EU-Mitgliedsstaaten und aus ehemaligen Kolonialländern des nordafrikanischen Raums ausgewählt. Des weiteren wurden Vereinsvorsitzende von ethnischen Vereinen angesprochen und somit Personen in die Untersuchung einbezogen, die deutsche Staatsangehörige und Mitglieder in ethnischen Vereinen waren.

▶ Nicht ganz unerwartet zeigte sich als Ergebnis der ersten Interviews ein starker Zusammenhang zwischen dem Zeitpunkt der Einbürgerung und wahrgenommenen oder erlebten Wirkungen. Um eine größere Breite an potentiellen Wirkungen oder auch Nicht-Wirkungen von Einbürgerung aufzeigen zu können, wurden bei der Auswahl der weiteren Untersuchungspersonen solche bevorzugt, bei denen die Einbürgerung bereits länger zurücklag.

In der zweiten Interviewwelle wurden auf der Basis der oben geschilderten Kriterien zwischen Januar und April 2002 insgesamt 15 Personen befragt. Für die Auswahl hat das Forschungsteam wiederum mit Mitarbeitern der Staatsangehörigkeitsbehörde und zusätzlich mit Vereinsvorsitzenden von ethnischen Vereinen (z.b. Islamisches Kulturzentrum, Portugiesischer Club) und Mitarbeitern des öffentlichen Dienstes, insbesondere der Stadtverwaltung, des Schulamtes und der Polizei, zusammengearbeitet. Nach 26 durchgeführten Interviews entschied das Forscherteam, an dieser Stelle die Erhebung abzuschließen, da das Datenmaterial bereits sehr umfassend war und sich bestimmte Inhalte der Interviews deutlich wiederholten (vgl. die „theoretische Sättigung" im Konzept von Glaser und Strauss).

4.2.2 Bamberg als Ort der Untersuchung

Die überwiegende Mehrzahl der Untersuchungspersonen (22) ist in der Stadt Bamberg eingebürgert worden, eine Befragte in München, eine in Pegnitz/Bayreuth, eine in Roth und eine in Kulmbach. Alle Einbürgerungen fanden also in Bayern statt , einem Bundesland, das aufgrund seiner Größe bundesweit mit an der Spitze der absoluten Zahlen der Einbürgerungen rangiert. Auch hier hat es allerdings einen leichten Rückgang nach dem Höhepunkt im ersten Jahr nach In Kraft Treten des neuen Staatsangehörigkeitsrechtes gegeben (17.090 Einbürgerungen im Jahr 2002, 19.921 im Jahr 2001, 20.622 im Jahr 2000)[50].

---

[50] Pressemitteilung des Bundesministeriums des Innern vom 13.06.2003, im Internet unter http://www.bmi.bund.de; Quelle der folgenden Abbildung: www.stmi.bayern.de.

Abbildung 3: Einbürgerungen im Zeitraum 1997 bis 2002 in Bayern und Deutschland

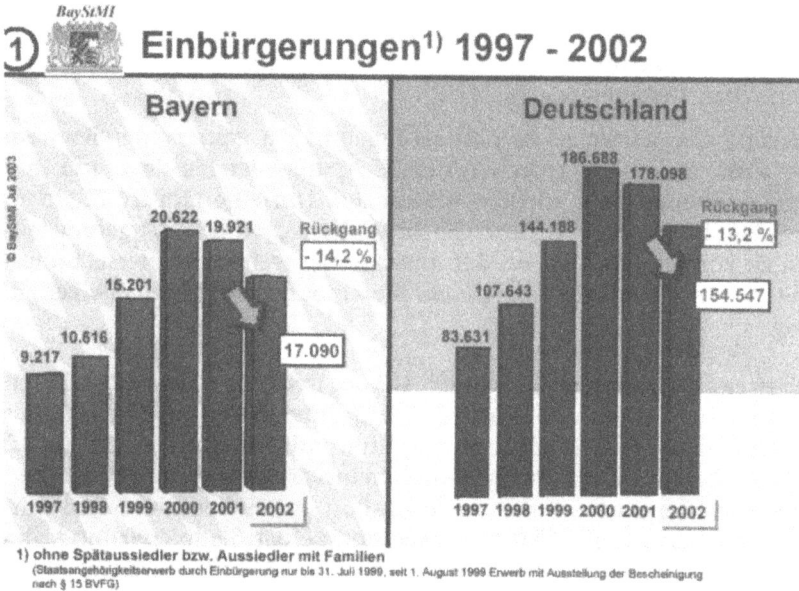

Quelle: Bayerisches Staatsministerium des Innern

Relativ gesehen liegt Bayern bei einer Berechnung von Einbürgerungsquoten je Bundesland auf einem hinteren Platz, wenn man nur die westlichen Länder betrachtet. Dies könnte mit einer vergleichsweise restriktiven Handhabung der Einbürgerungsverfahren zu tun haben: Bayern war eines der ersten Bundesländer, das Regelanfragen beim Verfassungsschutz bei allen Einbürgerungsverfahren eingeführt hat, und auch in die im neuen Staatsangehörigkeitsrecht vorgeschriebene Prüfung der Sprachkenntnisse wird in Bayern vergleichsweise streng ausgelegt (siehe auch Kapitel 1.3). Bamberg als Hauptuntersuchungsort dieser Studie ist eine mittelgroße oberfränkische Stadt mit ca. 70.000 Einwohnern und einem im Bundesdurchschnitt liegenden Ausländeranteil von etwa 8,4% (Zahlen für 2001). Die Entwicklung der Gesamtzahl der Einbürgerungen in Bamberg stellt sich folgendermaßen dar:

Tabelle 1: Einbürgerungen im Zeitraum 1991 bis 2003 in der Stadt Bamberg

Jahr	Einbürgerungen insgesamt	Aussiedler	Ausländer
1991	51	41	10
1992	104	92	12
1993	177	150	27
1994	180	144	36
1995	266	231	35
1996	284	237	47
1997	175	133	42
1998	246	196	50
1999	245	105	140
2000*	144		
2001	215		
2002	136		
2003	92		

Quelle: Stadt Bamberg, Staatsangehörigkeitsbehörde

* Seit 2000 werden Aussiedler automatisch in die deutsche Staatsangehörigkeit übergeleitet und tauchen daher nicht mehr in der Einbürgerungsstatistik auf.

Wie auch bundesweit stellen in Bamberg türkische Staatsangehörige die deutlich größte Gruppe der Einbürgerungsbewerber. In den Jahren 2001 und 2002 machten sie jeweils ca. ein Drittel aller Eingebürgerten aus. Laut Auskunft der Einbürgerungsbehörde ist der Rückgang der gesamten Einbürgerungszahlen im Jahr 2003 auf mehrere Ursachen zurückzuführen. Zunächst sei der „Schwung", der durch die starke öffentliche Diskussion um das Thema Einbürgerung zu einer Erhöhung der Einbürgerungszahlen geführt hat, abgeebbt. Zum anderen schlage sich aber auch die schlechte wirtschaftliche Lage in den Einbürgerungszahlen nieder: Kosten von bis zu 300 € für Urkunde und Pass und eventuelle Aufwendungen für die Ausbürgerung aus der alten Staatsangehörigkeit schreckten viele potentielle Einbürgerungswillige ab oder führten auch dazu, dass ausgestellte Einbürgerungsurkunden nicht abgeholt würden. Darüber hinaus würden mehr und mehr Personen von Arbeitslosigkeit betroffen und erfüllten demnach nicht die notwendigen Einbürgerungsvoraussetzungen. Ältere, vor allem türkische Personen schrecken vor dem Sprachtest

85

zurück. EU-Bürger würden aufgrund der bayerischen Auslegung des „Gegen-seitigkeit"-Erfordernisses[51] (vgl. Kapitel 1.1) zur Zeit überhaupt nicht eingebür-gert, ebenso fast keine ex-jugoslawischen Staatsangehörigen, da die staats-bürgerliche Zugehörigkeit oft ungeklärt sei, keine Pässe des Herkunftslandes vorliegen oder von den Behörden nicht anerkannt würden und das Verfahren somit äußerst aufwendig und langwierig sei (vgl. dazu auch Beauftragte 2002b, 62).

Dass die meisten der Untersuchungspersonen in Bamberg eingebürgert wurden, stellt natürlich eine gewisse Beschränkung des Datenmaterials dar, insbesondere was das Erleben des Verwaltungsverfahrens durch die Interview-partner betrifft. Die meisten von ihnen haben es auf deutscher Seite mit den-selben Behördenvertretern zu tun gehabt und diesen Kontakt als sehr positiv geschildert (vgl. Kapitel 5.4). Dass dieses Ergebnis nicht verallgemeinert werden darf, zeigen die zahlreichen Berichte und Untersuchungen über die unter-schiedliche Verwaltungspraxis auf kommunaler und Bundesländerebene (vgl. Dornis 2001).

4.2.3 Die Durchführung der Interviews

Die Erhebung wurde anhand des oben beschriebenen Untersuchungsinstru-ments durch die beiden wissenschaftlichen Mitarbeiterinnen des Projektes durchgeführt. Durch Kontakte zu Mitarbeitern der Staatsangehörigkeitsbehörde der Stadt Bamberg und der Sozialberatung für Migranten war ein gewisser „Pool" an potentiellen Interviewpartnern aufgebaut worden, aus dem die Untersuchungspersonen nach dem weiter oben beschriebenen Verfahren des Theoretical Sampling gewonnen wurden. Die ausgewählten Personen wurden meist telefonisch kontaktiert, wobei die Interviewerinnen sich selbst und das Anliegen des Projektes vorstellten und um einen Gesprächstermin baten. War eine telefonische Kontaktaufnahme nicht möglich, wurde ein Brief versandt und um Rückruf gebeten. In vereinzelten Fällen wurde nach einem postalischen Erstkontakt ein Besuchstermin zur Terminabsprache für das Interview ver-einbart.

Im Gegensatz zu standardisierten, quantitativen Untersuchungssituationen ist die Herstellung des Kontaktes bei qualitativen Interviews von besonderer Bedeutung. Der Grund hierfür ist, dass vom Befragten sehr persönliche Antwor-ten erwartet werden, was wiederum eine – so weit möglich – vertrauensvolle

---

[51] Einige Bundesländer, u.a. Bayern, wollen, entgegengesetzt zur Interpretation des Bundes, Gegenseitigkeit nur hinnehmen, wenn der andere Staat in der jeweiligen Konstellation dem deutschen Recht vergleichbare und einklagbare Ansprüche auf Einbürgerung bereitstellt. Da ein solches Anspruchssystem in Europa kaum zu finden sein dürfte, läuft diese Auslegung, entgegen den Intentionen des Gesetzgebers, weitgehend ins Leere (Beauftragte 2002b, 60).

Beziehung zwischen Interviewer und Befragtem voraussetzt (vgl. Heinze 1995, 73). Das Forscherteam konnte feststellen, dass schon beim Erstkontakt mit der Untersuchungsperson zur Terminfindung das Wort „Interview" besser vermieden werden sollte, da es sich für eine offene, narrative Gesprächsform als kontraproduktiv erwies. Wurde in der telefonischen Terminbesprechung formuliert: „Wir würden gerne ein Interview mit Ihnen führen", baute dies eine Erwartungshaltung nach einem strukturierten Frage-Antwort-Verlauf auf und führte dazu, dass der Interviewpartner mit impliziten Hypothesen über das, was erzählt werden soll, in das Gespräch hineinging. Deshalb wurde beim Erstkontakt bereits die Formulierung der Eingangsfrage gewählt: „Uns interessieren die Lebensgeschichten von eingebürgerten Personen und wir würden gerne mit Ihnen darüber ein Gespräch führen."

Des weiteren zeigte sich bei der telefonischen Kontaktaufnahme, dass Formulierungen wie „Wir interessieren uns für Personen, die sich für eine Einbürgerung entschieden haben" unter Umständen dazu führten, dass die potentielle Untersuchungsperson das geplante Gespräch mit dem Rechts- und Verwaltungsakt Einbürgerung in Verbindung brachte; die Folge waren defensive Äußerungen wie „Das geht schon, ich habe ja nichts zu verheimlichen" oder „Ich muss ja keine Angst mehr haben". In der telefonischen Absprache wurde deshalb mehr das Interesse an der persönlichen Lebengeschichte der befragten Person, an biographischen Hintergründen und Migrationsgeschichte in den Vordergrund gestellt, um den Eindruck zu vermeiden, dass es sich bei dem Gespräch um eine nachträgliche „Überprüfung" im Rahmen des Einbürgerungsverfahrens handelt[52]. Dieser zuletzt genannte Aspekt der Kontaktaufnahme war vor allem bei Untersuchungspersonen relevant, deren Einbürgerung noch relativ kurz zurücklag.

Die Interviews sollten in einer Umgebung stattfinden, in der die Befragten sich wohl fühlen, daher wurde seitens der Interviewerinnen zunächst immer deren Wohnung als Ort vorgeschlagen. Dies wird in der Literatur angeraten: „Um wirklich gute Interviews zu bekommen, muss man also in die Lebenswelt dieser betreffenden Menschen gehen und darf sie nicht in Situationen interviewen, die ihnen unangenehm oder fremd sind." (Girtler 1988, 151). In den meisten Fällen (18 von 26) konnten die Gespräche auch tatsächlich in der Wohnung der jeweiligen Befragten verwirklicht werden. In jeweils vier Fällen zogen es die Interviewpartner vor, in den Räumen des Forschungsinstitutes oder an ihrem eigenen Arbeitsplatz befragt zu werden, wobei in den letztgenannten Fällen darauf geachtet wurde, dass keine Arbeitsverpflichtungen den Zeitrahmen des Interviews begrenzten.

---

[52] All diese Bemühungen konnten allerdings nicht verhindern, dass vereinzelte Personen dennoch dachten, die Forscherinnen seien „vom Rathaus" geschickt.

Dies Dauer der Interviews erstreckte sich von 30 Minuten im kürzesten Fall bis hin zu einem Gespräch von insgesamt 120 Minuten, wobei der Durchschnitt bei etwa 60 Minuten lag. Dies läßt bereits erkennen, dass die sprachliche Kompetenz der Befragten bis auf zwei Fälle gut bis sehr gut war, d.h. es waren problemlos längere Erzählpassagen möglich. Bei der Hälfte der Interviews war niemand weiter anwesend, in neun weiteren Fällen waren Familienmitglieder in der Wohnung, die sich aber in anderen Räumen aufhielten und nicht in das Gespräch eingriffen. Solche (kurzen) Eingriffe bzw. Kommentare gab es in drei Fällen, in einem Fall nahm die Ehefrau aktiv am gesamten Gespräch teil.

Der Interviewverlauf

Zu Beginn des Gesprächs wurde noch einmal der Zweck des Interviews erläutert, der Tonbandmitschnitt begründet und auf die spätere Anonymisierung der Daten hingewiesen. Durch den Tonbandmitschnitt wurde gewährleistet, dass der gesamte Gesprächskontext erfasst wurde, die Interviewerin sich auf das Gespräch konzentrieren und nonverbale Kommunikationselemente aufmerksamer verfolgen konnte. Gleichzeitig wurde durch die Aufzeichnung auch die Erfassung paralinguistischer Elemente gewährleistet, wie z.B. Pausenlängen oder Lautstärkeschwankungen[53].

Der eigentliche Interviewverlauf lässt sich in zwei Hauptphasen gliedern: Die erste, narrative Hauptphase wurde eingeleitet durch die Erzählaufforderung. Um die Untersuchungsperson zu einer längeren Erzählung von Erlebnissen zu motivieren, wurde zunächst eine relativ allgemein gehaltene Eingangsfrage gestellt. In einer eher offenen Form lautete die Frage: *Mich interessieren die Lebensgeschichten von eingebürgerten Personen. Können Sie mir darüber etwas erzählen?* Hier wurde zwar schon eine Themenbeschränkung vorgenommen, jedoch noch relativ offen nach der Lebensgeschichte gefragt. Eine etwas geschlossenere Form der Erzählaufforderung lautete: *Mich interessiert das Thema Einbürgerung. Bitte fangen Sie einmal an zu erzählen, als Sie begonnen haben, über eine Einbürgerung nachzudenken, bis heute.* Hier wurde das Forschungsthema angegeben, oder, wie Witzel es nennt, eine „Problemzentrierung der biographischen Erzählung" vorgenommen (Witzel 1982, 76). Der Erzählrahmen wird temporal eingeschränkt und fokussiert und das Interesse auf den die sozialwissenschaftlich besonders interessierende Lebensphase gelenkt. Durch diese temporale Struktu-

---

[53] Es war kein wesentlicher Einfluss des Tonbandmitschnittes auf die Gesprächsbereitschaft der Interviewpartner erkennbar – sowohl die Interviewerin als auch der Befragte „vergaßen" das Gerät meist nach relativ kurzer Zeit und vertieften sich in das Gespräch. Dieser Effekt wird auch von anderen qualitativen Sozialforschern bestätigt (vgl. Girtler 1988, 169). Nur in wenigen Fällen wurden erst im Nachgespräch nach Abschaltung des Tonbandes noch relevante Aspekte geschildert. In einem Fall war allerdings der gewünschte Tonbandmitschnitt der Grund dafür, dass ein Interview gar nicht erst zustande kam.

rierung wird es der interviewten Person erleichtert, in einen Erinnerungs- und Erzählfluss zu gelangen. Grundsätzlich wurde der Anfangspunkt der Erzählung von den Interviewerinnen so gesetzt, dass er vor der Lebensphase lag, die im Interview hauptsächlich interessierte (vgl. Fischer-Rosenthal / Rosenthal 1997, 141). Sowohl die offene Frage nach der Lebensgeschichte wie auch der konkretere Bezug zur Einbürgerung in der Eingangsfrage erwiesen sich in der konkreten Interviewsituation als Themen mit, wie Schütze es nennt, hoher „narrativer Generierungskraft" (1976, 227) und veranlassten die Befragten, oftmals sehr ausführlich über ihre Einbürgerungsgeschichte zu erzählen.

Von elementarer Bedeutung war hierbei die „Regieanweisung" an die interviewte Person zu Beginn des Gesprächs, dass die Interviewerin die Haupterzählung nicht unterbrechen wird. Mit der Erklärung *Sie können sich so viel Zeit zum Erzählen nehmen, wie Sie möchten. Ich werde Sie auch erstmal nicht unterbrechen, mir nur einige Notizen machen, und später noch darauf zurückkommen"* wurde ein ungehinderter Erzählfluss ermöglicht, da bei Ausbleiben dieser Regieanweisung die Untersuchungsperson eventuell auf weitergehende Fragen wartete.

Während der autonom gestalteten Haupterzählung durch die Untersuchungsperson griffen die Interviewerinnen nicht ein, sondern machten sich lediglich Notizen, ungeachtet dessen, ob es sich bei der Haupterzählung nur um einen knappen Bericht handelte oder um eine ausführliche biografische Selbstpräsentation. Die Gestaltung der Erzählung, die sequentielle Abfolge oder Ausführlichkeit einzelner Textpassagen wird in diesem Teil des Interviews völlig dem Erzähler überlassen. Bei Stockungen in der Erzählung sollte der Interviewer nur zum Fortfahren motivieren, nicht seinerseits neue Themen setzen (Fischer-Rosenthal/Rosenthal 1997, 144). Die Interviewerinnen beschränkten sich daher auf die Rolle der interessiert Zuhörenden und unterstützten die Erzählung durch „Aufmerksamkeitsmarkierer" (Glinka 2003, 12), also gelegentlich aufmunternde verbale Äußerungen, wie zustimmendes „hm, hm", nonverbale Gesten wie zum Beispiel Kopfnicken oder durch kurze emotionale Rückmeldungen wie Lachen oder Seufzen. Durch dies und durch ständigen Blickkontakt wird dem Erzählenden gezeigt, dass ihm aufmerksam zugehört wird und der Interviewer bei der Sache ist (Heinze 1995, 69). Die Fähigkeit zur Empathie von Seiten des Forschers ist hier fundamental, denn der „Interviewte darf nie das Gefühl bekommen, überlistet zu werden oder als bloße Auskunftsperson zu dienen." (Girtler 1988, 156).

Signalisierte die Untersuchungsperson, dass die Erzählung beendet ist, ging man zum erzählgenerierenden Nachfragen über. Der erste Teil dieser Nachfragen basierte auf den während der Haupterzählung festgehaltenen Notizen, womit direkt an das bereits Erzählte angeknüpft wurde. Die narrativen Nachfragen lassen sich dabei in drei Grundtypen einteilen:

▶ Ansteuern einer Lebensphase, über die mehr erzählt werden soll (zum Beispiel die Entscheidungsphase für die Einbürgerung);

▶ Ansteuern einer benannten Situation, die noch einmal etwas ausführlicher dargestellt werden soll (z.B. das Erleben des Einbürgerungsvollzugs);

▶ Ansteuern einer Beleg-Erzählung, also zum Beispiel einer anderen Situation, die das Erzählte verdeutlicht (z.B.: In welchen Situationen wurde der Nicht-Besitz der deutschen Staatsangehörigkeit als besonders nachteilig empfunden?).

In dieser Phase darf nun auch der Forscher thematisch aktiv werden und kann versuchen, das Erzählpotential des Befragten weiter auszuschöpfen (Glinka 2003, 15). Diese Nachfragen zielten also auf die Explizierung und genauere Darstellung eines bereits angesprochenen Sachverhalts und sollten keine Meinungs- oder Einstellungsfragen sein. Ihre Funktion war es, weitere narrative Sequenzen zu erzeugen. Unklar gebliebene Aspekte, Widersprüchlichkeiten oder Stellen mit mangelnder Plausibilität wurden noch einmal aufgegriffen und der Befragte um eine ausführlichere Darstellung gebeten. Zentral war hierbei, „Themen mit narrativer Generierungskraft" in Gang zu setzen, die die Interviewerin als „produktiv zuhörender Erzählpartner" unterstützend begleiten soll (Schütze 1977, 11 und 28). Um eine argumentative Rechtfertigung des Befragten zu vermeiden, mahnt Schütze den Interviewer an, konsequent „Warum?"-Fragen zu vermeiden, was bei anderen Autoren allerdings auf Kritik stößt (zum Beispiel Witzel 1982, 49). Mit der Technik, zunächst Aspekte aufzugreifen, die von der Untersuchungsperson selbst eingeführt worden sind – so genannte „immanente Fragen" (Schütze zitiert in Hoffmann-Riem 1980, 360) – wird erreicht, dass der alltagsweltlichen „Tabuisierung des Ausfragens" Rechnung getragen wird und somit die Relevanzsetzung des Erzählers so wenig wie möglich beeinflusst wird (ibid.).

Der zweite Teil des Nachfragens bestand aus externen Nachfragen zu Punkten, die von der Untersuchungsperson nicht thematisiert wurden, den Forscherinnen aber relevant erschienen. Dieser Nachfrageteil ging in den leitfadengestützten Teil des Interviews über, d.h. nun wurden Themenbereiche des Leitfadens, die bis dato nicht angesprochen worden waren, von den Interviewerinnen angesprochen. Der Leitfaden wurde entsprechend folgendermaßen formuliert:

▶ **Kenntnisse** der Befragten vom deutschen Staatsangehörigkeitsrecht: Wo haben Sie sich informiert?

▶ **Motive** für die Stellung des Einbürgerungsantrags?

▶ Wie verlief die **Entscheidungsfindung**? In der Familie? Half die Sozialberatung?

▸ Wird die Einbürgerung als **Erhöhung der sozialen Chancen und Ressourcen** wahrgenommen? Fühlen Sie sich gleichberechtigt im Berufs- und Ausbildungssystem? Diskriminierungserfahrungen? Werden neue Möglichkeiten für Ausbildung, für Beruf als Chance empfunden? Ändern sich nach der Einbürgerung die sozialen Verkehrskreise? Reaktion der Familie, Freunde? Veränderte Vereinsmitgliedschaften?

▸ Politische Partizipation?

▸ Wahrnehmung durch Mitgliedschafts- und Referenzgruppen?

▸ Vermittelt die Einbürgerung ein **Gefühl von Sicherheit** (Aufenthaltssicherheit)?

▸ Neues **Interesse an der Kultur und Geschichte des Aufnahmelandes?**

▸ Veränderungen im **Alltag?** Ändern sich Werte, Normen?

▸ Wie wirkt sich die Einbürgerung auf das **emotionale Empfinden** aus? Ändern sich ethnische **Zugehörigkeits- und Loyalitätsempfindungen?** (Stichwort „Verrat am Vaterland")

Die Kombination von narrativen Elementen und leitfadengestütztem Nachfragen ermöglichte einen sehr flexiblen Umgang mit der Interviewsituation. Es wurde dadurch den Befragten möglich, zu einem bestimmten Themenkomplex Korrekturen oder Ergänzungen während eines Interviews einzubringen. Verschieden ausfallende Rekonstruktionen eines Gegenstandes oder Widersprüche konnten somit im Verlauf des Gespräches geklärt werden, da es vorkommen konnte, dass der Befragte zu einem bestimmten Zeitpunkt des Interviews noch nicht in der Lage war, die Frage zu bearbeiten, die Intention der Interviewerin nicht verstanden hatte oder aufgrund mangelnden Vertrauens der Frage zunächst ausgewichen war. Ein sehr striktes Vorgehen nach Leitfaden würde diese Korrekturmöglichkeiten nicht erlauben (vgl. Witzel 1982, 41). Zusätzlich wurde durch dieses Vorgehen der Befragte nicht dazu gezwungen, sich mit isolierten Fragen auseinanderzusetzen, deren inneren Zusammenhang er nicht kannte. Durch diese Vorgehensweise wurde somit auch ein natürlicher Gesprächsablauf gefördert, der die künstlich durch das relativ einseitige Interesse der Forscherin geschaffene Interviewsituation einer alltäglichen Kommunikationssituation etwas näher brachte. Die flexible Handhabung des Leitfadens erforderte eine gewisse Sensibilität von Seiten der Interviewerin, da sie zum einen die Narration durch ihr Verhalten fördern, aber gleichzeitig das Ziel des Forschungsvorhabens nicht aus den Augen verlieren sollte (vgl. Heinze 1995, 74).

In der Praxis des Interviews zeigte sich, dass eine strikte Trennung der beiden erwähnten Phasen nicht aufrechtzuerhalten war. Ausführliche Erzählpassagen legten oft das gezielte Nachfragen nach Einzelaspekten des Leitfadens nahe, wohingegen auch offen formulierte Leitfadenfragen längere narrative Erzählsequenzen evozierten. Durch die flexible Handhabung der Interviewtechnik konnte auch auf persönlichkeitsabhängige Variationen in der Gesprächsgestaltung Rücksicht genommen werden. Naturgemäß unterschieden sich unsere Interviewpartner im Ausmaß ihrer „Erzählfreudigkeit", wobei nur in zwei Fällen Sprachschwierigkeiten die Hauptursache für eher schmal ausfallende Erzählungen waren. Ansonsten war von sehr lebhaften Gesprächspartnern, die teilweise ihre Geschichte regelrecht „loswerden wollten" (zum Beispiel im Fall einer aus Serbien stammenden Frau, die ein sehr langes und frustrierendes Verfahren hinter sich hatte), bis hin zu schüchtern-zurückhaltenden Personen das gesamte Kontinuum von Extroversion/Introversion vertreten. Im allgemeinen gelang es gut, im Laufe des Interviews ein Vertrauensverhältnis zwischen Interviewerin und Befragtem aufzubauen und somit auch weniger „gesprächsfreudige" Interviewpartner „aus der Reserve zu locken". Als wichtig erwies es sich dabei auch, Pausen auszuhalten, wobei es ein Gefühl dafür zu entwickeln galt, welche Art von Pause den Abschluss einer Erzählpassage signalisierte oder lediglich eine Überlegungsphase darstellte[54].

Zum Abschluss des Gesprächs wurde seitens der Interviewerinnen noch einmal nachgefragt, ob der Interviewpartner noch etwas zum Thema sagen wollte. Anschließend wurde gemeinsam ein Kurzfragebogen zur Untersuchungsperson ausgefüllt, der sozio-demografische Rahmendaten enthielt: Name der Person, Adresse, Geschlecht, Alter, Familienstand, die jetzige und die ursprüngliche Nationalität, den Zeitpunkt der Einbürgerung bzw. der Antragstellung und der Bildungsstand bzw. Beruf. Das Ausfüllen dieses Kurzfragebogens wurde bewusst erst am Ende des Interviews durchgeführt, da sich zu Beginn das Frage-und Antwort-Schema im Prozess des Ausfüllens kontraproduktiv für die anschliessend offen formulierte Erzählaufforderung hätte auswirken könnte. Durch dieses Vorgehen wurde auch verhindert, dass relevante Eckdaten im Verlauf des Interviews abgefragt werden mussten, was dem natürlichen Erzählfluss entgegenstände.

In der unmittelbaren Nachbereitung nach dem Interview füllten die Interviewerinnen ein Gedächtnisprotokoll zur Gesprächssituation aus, in der Literatur auch „Postkommunikationsbeschreibung" (Witzel 1989, 238) oder „Post-Interviewbeschreibung" (Witzel 1982, 40) genannt, das folgende Informationen festhielt: Ort und Dauer des Interviews; Art der Kontaktaufnahme zur Untersuchungsperson; Eindrücke vom Ort des Interviews; Unterbrechung des Interviews durch dritte Personen; Gesprächsverlauf insgesamt (Erzählbereitschaft des/der Interviewten, Stockungen, Pausen, starke emotionale Reaktionen); nonverbale Kommunikationselemente (Körpersprache, Mimik, Gestik, räumliche

---

[54] Merton, Fiske und Kendall unterscheiden hierbei begrifflich zwischen „dead silence" und „pregnant silence", wobei letztere als „occasional moment of silence" charakterisiert wird, der gefolgt werden kann von „spontaneous and full-fashioned reports of sentiments or experiences, the silence having been occasioned by the effort to sort out the varied responses brought to mind by the question" (1956, 159).

Distanz, Blickkontakt, Stimme); wesentliche Gesprächsinhalte; wichtige Hintergrundinformationen; wichtige Aspekte des Nachgesprächs, das eventuell nach Abschalten des Bandes noch stattgefunden hatte. Dieses Protokoll kann dem Forscher zum einen wichtige Daten liefern, die dazu beitragen können, einzelne Gesprächspassagen besser zu verstehen und das Gesamtbild des Interviews inhaltlich abzurunden (Witzel 1989, 238); zum anderen liefert es im Falle eines Forscherteams dem jeweils anderen, der nicht am Interview teilgenommen hat, wichtige Informationen, um sich besser in die Interviewsituation hineinversetzen zu können.

4.2.4 Überblick über die Untersuchungspersonen

Obwohl nicht ausschlaggebend für die konkrete Auswahl der Untersuchungspersonen wurde dennoch versucht, eine gewisse Ausgewogenheit bezüglich der Altergruppen und Nationalitäten und beim Bildungsstatus zu gewährleisten. Wichtig ist hierbei, dass auch diese Variablen nicht von vorne herein als analytisch relevant erachtet werden sollten, solange sie sich nicht im Laufe des Kodierungsprozesses als relevant erwiesen haben. Die folgende Tabelle gibt einen Überblick über wesentliche sozio-demografische Merkmale der Untersuchungspopulation[55].

Tabelle 2: Sozio-demografische Merkmale der 26 Untersuchungspersonen

Merkmal	Anzahl von Personen
Geschlecht	
Männlich	13
Weiblich	13
Altersgruppen	
20-30 Jahre	6
30-40 Jahre	9
40-50 Jahre	8
über 50 Jahre	3
Bildung/Berufsstatus	
gering qualifizierte Tätigkeiten, Hausfrauen	11
qualifizierte Tätigkeiten, Akademiker	15

---

[55] Eine Übersicht über die interviewten Personen findet sich in Anhang 5.

Merkmal	Anzahl von Personen
Familienstand	
verheiratet	16
ledig	6
geschieden	4
Frühere Nationalität	
türkisch	9
tunesisch	2
polnisch	2
äthiopisch, iranisch, italienisch, jordanisch, jugoslawisch, kroatisch, kubanisch, libanesisch, portugiesisch, rumänisch, tschechisch, ukrainisch, vietnamesisch	je 1x
Zeitpunkt der Einbürgerung	
vor 2000	16
nach 2000	10
Migrationshintergrund	
2. Generation (hier geboren oder mindestens Schulzeit hier verbracht)	6
Als Jugendliche(r) mit den Eltern (Arbeitsmigranten) gekommen	4
Als Erwachsener zugewandert	16

Es wurden jeweils 13 Männer und Frauen befragt. Der jüngste Interviewpartner war 21 Jahre alt, die älteste 69 Jahre. 16 der 26 Interviewpartner sind verheiratet (darunter acht mit gebürtigen Deutschen). Es wurden Personen aus insgesamt 16 verschiedenen Herkunftsländern befragt. In vier Fällen konnten die Interviewpartner den Pass ihres Heimatlandes behalten, entweder weil eine Entlassung nicht (mehr) möglich war (Iran, ehemaliges Jugoslawien), oder wegen ihres Status als anerkannte Asylbewerber bzw. jüdische Kontingentflüchtlinge (Herkunftsländer Kuba und Ukraine).

Der Zeitpunkt der Einbürgerung lag in einem Fall über 20 Jahre zurück, der Schwerpunkt liegt jedoch auf der Zeit ab 1995. Ein Drittel der Einbürgerungen fand im Jahr 2001 statt, also nach In Kraft Treten des neuen Staatsangehörigkeitsrechtes, so dass sich Aspekte der neuen Verfahrensabläufe (z.B. Sprachtest) in den Interviews abbilden. Hinsichtlich des Migrationshintergrundes schließlich lässt sich festhalten, dass unsere Interviewpartner mehrheitlich als Erwachsene zugewandert sind. Sechs Fälle lassen sich der zweiten Generation im engeren Sinne zuordnen, d.h. mit Geburt oder zumindest vollständigem Schulbesuch in Deutschland, und vier weitere Interviewpartner sind als ältere Kinder mit ihren Eltern nach Deutschland gekommen.

4.2.5 Grenzen des Untersuchungsdesigns

In der vorliegenden Untersuchung ist es erstmals möglich, subjektive Dimensionen von Einbürgerung bei einer größeren Zahl von Untersuchungspersonen zu erfassen – ein Aspekt, der in der politisch-öffentlichen und wissenschaftlichen Diskussion bislang kaum beachtet wurde. Das Untersuchungsdesign hat jedoch methodische Grenzen. Aufgrund von zeitlichen und finanziellen Restriktionen wurde die Untersuchung nur in einer Stadt durchgeführt, in der auch die meisten Befragten das Einbürgerungsverfahren durchlaufen haben. Wie bereits weiter oben besprochen, ist dies eine Restriktion insbesondere hinsichtlich der geschilderten Erfahrungen mit der deutschen Verwaltung. Eine gewisse Verzerrung hinsichtlich der Auswahl der Untersuchungspersonen ergibt sich durch die Zugangsweise zu ihnen. Da sie entweder den Interviewerinnen bereits persönlich bekannt waren, oder durch Mitarbeiter der Staatsangehörigkeitsbehörde oder der Sozialberatung „empfohlen" wurden, waren Eingebürgerte, die nicht zu diesen beiden Kategorien gehörten, von vornherein aus der potentiellen Stichprobe ausgeschlossen. Die schließlich befragten Personen dürften damit überdurchschnittlich offene, aktive und wahrscheinlich auch besser integrierte Migranten sein. Dieser positive Selektionseffekt wird noch dadurch verstärkt, dass 15 der kontaktierten Personen entweder nicht erreichbar waren (zum Beispiel zwei ältere türkische Arbeitsmigranten, die sich zum Zeitpunkt der Kontaktaufnahme in der Türkei aufhielten) oder ein Interview abgelehnt haben.

Des weiteren wurde die Untersuchung auf bereits eingebürgerte Personen beschränkt, d.h. wir haben es durchgängig mit retrospektivem Datenmaterial zu tun. Je nachdem, wie lange die Einbürgerung schon zurückliegt, kann es zu Erinnerungslücken und -verzerrungen bei den Untersuchungspersonen gekommen sein. Nicht auszuschließen ist auch, dass uns bestimmte Aspekte bewusst verschwiegen oder falsch dargestellt wurden – sei es, weil man hinter der Untersuchung doch eine Art nachträgliche „Überprüfung" durch die Behörden vermutete, sei es, weil bestimmte Aspekte zu privat oder unangenehm erschienen, um sie zu schildern. Seitens der Interviewerinnen wurde jedoch großer Wert darauf gelegt, den Zweck der Untersuchung gegenüber den Befragten ausführlich darzustellen, die Anonymisierung der Daten zuzusichern und ein Vertrauensverhältnis zu den Interviewpartnern aufzubauen. Dass dies weitgehend gelungen zu sein scheint, zeigt die Ausführlichkeit des vorliegenden Interviewmaterials.

Die Stärke des Untersuchungsdesigns lag darin, Datenmaterial zu generieren, das einen tiefen und weitgefächerten Einblick in den Einbürgerungsprozess gewährte. Durch das Verfahren des Theoretical Sampling wurde eine hohe Varianz erzielt. Die empirischen Ergebnisse können sich jedoch nur auf eine Beschreibung und Deutung des Materials beschränken; für verteilungstheoretische Fragestellungen, die sozio-demografische Merkmale in einer interessierenden Grundgesamtheit in den Forschungsfokus rücken und repräsentative Aussagen treffen, ist das gewonnene Datenmaterial nicht geeignet[56].

4.3 Die Auswertung des Datenmaterials

4.3.1 Von der Tonbandaufzeichnung zur computergestützten Texterfassung: Arbeitsebenen und Instrumentarium bei ATLAS.ti

Der erste Arbeitsschritt bei der Aufbereitung des Interviewmaterials bestand in der wortgetreuen Transkription der Tonbandaufnahmen. Dabei wurde vor allem auf Authentizität bei der Wiedergabe der Äußerungen der Befragten Wert gelegt, also auch dialektale Färbungen der Sprache oder Füllsel wie „naja" oder „äähm". Vermerkt wurden des Weiteren kurze oder längere Pausen durch Punkte im Skript. Intonationsauffälligkeiten wie Lachen, langsames oder leises Sprechen wurden beschreibend in Klammern gesetzt[57].

Die ersten Verschriftlichungen wurden von studentischen Mitarbeiterinnen angefertigt und anschließend von den Interviewerinnen überarbeitet und ergänzt. Dies war vor allem dann notwendig, wenn die Untersuchungsperson ihre Äußerungen stark non-verbal untermauert hatte, was sich durch reines Anhören des Interviewmaterials nicht erschließen konnte. Die Interviewerinnen legten Wert darauf, alle Interviews gemeinsam anzuhören, um den Interviewverlauf der nicht selbstgeführten Interviews nachvollziehen zu können und somit die gleiche Ausgangsposition für die Auswertung zu bekommen. Dies diente auch dem Zweck, bereits vor der intensiven Auswertungsphase einen laufenden, groben Überblick über das bereits vorhandene Interviewmaterial zu erhalten, um dies in die konzeptionellen Überlegungen für die weitere Auswahl von Untersuchungspersonen und die Strukturierung der Codes einbeziehen zu können.

Die überarbeiteten Transkripte wurden dann in einem zweiten Schritt anonymisiert. Alle im Interview erwähnten Personennamen wurden durch die Einfügung [nennt Name] ersetzt. Für den projektinternen Gebrauch wurden den Untersuchungspersonen Codenamen zugeordnet, für Publikationen wurden diese Namen durch die Buchstaben A bis Z ersetzt, womit lediglich das

---

[56] Vgl. dazu auch Glinka (2003) zu Grenzen des narrativen Interviews (S. 41ff).

[57] In der Literatur wird darauf hingewiesen, dass genau genommen mit dem Verschriftlichen von mündlichen Äußerungen, also der Herstellung einer künstlichen Dokumentation, die Auswertung der Daten bereits beginnt: „Selbst die elaboriertesten und komplexesten, mithin die abbildgetreuesten Transkripte sind unweigerlich Interpretationen der im nachmaligen Text im doppelten Wortsinn „aufgehobenen" Sprechhandlungen." (Hitzler/Honer 1997, 10). Deshalb sollte der Transkriptionsprozess so gut wie möglich methodisch kontrolliert und einheitlich für die gesamte Datenbasis durchgeführt werden.

Geschlecht durch den Zusatz „Herr" und „Frau" für den projektexternen Gebrauch rekonstruierbar blieb. Abschließend wurden die Transkripte in das
Programm zur qualitativen Textbearbeitung ATLAS.ti eingelesen.

Dieses Software-Programm wurde von 1989 bis 1992 an der Technischen
Universität Berlin im Rahmen des interdisziplinären Forschungsprojektes
„ATLAS" in Zusammenarbeit mit Psychologen, Linguisten und Informatikern
zur Unterstützung von Textinterpretationen und des Aufbaus von Theorien
entwickelt. Aufbauend auf der Grounded Theory nach Glaser und Strauss ist
ATLAS.ti für die Unterstützung eines induktiven, hypothesengenerierenden
Vorgehens bei der Auswertung qualitativen Datenmaterials konzipiert worden.
Das Programm bietet Funktionen zur Texterfassung, der Texterschließung
durch Segmentierung und Kodierung von Textpassagen und der Suche nach
vorher kodierten Textpassagen zum Zweck des Textvergleichs (Muhr 1996).

4.3.1.1 Textuelle Ebene

Die Arbeit beginnt mit dem Anlegen eines neuen Projektes, der so genannten
„hermeneutischen Einheit". Dahinter verbergen sich alle zu einer Analyse
gehörenden Texte, Codes, Memos und Netzwerke (Muhr 1996). In einem ersten
Schritt werden dieser hermeneutischen Einheit einer oder mehrere Primärtexte
zugeordnet, in unserem Fall die vorliegenden Interviewtranskripte.

Nachdem die Primärtexte in ATLAS.ti importiert worden sind, beginnt der
erste Schritt inhaltlicher Arbeit auf der textuellen Ebene, das Kodieren mit
Konzepten[58] oder „Codes". Im Sinne der Grounded Theory wird bei ATLAS.ti
die Methode des offenen Kodierens angewendet und technisch umgesetzt: Der
Text wird Absatz für Absatz, Satz für Satz, stellenweise sogar Wort für Wort
durchgegangen, als Zitat markiert und mit einem Code bezeichnet. Das Programm bietet die bereits oben ausgeführten Möglichkeiten des Kodierens an:
offenes Kodieren, In-Vivo-Kodierung und Kodierung mit soziologischen Konstrukten aus einer vom Forscherteam erstellten Liste, das heißt, aus der Literatur
abgeleitete oder vom Forscher aus anderen Primärtexten gewonnene Codes
werden der entsprechenden Textstelle zugeordnet.

Im Verlauf des Forschungsprozesses werden die erarbeiteten Codes unter
abstrakteren Begriffen, so genannten Codefamilien subsumiert. So genannte
„Familien" stehen bei ATLAS.ti als eine einfache Ordnungsfunktion zur Verfügung; sie können der übergeordneten Strukturierung von Primärdokumenten
dienen, wie z.B. „Interviews mit weiblichen Akademikerinnen", und wurden im
Forschungsprojekt vornehmlich zur Strukturierung von Codes verwendet.

---

[58] Im Sinne der Reduktion von redundanten Bezeichnungen wird im Folgenden durchweg
ausschließlich der griffigere englische Begriff „Code" verwendet.

Schon von Beginn des Kodierungsvorgangs an erweist es sich als sinnvoll, so genannte „Memos" anzulegen, die im Programm in jeder Phase der textuellen und konzeptuellen Ebene verfügbar und erweiterbar sind. Sie dienen als elektronische Notizzettel, auf denen der Forscher relevante Informationen im Laufe des Forschungsprozesses unmittelbar festhalten kann. Sowohl Memos, wie auch Zitate, Codes, Subkategorien und vor allem bereits verknüpfte Netzwerke können in ATLAS.ti grafisch dargestellt werden und verschaffen demnach dem Forscher einen Überblick über den Stand der theoretischen Verdichtung. Durch diese Visualisierung wird die explorative Vorgehensweise unterstützt.

4.3.1.2 Konzeptuelle Ebene

Auf der konzeptuellen Ebene werden Aktivitäten durchgeführt, die abstrakter sind als die der textuellen Ebene, also zum Beispiel das Verbinden von Codes und Kommentaren zu konzeptuellen Netzwerken und die Produktion theoretischer Memos. An dieser Stelle des Auswertungsprozesses treten die Primärtexte in den Hintergrund und der Forscher beschäftigt sich intensiver mit den Codes selbst, z.B. durch lexikalische Vereinheitlichung identischer Begriffe und die Einführung von neuen Codes ohne Textbezug, die als Oberbegriffe Teil des Theorierahmens werden (so genannte freie Codes) (Muhr 1996).

Codes, Memos, Textsegmente etc. können zu semantischen Netzwerken verknüpft werden. Die Begriffe, die zur Indexierung von Textstellen verwendet wurden, werden systematisch in Beziehung gesetzt: den Codes und Codefamilien werden in systematischer Weise andere Codes zugeordnet.

4.3.1.3 Transparenz und Verfahrensdokumentation durch ATLAS.ti

Um nicht Gefahr zu laufen, beliebig und willkürlich sein, muss der qualitative Forschungsprozess – so wie quantitative Verfahren auch – intersubjektiv nachvollziehbar und entsprechend gut dokumentiert sein. Die Heranziehung von ATLAS.ti zur Erfassung, Ordnung und Auswertung des Interviewmaterials bringt in dieser Hinsicht erhebliche Vorteile:

▶ **Übersichtliche Datenverwaltung:** Durch die in der Software angebotenen Ordnungsprinzipien können Primärtexte, Codefamilien, Codes, Textzitate und Memos jederzeit nach den aktuellen Bedürfnissen im Forschungsprozess strukturiert und ausgedruckt werden.

▶ **Verfahrensdokumentation:** Der Forschungsvorgang kann detailliert und so vollständig wie möglich dokumentiert werden, zum Beispiel der Übergang von einer alphabetischen Codeliste hin zu strukturierten Codefamilien. Dies ist insbesondere bei qualitativen Methoden von zentraler Bedeutung, da Techniken und Messinstrumente nicht wie in quantitativen Erhebungen standardisiert vorgegeben sind, sondern die Methoden gegenstandsspezifisch entwickelt werden.

▸ **Regelgeleitetheit in der Auswertung**: Trotz des Anspruchs der Offenheit gegenüber Analyse und Forschungsgegenstand muss auch qualitative Forschung gewisse Verfahrensregeln einhalten, die eine systematische, sequentielle Bearbeitung des Forschungsmaterials gewährleisten. Dazu ist es erforderlich, die Analyseschritte festzulegen und das zu analysierende Material in sinnvolle Einheiten zu unterteilen (Mayring 1999). Dies wird mit Unterstützung der Software systematisch durchführbar und jederzeit nachvollziehbar.

▸ **Arbeitsteilung im Forschungsteam**: Durch getrennte Login-Kennzeichnung kann anhand des Materials jeweils rekonstruiert werden, wann welcher Mitarbeiter die Daten bearbeitet hat. Dies ist für die arbeitsteilige Organisation des Forschungsprozesses und den inhaltlichen Austausch im Forschungsteam eine wertvolle Arbeitshilfe.

4.3.2 Kodierprozesse und Kategorienbildung

Glaser und Strauss bezeichnen den eigentlichen Auswertungs- und Interpretationsvorgang als „Kodieren" und meinen damit mehr als nur die Übertragung in ein anderes Zeichensystem. Kodieren ist als Prozess der Datenanalyse definiert. Kodieren heißt, Phänomene mittels einer eingehenden Untersuchung der Daten als bestimmte Einheiten zu identifizieren und zu benennen und zu kategorisieren. Ohne diesen ersten grundlegenden analytischen Schritt könnte eine weiterführende Analyse nicht stattfinden. Während des Kodierens werden die Daten gründlich untersucht und Ähnlichkeiten und Unterschiede verglichen, wie sie sich in den Daten widerspiegeln (Strauss / Corbin 1996, 44).

„Codes" oder Konzepte sind die grundlegende Analyseeinheit der Grounded Theory, die es zu identifizieren, zu entwickeln und in Beziehung zu setzen gilt. Durch den Kodierprozess werden die Daten konzeptualisiert. Mit Konzeptualisieren ist gemeint, dass ein einzelnes Ereignis oder Vorkommnis, eine Bewertung, Reflexion oder Gefühlsäußerungen herausgegriffen wird und mit einem Namen benannt wird. Das zentrale Konzept, das es zu untersuchen gilt, wird als „Phänomen" bezeichnet, ihm werden in systematischer Weise andere Codes zugeordnet (Strauss/Corbin 1996, 45). Mit „Kategorie" meint die Grounded Theory eine Klassifikation von Codes. Diese Klassifikation wird erstellt, wenn Codes miteinander verglichen werden und sich offenbar auf ein ähnliches Phänomen beziehen. Die Subkategorienbildung erfolgt durch Sortierung, Gruppierung und Bündelung der Codes in Codefamilien, einer Vorstufe der Subkategorienbildung.

Nach Strauss (1994) werden durch den Kodiervorgang

- Fragen generiert sowie bereits generierte Fragen weiterverfolgt,

- die Daten kategorisiert und zueinander in Beziehung gesetzt, so dass der Forscher von der reinen Beschreibung zur Interpretation auf höhere Abstraktionsebenen gelangt,

- die so genannten Schlüsselkategorien entdeckt,

- die angestrebte konzeptionelle Dichte der Analyse entwickelt.

Der erste Schritt der Textinterpretation im Rahmen der Grounded Theory ist das **offene Kodieren.** Dieser Analyseteil bezieht sich auf das Benennen und Kategorisieren von Phänomenen mittels einer gründlichen Durchsicht der Daten, also „das Herausgreifen einer Beobachtung, eines Satzes, eines Abschnitts und das Vergeben von Namen für jeden einzelnen darin enthaltenen Vorfall, jede Idee oder jedes Ereignis" (Strauss/Corbin 1996, 45). Der Prozess des offenen Kodierens kann dabei Wort für Wort, Zeile für Zeile, oder anhand von Sätzen oder Abschnitten erfolgen. Eine genaue und gründliche Kodierung ist notwendig, um eine weite theoretische Bandbreite und die Entwicklung von konzeptueller Dichte zu erreichen (Strauss 1994, 61).

Kodieren mit In-Vivo-Codes

In der Grounded Theory werden zwei Typen von Codes verwendet, „natürliche" Codes und soziologische Codes. Natürliche Codes, auch als „In-vivo-Codes" bezeichnet, werden direkt der Terminologie des Forschungsfelds entnommen oder daraus abgeleitet, sind also Begriffe, die die Handelnden selbst verwendet haben. Sie sind somit oft sehr bildhaft, was dem Forscher insofern nutzt, dass er das Konzept nicht weiter illustrieren muss, um seine Bedeutung zu demonstrieren: „Natürliche Codes implizieren eine sehr lebhafte Vorstellungswelt und eine stark eigeninterpretative Bedeutung. (...) Sie haben auch eine erhebliche analytische Kraft, weil sie von den Akteuren mit Leichtigkeit und mit ausreichend präziser Bedeutung verwendet werden" (Strauss 1994, 64). So hat sich beispielsweise im vorliegenden Projekt Herr E folgendermaßen zum Thema Wirkungen von Einbürgerung geäußert:

> „Aber ... man fühl ... man ... du fühlst dich (betont) nicht anders. Du bist selbe Mensch. Selbe Name, und du schaust selbe aus. Ich bin nicht plötzlich blo-blond geworden, oder blaue Auge (beide lachen), ja, immer noch graue Haare."

Hier wurde der Ausdruck „Du bist selbe Mensch" aufgegriffen und in den Code: „Wirkung von Einbürgerung: man bleibt derselbe Mensch" umgesetzt.

Kodieren mit soziologischen Konstrukten

Der zweite Code-Typ sind so genannte „soziologische Konstrukte", das heißt, sie werden durch den Forscher formuliert und basieren auf einer Kombination aus dem Fachwissen des Forschers und seiner Kenntnis des zu untersuchenden Forschungsfelds (Strauss 1994, 65). Sie vergrößern damit die Reichweite einer Theorie, indem sie über individuelle Sinndeutungen von Daten hinaus allgemeinere soziologische Konzepte in den Forschungsprozess integrieren.

Ein Beispiel dafür ist die Codierung der im Folgenden wiedergegebenen längeren narrativen Passage von Frau A. Sie erzählt darüber, wie sie im Freundeskreis vor der Einbürgerung wahrgenommen wurde:

> „...na ja, im Freundeskreis war es immer so: (übertrieben erstaunt) Na, du bist doch hier geboren und so. Und viele wissen dann auch überhaupt nicht... viele Deutsche denken, wenn man hier geboren ist, hat man automatisch die deutsche Staatsbürgerschaft. Also da ist halt auch einfach viele Deutsche, die da einfach nicht informiert sind oder so was oder nicht informiert werden. Woher sollen sie es dann auch wissen? Und wo man dann einfach auch oftmals sagt: Nee, das ist nicht so. Und wie... also vom Freundeskreis war's dann oft so, dass die sagen: (übertrieben erstaunt) Waaas, du bist nicht Deutsche? Also die dann... also das kam dann auch. Auf der einen Seite bist du der Ausländer, aber auf der anderen Seite bei dem Freundeskreis...ja, du bist doch hier geboren. Und ...(hörbares Durchatmen).. [...] Und für viele war ich dann...ja, ich bin ja nur unter Deutschen aufgewachsen, automatisch deutsch. [...] Und...gut, im Freundeskreis, das sind Leute, die einen mögen, die werden da nicht irgendwie negativ...oder wenn man sich dann irgendwie in die Wolle kriegt solche Beschimpfungen dann nehmen. Da ist man eher die blöde Kuh als der blöde Ausländer! (Lachen)"

Der Bezug zum Freundeskreis wurde auch in der Bezeichnung der Textstelle aufgegriffen und mit „Wahrnehmung durch Mitgliedschafts- und Referenzgruppen vor der Einbürgerung" kodiert. Als vorgefasste theoretische Überlegungen wurden des weiteren einige zentrale Aspekte des Leitfadens in die Codeliste übernommen, die sich aus Literaturrecherche, Expertengesprächen und Gruppendiskussion ergeben hatten, u.a. zu Kenntnissen des Staatsangehörigkeitsrechts oder zur Frage nach der Bereitschaft zu deutschen Ehepartnern nach der Einbürgerung.

4.3.3 Zwischenergebnis: Codeliste und Codefamilien

Das Forscherteam setzte sich zunächst zum Ziel, drei Interview-Transkripte Schritt für Schritt offen zu kodieren. Es wurde hierbei streng induktiv im Sinne der Grounded Theory vorgegangen und, wie von Strauss / Corbin (1996) vorgeschlagen, Zeile für Zeile kodiert. Hierbei wurde vor allem auch versucht, Verlaufsaspekte (z.B. beim Entscheidungsprozess für die Einbürgerung) im Datenmaterial zu identifizieren und festzuhalten. Das Ergebnis dieser ersten

Kodiersitzungen war eine recht umfassende Codeliste[59]. Sie wurde anhand des **chronologischen Ablaufs des Einbürgerungsprozesses** strukturiert, d.h. dieser wurde in verschiedene Phasen unterteilt und die Codes wurden innerhalb entsprechender Codefamilien[60] gruppiert:

MIG: Alle Phänomene, die sich allgemein aus dem Migrationshintergrund der Befragten ergeben

BIO: Biografischer Kontext vor der Einbürgerung und Motiventstehung

MOT: Einbürgerungsmotive

GED: (erster) Gedanke an Einbürgerung

ENT: Entscheidungsprozess

ANT: Antragstellung

VER: Verwaltungsverfahren

AKT: Akt der Einbürgerung / Vollzug

WIR: (Nicht)Wirkungen von Einbürgerung, Erfahrungen und Reflexionen

Die Einordnung dieser gebildeten Codefamilien in den chronologischen Verlauf des Einbürgerungsprozesses stellt die Grafik auf der folgenden Seite dar.

---

[59] Die Codeliste in ihrer endgültigen Form ist im Anhang einzusehen (Anhang 1).

[60] Der Begriff „Codefamilie" wird hier als weit gefasster Begriff im Rahmen des Programms ATLAS.ti verwendet, das die Funktion der Familienbildung sowohl für Codes, aber auch für Memos oder Primärdokumente vorsieht (ATLAS.ti 1997). In diesem Sinne sind Codefamilien mit einer Bezeichnung versehene Sets von Codes, die entsprechend zusammengefasst und strukturiert wurden. Glaser und Strauss hingegen verstehen unter „Coding family" eher die Rolle, die ein gewisser Code spielt, wenn er zu anderen in Beziehung gesetzt wird und schlagen hierfür zehn verschiedene Arten von Familien vor, wie z.B. die Prozess-Familie, die Grad-Familie oder die Interaktions-Familie (vgl. Boehm 1994, 133f.)

Abbildung 4: Integration der Codefamilien in den chronologischen Ablauf des Einbürgerungsprozesses

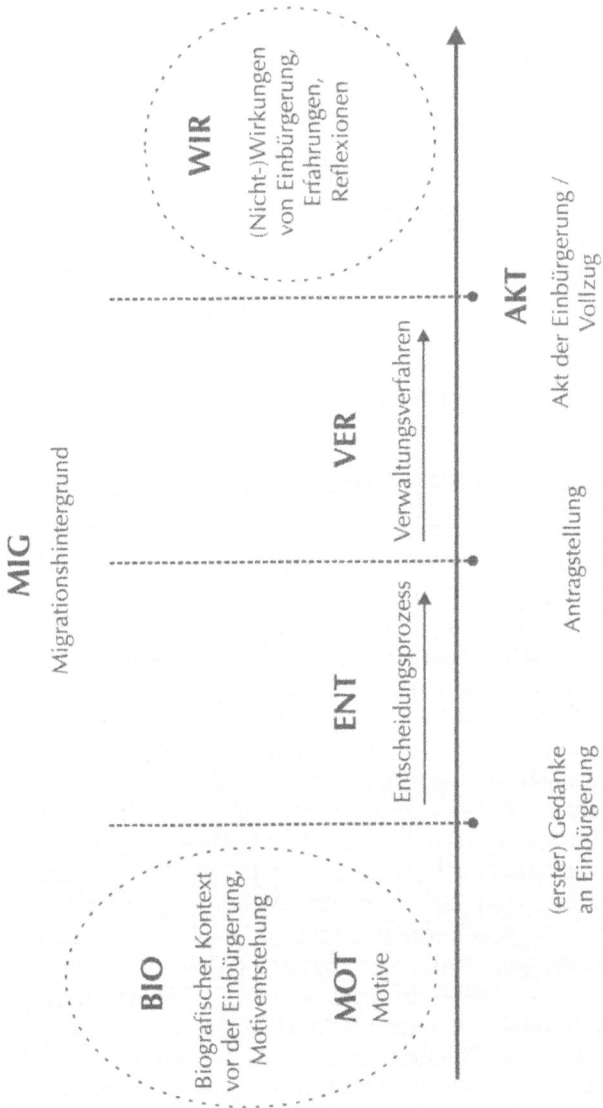

MIG
Migrationshintergrund

WIR
(Nicht-)Wirkungen von Einbürgerung, Erfahrungen, Reflexionen

BIO
Biografischer Kontext vor der Einbürgerung, Motiventstehung

MOT
Motive

ENT
Entscheidungsprozess

VER
Verwaltungsverfahren

AKT
Akt der Einbürgerung / Vollzug

(erster) Gedanke an Einbürgerung

Antragstellung

103

Nachdem alle 26 Interviewtranskripte anhand offenen Kodierens bearbeitet worden waren, wurden zunächst die den einzelnen Codefamilien zugeordneten Codes anhand der markierten Textstellen nochmals auf Redundanzen überprüft, semantisch vereinheitlicht und gegebenenfalls verschmolzen. Hierbei zeigte sich, dass einige direkt aus dem Leitfaden übernommene Codes wenig sinnvoll waren. Zum einen waren sie teilweise zu „grob" formuliert worden und im Interviewmaterial zeigte sich eine weitaus größere Differenzierung des jeweiligen Aspektes (zum Beispiel war im Leitfaden als Folge der Einbürgerung „neues Interesse an Kultur und Geschichte des Aufnahmelandes" als Frage formuliert worden, das als solches aber nicht durch Textstellen belegbar war, sondern sich im Prozess der induktiven Kategorienbildung an anderen Stellen wiederfand, u.a. in den Codes „Auseinandersetzung mit verschiedenen Kulturen: Bewusstwerdung, Einstellung, Lebenspraxis" und „Wirkung von Einbürgerung: gesteigertes politisches Interesse/ Bedürfnis nach mehr Information"). Zum anderen erwiesen sich einige Leitfadenvorgaben als wenig praxisrelevant, zum Beispiel die Frage, ob sich in Folge der Einbürgerung die sozialen Verkehrkreise verändern würden, was offensichtlich nicht der Fall war.

4.3.4 Beschreibung und Analyse des Datenmaterials

Die weitere Auswertung des Datenmaterials erfolgte in mehreren Schritten. Durch Reduktion und Bündelung waren die im Datenmaterial entdeckten Codefamilien strukturiert worden. Danach ist das zu den jeweiligen Codes zugehörige Textmaterial ausführlich gesichtet und beschrieben worden (**themenzentrierte Beschreibungen**). Anhand dieser themenzentrierten Beschreibungen wurden dann qualitative Subkategorien gebildet. So ließ sich beispielsweise die Codefamilie „Einbürgerungsmotive" unterteilen in die Subkategorien „Wunsch nach Gleichbehandlung mit Deutschen", „Verlässlichkeit der gesellschaftlichen Rahmenbedingungen in Deutschland", „Familienbezogene Motive", „Zugehörigkeitsbezogene Motive" und „Herkunftslandbezogene Motive". Durch die Suche nach Subkategorien wird angestrebt, das empirische Spektrum zu erschließen und damit die Kategorien zu konkretisieren und empirisch anzureichern. Ziel ist, Subkategorien zu identifizieren, „die zu einer guten Beschreibung von Heterogenität und Varianz im Datenmaterial führen" (Kelle/Kluge 1999, 68). Damit wird angestrebt, dass man nicht auf der Stufe der inhaltlichen Beschreibung des offen kodierten Datenmaterials stehenbleibt, sondern eine höhere Abstraktionsebene anstrebt. Ausgewählte theoretisch interessante Fälle und Themen wurden anschließend nochmals vertieft und einer ausführlicheren qualitativen Textanalyse unterzogen (**Narrationsanalyse**).

4.3.4.1 Themenzentrierte Deskriptionen

Es wurde eine umfassende Beschreibung der einzelnen Codefamilien und der gefundenen Kategorien durch eine **synoptische Analyse von Textpassagen** durchgeführt (thematisch zentriert und fallübergreifend). Ziel der themenzentrierten Deskriptionen ist es, die Bandbreite der Informationen innerhalb einer Codefamilie, also jeweils für eine bestimmte Phase des Einbürgerungsprozesses, auszuleuchten und darzustellen. Gleichzeitig diente dieser Arbeitsschritt dazu, eine spätere Reduktion auf ausgewählte Subkategorien vornehmen zu können und somit den Schritt der qualitativen Typenbildung vorzubereiten.

Beispiel: Auszug aus ATLAS.ti (Textstelle einer Person) aus der Codefamilie AKT- Akt der Einbürgerung/ Vollzug

HU: Subjektive Dimensionen von Einbürgerung
File: [g:\vorgang\ein54901\hu atlas.ti\Subjektive Dimensionen von Einbürgerung]
Edited by: Admin, Date/Time: 01.07.02 16:19:46

Code Family: AKT Akt der Einbürgerung / Vollzug
Created: 21.01.02 15:32:33 (Admin)

Codes (1)
[Emotionales Empfinden beim Vollzug der Einbürgerung und (unmittelbar) danach]

P 1: Milena.txt 1:57 (529:537) (Admin)

„Und dann kam dann der richtige bürokratische Vollzug, in dem man dann in dem Zimmer saß und dann...ja, überall seine Unterschrift getan hat. (spricht langsam) Ich mein', es ist schon wirklich 'n schönes Gefühl. Man sagt einfach: Mensch, das, was du dir gewünscht hast oder so was, das ist in Erfüllung gegangen. Das ist vielleicht für jeden...jeder erlebt's anders. Also für mich war's halt einfach so wie Weihnachten oder so. Man wünscht sich lange was und dann bekommt man's in Erfüllung und so. Und das ist ein schönes Gefühl, weil's für einen selber ...also für mich Bedeutung hatte. Hab' ich es positiv erlebt, war es ein schöner Tag. Das war der Geburtstag sowieso meines Papas, also werde ich den Tag nie vergessen. Ja..."

MEMO: „Die emotionale Empfindung bei der Aushändigung der Urkunde korrespondiert in diesem Fall mit der Gefühlslage zuvor: ein lang gehegter Wunsch wird erfüllt und das löst Freude aus."

Das Computerprogramm ATLAS.ti erlaubt eine Sortierung und Ausgabe der Codes als Synopse, inklusive der jeweiligen Zitate, und macht damit eine Analyse des gesamten auf einen Code bezogenen Textmaterials möglich. Dieser Arbeitsschritt war vor der Entwicklung geeigneter Software zu EDV-gestützten

Auswertung qualitativen Datenmaterials mit manuellen Mitteln nur sehr aufwendig zu realisieren (Kelle/Kluge 1999, 73). ATLAS.ti ermöglicht als Ausgabeoption eine Liste der Codefamilien inklusive der jeweiligen Codes und der dazugehörigen Zitate. Auch Kommentare, die im Laufe des Kodierungsprozesses entweder zu Codes oder zu Textstellen erstellt worden waren, werden mit ausgegeben und erlauben eine Rekonstruktion des Kodierungsprozesses und etwaiger Querverbindungen zwischen Textstellen innerhalb eines Interviews oder zwischen Interviewpersonen.

Man sieht anhand diesen Auszugs, dass dem Code „Emotionales Empfinden beim Vollzug der Einbürgerung und (unmittelbar) danach" insgesamt 57 Textstellen der 26 Untersuchungspersonen zugeordnet worden sind. Diese synoptische Ausgabe des Materials nach Codes bzw. Codefamilien ergibt die Grundlage für die themenzentrierte Beschreibung des Datenmaterials in Vorbereitung für die Typenbildung.

4.3.4.2 Qualitative Typenbildung

Anhand dieser themenzentrierten Beschreibungen wurden qualitative Subkategorien gebildet. So ließ sich beispielsweise die Kategorie „Einbürgerungsmotive" unterteilen in die Subkategorien „Wunsch nach Gleichbehandlung mit Deutschen", „Verlässlichkeit der gesellschaftlichen Rahmenbedingungen in Deutschland", „Familienbezogene Motive", „Zugehörigkeitsbezogene Motive" und „Herkunftslandbezogene Motive", denen sich wiederum die einzelnen Codes (= die in den Interviews geschilderten Motive für einen Einbürgerungsantrag) zuordnen ließen[61].

Die Bildung von Subkategorien erfolgte in etwa nach dem Vorbild der Auswertung offener Fragen in Fragebögen. Methodisches Ziel dabei ist es, Sinnzusammenhänge über die Fälle hinweg und einen Überblick über Merkmalskonstellationen im Verlauf der Einbürgerung zu gewinnen. Im vorliegenden Forschungsprojekt wurden die Arbeitsschritte „themenzentrierte Deskription" und „Konstruktion von Subkategorien" jeweils unmittelbar hintereinander anhand des synoptisch ausgegebenen Textmaterials durchgeführt. Dieser Prozess wurde jeweils für eine Codefamilie durchgearbeitet. Somit war sichergestellt, dass für die Subkategorienbildung der gesamte Kontext der entsprechenden

---

[61] Die Begriffe „Kategorien" und „Subkategorien", die sich in der qualitativen Sozialforschung in der Folge der Arbeiten von Glaser und Strauss herausgebildet haben, entsprechen „Merkmalen" und „Merkmalsausprägungen", die vor allem im Bereich der quantitativen Sozialforschung Verwendung finden (vgl. Kelle/Kluge 1999, 78). Sie sind deshalb von der Bedeutung der Begriffe „Kategorie" und „Dimension" in der quantitativen Sozialforschung zu unterscheiden. Unter „Dimensionen" werden in der Grounded Theory Zusammenfassung von Codes verstanden, die im Prozess der Kategorienbildung entstehen. Um begriffliche Verwirrung zu vermeiden werde ich jedoch weiterhin von Codes sprechen.

Textpassagen verfügbar war, so dass die vergleichende Analyse eng an den Daten bleiben konnte (vgl. dazu Kelle/Kluge 1999, 74).

Ziel der Typenbildung war es herauszufinden, ob es „typisierbare" Merkmalskonstellationen in einzelnen Phasen der Einbürgerung gibt. Zum Erkennen solcher Muster wurden die personenbezogenen Informationen mit dem Ergebnis der themenzentrierten Auswertung, den Subkategorien, verknüpft, also eine „Re-Aggregation" (Kuckartz 1999, 233) des Materials vorgenommen. Konkret heißt dies: Die 26 Untersuchungspersonen wurden in ein indexiertes Datenblatt übertragen. Je nachdem, ob sie bestimmte Aspekte angesprochen hatten, wurden das entsprechende Feld mit einem Kreuz versehen. Dieses Datenblatt (siehe Anhang 2) diente dann als Grundlage für die qualitative Auswertung. Es konnte so in übersichtlicher Weise eine Einschätzung vorgenommen werden, wie relevant bestimmte Themen waren und wie viele Personen sie angesprochen hatten.

Qualitative Daten sind hoch komplex und angesichts der Fülle des Materials ist es zunächst außerordentlich schwierig, Muster zu finden. Wenn der Umfang des Materials die eigenen Wahrnehmungskapazitäten übersteigt, läuft man Gefahr, „vorschnell Typisierungen vorzunehmen und das Datenmaterial anschließend nur noch in bloß affirmativer Weise mit Blick auf die Bestätigung der mehr intuitiv vorgenommenen Typisierungen zu selegieren" (Kuckartz 1999, 234). Es ist deshalb bei der Sichtung des Materials von grundlegender Bedeutung, nach aus den Daten emergierenden Relevanzstrukturen zu suchen und nicht das Material mit vorgefassten Kriterien zu konfrontieren.

Grundsätzlich ist jede Typologie das Ergebnis eines Gruppierungsprozesses: Anhand eines oder mehrere Merkmale wird der Objektbereich in Gruppen eingeteilt, so dass sich die Elemente innerhalb eines Typus möglichst ähnlich sind (interne Homogenität) und sich die Typen voneinander möglichst stark unterscheiden (externe Heterogenität). Mit dem Begriff Typus werden die gebildeten Teil- oder Untergruppen bezeichnet, die gemeinsame Eigenschaften aufweisen und anhand der spezifischen Konstellation dieser Eigenschaften beschrieben und charakterisiert werden können (Kelle/ Kluge 1999, 78).

In einem ersten Schritt ging es darum zu definieren, mit Hilfe welcher Kategorien die Ähnlichkeiten bzw. Unterschiede der Untersuchungspersonen angemessen erfasst werden können. Nachdem die inhaltliche Breite des Materials durch Bildung von Kategorien und Subkategorien strukturiert worden war, interessierte nun, welche Personengruppen sich hinter den jeweiligen Merkmalen verbargen, welche Gemeinsamkeiten sie aufwiesen und wie sie sich gegenüber anderen Merkmalen abgrenzten. Konkret wurde hierbei folgendermaßen vorgegangen: Es wurde eine Subkategorie bzw. ein Merkmal ausgewählt und konstant gesetzt und anschließend die betreffenden Personen aus den Datenblättern extrahiert. Diese wurden dann mit einer Gruppenbezeichnung versehen und hinsichtlich Gemeinsamkeiten bzw. Unterschieden bezüglich weiterer Merkmale analysiert und beschrieben. Ordnungskriterium sind dabei **Relevanzhäufungen**, das heißt es werden zunächst immer die Aspekte dargestellt, die von unseren Befragten besonders häufig oder eindrücklich erwähnt wurden, gefolgt von denen, die weniger häufig in den Gesprächen auftauchten.

Beispiel:

Für die Codefamilie „AKT- Einbürgerungsvollzug" war aus dem Interviewmaterial die Subkategorie „Emotionales Empfinden beim Vollzug der Einbürgerung und (unmittelbar) danach" generiert worden, die, wie in Kapitel 5 tabellarisch dargestellt, folgendermaßen unterteilt und indexiert worden war:

-   AKT 1a: spontane positive Gefühle (lang gehegter Wunsch ist in Erfüllung gegangen/Hochgefühl/Aufgeregtheit/Stolz/Grund zu feiern)
-   AKT 1b: nachhaltig positive Gefühle (Dankbarkeit/Gefühl der Befreiung von Zweifeln/Erleichterung, etwas abgeschlossen zu haben/Gefühl, dazu zu gehören (Akzeptanz)/noch mehr Respekt für den Staat/endlich Klarheit)
-   AKT 1c: emotional neutral / nichts Besonderes
-   AKT 1d: spontane negative Gefühle (Enttäuschung über unfeierlichen Verlauf, „Zugehörigkeitskonflikt")
-   AKT 1e: nachhaltig negative Gefühle (Unsicherheit)

Diese Subkategorien wurden nun zu folgenden drei Gruppen gebündelt:

- positiv: Personen mit spontan und nachhaltig positiven Gefühlen

- neutral: Personen mit neutralem Empfinden

- negativ: Personen mit spontan und nachhaltig negativen Gefühlen

Die Zahl der Nennungen verteilte sich folgendermaßen:

	AKT				
Gefühle	1a	1b	1c	1d	1e
positiv (16 Personen)	14	9	0	2	1
neutral (7 Personen)	0	0	7	0	0
negativ (6 Personen)	3	2	0	6	1

Bei vier Personen stellten sich doppelte Nennungen bei „positiv" und „negativ" heraus, die in der Beschreibung der Inhalte dann später als „ambivalent" gruppiert wurden (zu den inhaltlichen Beschreibungen siehe Kapitel 5).

4.3.4.3 Narrationsanalyse anhand ausgewählter Interviewpassagen

Als Ergebnis der Typenbildung konnten Themen identifiziert werden, von denen im Ergebnis der Globalanalyse aller Interviews vermutet werden konnte, dass sie in unterschiedlicher Intensität und Relevanz bei einzelnen Interviewpartnern vorlagen. Wenn es sich hierbei um emotional besetzte Themenbereiche handelt, wie zum Beispiel Ängste und Befürchtungen im Einbürgerungsverfahren, wurde vermutet, dass eine starke Ausprägung im Einzelfall durchaus andere subjektive Dimensionen dominieren könnte (zum Beispiel die Entscheidung für die Einbürgerung verzögern) oder sich indirekt im späteren biographischen Verlauf wiederfinden könnte (zum Beispiel könnte ein freudiges Feiern der Einbürgerung auf vorangegangene Befürchtungen, das Einbürgerungsverfahren könnte nicht erfolgreich verlaufen, hinweisen). Um diesen Vermutungen näher auf den Grund zu gehen, wurde im Anschluss an das Typenbildungsverfahren eine Narrationsanalyse ausgewählter Interviews und Textpassagen vorgenommen. Hierbei wurde – im Anschluss an die Typenbildung, die eher statisch Themen identifiziert hat – der Prozessaspekt vertieft, also biografische Entwicklungen, das Entstehen von Einstellungen oder Wahrnehmungen und interaktive Prozesse über längere Zeiträume, zum Beispiel mit der Familie oder anderen sozialen Verkehrkreisen, rekonstruiert. Es wurden hierbei einzelne methodisch-theoretische Elemente der rekonstruktiven Fallanalyse verwendet, da bestimmte Themen nur im Rückgriff auf die biographische Gesamtgestaltung adäquat interpretiert werden konnten. Durch diese vertiefte Narrationsanalyse wurden die gefunden Themenkomplexe der Typenbildung angereichert und durch die Ergänzung um biographische Komponenten gestalthaft nachgezeichnet. Es wurde somit möglich, „zu kurz" gekommene Themen in den Typenbildungsverfahren, über die sich Informationen in den narrativen Passagen entdecken ließ, auszubauen, in ihrer biographischen Bedeutung einzubetten und somit affektiven, emotionalen Aspekten eine größere Rolle einzuräumen. Die Themen, die durch das narrationsanalytische Verfahren entdeckt und vertieft wurden, waren:

▶ Gibt es **spezielle Einflussfaktoren** in der Motiventstehung und Entscheidungsfindung?

▶ Gab es **Ängste** bei der Entscheidungsfindung und im Einbürgerungsverfahren?

▶ Lassen sich **Diskurse** innerhalb von Familien und deren Wirkung rekonstruieren?

▶ Wie wirkt sich die Einbürgerung auf die **gesellschaftliche Akzeptanz** aus?

Im Sinne der rekonstruktiven Fallanalyse soll die Auswertung narrativer Sequenzen der biographischen Selbstpräsentation Rechnung tragen. Grundannahme ist dabei, dass sowohl die thematischen und temporalen Verknüpfungen der Textabschnitte als auch die Generierung von Textsorten, also Erzählung, Argumentation oder Beschreibung, nicht zufällig oder beliebig sind. Es gilt hierbei jedoch, die prinzipielle Differenz von *erlebter* und *erzählter* Lebensgeschichte zu berücksichtigen (Fischer-Rosenthal/Rosenthal 1997, 148ff.): Erzählte Lebensgeschichten sind in ihrer Entstehung an die Gegenwart ihrer Produktion gebunden, das heißt, die gegenwärtige Situation des Erzählers bestimmt in gewisser Weise den Rückblick auf die Vergangenheit. Erzählte Lebensgeschichten verweisen somit auf das heutige Leben mit der Vergangenheit wie auch auf das damalige Erleben dieser vergangenen Ereignisse: „Wollen wir interpretative Fehlschlüsse vermeiden, sind wir genötigt, beide Ebenen – die erlebte und die erzählte Lebensgeschichte – zu rekonstruieren, unabhängig davon, ob wir in erster Linie an der Geschichte eines Lebenswegs oder an der Gegenwartsperspektive der Biographinnen bzw. Biographen interessiert sind." (Fischer-Rosenthal/Rosenthal 1997, 149). Zunächst muss also die gegenwärtige Erzählsituation rekonstruiert werden und damit die Mechanismen, die die Auswahl der erzählten Geschichten steuern. Fischer-Rosenthal und Rosenthal schlagen deshalb vor, die sequentielle Gestalt der erzählten wie erlebten Lebensgeschichte zu rekonstruieren. Die Rekonstruktion der chronologischen Ereignisse der Biographie, also der erlebten Biographie dient dazu, die biographische Bedeutung der Erlebnisse zur damaligen Zeit zu erschließen, also „biographische Orientierungs-Strukturen" zu schaffen. Bei der Analyse der erzählten Lebensgeschichte hingegen wird die Textgestaltung selbst rekonstruiert, das heißt, temporale und thematische Verknüpfungen, die im Interview vorgenommen wurden. Während bei der erlebten Erzählgeschichte temporale Abfolgen in der Biographie zentral sind, geht es bei der Analyse der Erzählung darum, welche Bedeutung die erzählten Erlebnisse heute für den Interviewpartner haben.

In der Durchführung dieses Auswertungsschritts wurden die biographischen Profile der Interviewpartner herangezogen, um diese mit der sequentiellen Gestalt der erzählten biographischen Ausschnitte zu vergleichen. Mit Hilfe der Informationen aus den Post-Kommunikationsprotokollen, die direkt im Anschluss an die Interviews erstellt worden waren, mit Hilfe eines Kurzfragebogens, den die Interviewpartner am Ende der Befragung ausgefüllt hatten und auf Basis von Hintergrundinformationen, die im Rahmen von Expertengesprächen mit einem Mitarbeiter der Einbürgerungsbehörde gesammelt werden konnten, wurden für die jeweiligen Interviewpartner kurze Personenprofile erstellt. Damit sollte eine möglichst authentische Rekonstruktion der *erlebten* Biographie gewährleistet werden. Als Ergebnis der Globalanalyse waren des weiteren von Seiten des Forschungsteams unmittelbar nach der Auswertung zentrale Themen und Aussagen der Interviewpartner festgehalten worden, die sich quasi „leitmotivisch" durch die Interviews gezogen hatten. Dies erfolgte mit besonderer Konzentration auf den Verlauf der Einbürgerung unter den Leitfragen: Wie kam es zur Einbürgerung? Wie wurden Verwaltungsverfahren und der Vollzug erlebt? Was waren die Wirkungen? Es wurde damit ein gestalthafter Überblick über den Verlauf der einzelnen *erzählten* Einbürgerungsbiografien erreicht.

110

Mit Hilfe dieser Protokolle erfolgte eine gezielte Auswahl theoretisch interessanter Themen und Fälle. Dies erfolgte in folgenden Schritten (angelehnt an Fischer-Rosenthal/ Rosenthal 1997):

- Auswahl von Interviewpartnern anhand theoretisch interessanter Themen oder Einbürgerungsverläufe;
- Text- und Themenanalyse: Sequenzierung von Texteinheiten (nach Kriterien wie Sprecherwechsel, Textsorte und Themenwechsel);
- Kontrastierung der biographischen Daten mit den Erzählungen und Selbstdeutungen.

Konkret wird hierbei eine längere narrative Passage, eine so genannte Erinnerungseinheit, nach Erzählungen untersucht, die in ein thematisches Feld eingebettet sind. Durch die Analyse des narrativen Textmaterials werden somit Hypothesen über die Bedeutung des jeweiligen thematischen Feldes aufgestellt und mit verschiedenen Interpretationen experimentiert. Je nachdem in welches thematische Feld die Erzählung eingebettet ist, kann ihre Bedeutung und damit ihre Interpretation eine sehr unterschiedliche sein:

> „Diese Einbettung geschieht nun durch die in der Erzählung enthaltenen Verweisungen auf mögliche Felder wie auch durch die Kenntnis von oder Vermutungen über äußere Kontextdaten. (…) Ob die Einbettung einer Erzählung in ein vom Interpreten antizipiertes Feld mit dem Feld im Entstehungszusammenhang und damit mit den latenten wir manifesten Bedeutungen für die ErzählerInnen korrespondiert, kann auch in unserem Beispiel nur anhand der Verweisungen vermutet werden. Aufgrund der Verweisungen können wir zwar verschiedenen Hypothesen über mögliche thematische Felder entwickeln, ihre empirische Überprüfung bedarf jedoch der Rekonstruktion des die Erzählung umgebenden Textes." (Rosenthal 1995, 61ff).

Es werden also Vermutungen und Hypothesen formuliert, die dann anhand der Textumgebung überprüft werden[62]. Hierzu werden zum Beispiel Sprecherwechsel, die Art des Textes, die Erzählweise und der Verweis auf mögliche Themen einer Analyse unterzogen. Neben dem Kontext der sprachlichen Äußerung können auch non-verbale Formen der Kommunikation, wie Mimik, Gestik und Intonation, zur Interpretation herangezogen werden, insofern sie bei der Interview-Transkription berücksichtigt wurden.

Ein wichtiger Aspekt, der bei der Interpretationsarbeit eine Rolle spielt, ist das Vorverständnis des Forschers zu einem bestimmten Sachverhalt (siehe auch Kapitel 3.2.2). Deutungen und Interpretation wissenschaftlicher Gegenstände sind nie voraussetzungslos möglich, das eigene Vorverständnis beeinflusst

---

[62] Im Sinne einer Sozialwissenschaftlichen Hermeneutik wird hier versucht, das „alltagsübliche kategoriale *Schnell-Sortieren* von (vermeintlich „klaren") Sachverhalten" zu problematisieren: es soll eine „reflexive Schwelle" eingebaut werden, die Zweifel an Vor-Urteilen und subsumtiven Gewissheiten erlaubt und ermöglicht (Hitzler / Honer 1997, 24).

111

immer die Interpretation. Bei einem interpretativ orientierten Vorgehen sollte deshalb dieses Vorverständnis zu Beginn der Analyse explizit offen gelegt werden, um es dann am Gegenstand weiterzuentwickeln und so den Einfluss des Vorverständnisses überprüfbar zu machen (Kleining 1982)[63].

Hier liegt ein hermeneutisches Grundverständnis zugrunde: Die Hermeneutik[64] ganz allgemein ist die Auslegung oder Deutung von Texten, die Lehre des Verstehens und des Erfassens menschlicher Verhaltensäußerungen und Produkte. Sie macht das Verstehen zum Untersuchungsgegenstand, der Verstehensvorgang als solcher wird strukturiert und untersucht (Lamnek 1995a, 72). Der Interpretation liegt das Verständnis eines „hermeneutischen Zirkels" zugrunde: Das Vorverständnis beinhaltet erste Hypothesen beim Interpretieren über den Sinn eines Textes, die eine Interpretation einleiten und im Laufe des Interpretationsprozesses überprüft werden (Heckmann 1992, 148). Die Überwindung des eigenen Vorverständnisses durch Offenheit gegenüber Forschungsgegenstand und Methode ist in Übereinstimmung mit dem Verstehensbegriff, wie er für die qualitative Sozialforschung angemessen erscheint (Kleining 1982, 232).

Wichtig im oben beschrieben Analysevorgang ist deshalb, dass dieses Vorverständnis methodisch kontrolliert wird und in der Interpretation deutlich wird, welche Informationen aus externen Quellen stammt, welche die Erzähler in ihrer erzählten Lebensgeschichte preisgaben oder welche vom Forscher durch Textanalyse gefunden wurden. Dies funktioniert nur, wenn der Forscher sich des eigenen Vorverständnisses so weit wie möglich bewusst ist. Ist dieses gewährleistet, kann sich der Forscher in den hermeneutischen Zirkel begeben: Er liest, geleitet vom Vorverständnis, den Text mit einer gewissen Erwartung auf seinen Sinn hin, formuliert eine hypothetische Annahme und vorläufige Interpretation, begibt sich in einen Prozess, in dem bewusst über Alternativen zum jeweilig erreichten Verständnis nachgedacht wird und erreicht durch Revision und Korrektur seiner vorläufigen Annahmen „ein Verstehen dessen, was dasteht." (Gadamer 1965, 251).

---

[63] Vgl. dazu den Begriff der „theoretischen Sensibilität" bei Glaser und Strauss, Kapitel 3.

[64] Der Name hat seinen Ursprung bei Hermes, dem Götterboten und Gott des Handelns (übrigens auch der Diebe), der zwischen den altgriechischen Göttern und den Menschen vermittelte und die göttlichen Mitteilungen, sofern sie unverständlich waren, interpretierte (Heinze 2001, 15).

5. Ergebnisse der empirischen Untersuchung

Die Ergebnisse der themenzentrierten Beschreibungen, der qualitativen Typenbildung sowie der Narrationsanalyse ausgewählter Textpassagen werden im Folgenden nach dem chronologischen Ablauf des Einbürgerungsprozesses dargestellt. Ich beginne demnach mit den geschilderten Motiven für den Einbürgerungsantrag (5.1), auf deren Entstehung ein mehr oder minder langer Entscheidungsprozess folgt, der von verschiedenen Faktoren beeinflusst wird (5.2). Nach der Antragstellung durchlaufen die Migranten ein Verwaltungsverfahren, das verschiedene formale Anforderungen an sie stellt und während dessen sie in Kontakt mit verschiedenen Behörden treten (5.3). Dieses Verfahren wird schließlich bei erfolgreichem Verlauf mit der Übergabe der Einbürgerungsurkunde und der Beantragung eines deutschen Personalausweises und eines deutschen Reisepasses abgeschlossen (5.4). Welche wahrgenommenen Wirkungen des Wechsels der Staatsangehörigkeit die Befragten berichteten, bildet den Abschluss der Einbürgerungschronologie (5.5).

5.1 Einbürgerungsmotive

Unter „Einbürgerungsmotiven" wurden die Überlegungen analysiert, die die Befragten als ausschlaggebend für die Antragstellung zur Einbürgerung genannt haben. Fast alle der insgesamt 26 Interviewpartner[65] haben im Verlauf des Interviews etwas zu diesem Themenkomplex erzählt. Anhand des Textmaterials zu den jeweiligen Codes ließ sich die Codefamilie „Einbürgerungsmotive" zu folgenden Subkategorien aufschlüsseln:

---

[65] Alle Interviewpartner bis auf Herrn K. In seinem Fall könnten die unzureichenden Sprachkenntnisse des Befragten das Ergebnis beeinflusst haben, da im Verlauf des Interviews mehrfach Verständigungsschwierigkeiten auftraten.

Tabelle 3: Die Codefamilie Einbürgerungsmotive

Codefamilie	Subkategorien	Codes
MOT Einbürgerungsmotive	MOT1 Wunsch nach Gleichbehandlung mit Deutschen	**MOT1a** Beendigung von Aufenthaltsunsicherheit
		MOT1b Erleichterung beim Reisen
		MOT1c weniger Bürokratie / Erleichterung beim Umgang mit Behörden
		MOT1d Verbesserung der beruflichen Chancen
		MOT1e Erhalt des Wahlrechts und der Möglichkeit zur politischen Partizipation
		MOT1f Bin hier Steuerzahler
		MOT1g Vermeidung von befürchteten oder tatsächlich wahrgenommenen Benachteiligungen aufgrund der Herkunft (z.B. bei Arbeitssuche, Studienplatzvergabe)
	MOT2 Verlässlichkeit der gesellschaftlichen Rahmenbedingungen in Deutschland	**MOT2a** Deutschland bietet die Möglichkeit, den Lebensunterhalt zu sichern
		MOT2b Stabilität der staatlichen Ordnung / Sicherheit durch deutsche Rechtsordnung/ Leistungen der sozialen Sicherungssysteme
	MOT3 Familienbezogene Motive	**MOT3a** Familienmitglieder sind ebenfalls Deutsche
		MOT3b Kinder wollen Deutsche werden
		MOT3c Zukunft der Kinder in Deutschland
	MOT4 Zugehörigkeitsbezogene Motive	**MOT4a** Einbürgerung als „logische" Folge des identifikativen, sozialen und kulturellen Integrationsprozesses
		MOT4b „Innere Beweggründe"
		MOT4c Lebensmittelpunkt ist in Deutschland
		MOT4d Herstellung von Kongruenz von subjektivem Empfinden und objektiver, rechtlicher Zugehörigkeit
		MOT4e Wunsch, irgendwo dazuzugehören / Hin- und Hergerissenheit vermeiden
		MOT4f Pass wird als Ausdruck von Zugehörigkeit erachtet
	MOT5 Herkunftslandbezogene Motive	**MOT5a** Vermeidung des Wehrdienstes im Herkunftsland
		MOT5b Gefühl der Unsicherheit beim Reisen mit dem alten Pass
		MOT5c keine Rückkehrabsicht bzw. keine Rückkehrmöglichkeit
		MOT5d belastende Verpflichtungen im Herkunftsland / Umgehung rechtlicher Probleme
		MOT5e Ermöglichung längerer Aufenthalte im Herkunftsland

Die Subkategorien weisen ein Merkmal auf, das bei anderen Verlaufsphasen weniger stark auftritt, bei Motivstrukturen aber zu erwarten ist: Es liegen zwischen ihnen häufig Überlappungen vor, da eine Schilderung z.b. eines „instrumentellen" Motives wie Reiseerleichterungen nicht logisch ausschließt, dass für die betreffende Person nicht auch zugehörigkeits- oder familienbezogene Motive eine Rolle spielten. Solche Mehrfachnennungen waren sogar die Regel. In den folgenden Schilderungen kann also die gleiche Person exemplarisch für Motive aus verschiedenen Gruppen zitiert werden.

5.1.1 Instrumentelle Motive

In den Subkategorien „Wunsch nach Gleichbehandlung mit Deutschen", „Verlässlichkeit der gesellschaftlichen Rahmenbedingungen in Deutschland" und „Herkunftslandbezogene Motive" haben wir pragmatische Überlegungen und rationale Kalküle zusammengefasst. Man könnte auch sagen, es handelt sich hierbei um diejenigen Motive, die im weitesten Sinne darauf abzielen, durch die Einbürgerung Schwierigkeiten im Alltagsleben aus dem Weg zu räumen und in Deutschland ein Leben „wie alle anderen auch" zu führen. Im Einzelnen geht es dabei um den Wunsch nach Gleichbehandlung mit Deutschen, die Verlässlichkeit der gesellschaftlichen Rahmenbedingungen in Deutschland, um sein eigenes Leben sichern und planen zu können, und um herkunftslandbezogene Motive.

Der Wunsch nach Gleichbehandlung mit Deutschen

Bei fast allen (23) der insgesamt 26 Befragten war ein Auslöser für die Stellung des Einbürgerungsantrags der Wunsch gewesen, wie Deutsche behandelt zu werden. Dieser Wunsch entstand aufgrund faktischer Benachteiligungen und Erschwernissen, die aus dem Ausländerstatus für sie resultierten, oder wegen neuer Rechte und Chancen, die sich durch die Einbürgerung eröffneten. Zahlreiche Nennungen zeigen, dass die Codes der Subkategorie Wunsch nach Gleichbehandlung innerhalb der instrumentellen Motive die für die Befragten relevantesten waren.

Als wichtigstes Einzelargument wurden **Erleichterungen beim Reisen** genannt, sei es im Urlaub oder beruflich. Herr E zum Beispiel, der als Fernfahrer arbeitet, hatte immer wieder das Problem, vor einer Fahrt ein oder gar mehrere Visa beantragen zu müssen. Für Herrn O und Frau Q's Ehemann ergab sich wiederholt die Erschwernis, bei beruflichen Reisen „ausgesondert" zu werden:

„...es war (betont) immer irgendein Problem mit dem polnischen Pass, immer, auf diese oder andere Weise. Selbst bei Grenzkontrollen äh, das ganze Orchester geht durch und ab, – „Moment mal, hier"... (...) ...man fühlt sich irgendwie degradiert, oder äh als schwarzes Schaf (lacht)" (Herr O, Z. 955-957)

Auch bezüglich Urlaubsreisen fühlten sich die Befragten tendenziell einge-schränkt. Sie empfanden die Visumspflicht als „Begrenzung" (Herr Z), die ihnen spontane Entscheidungen beim Reisen unmöglich machte und jedesmal lang-fristige Planungen erforderte. Herr Z nahm diese Einschränkung vor allem auch bei seinen Kindern war, die sich durch die erforderliche Visumspflicht unter Schulfreunden „immer irgendwie als Außenseiter" fühlten. Neben der langen Vorausplanung waren mit der Visumsbeantragung auch immer Umstände durch den Gang zum Konsulat verursacht worden, was nicht selten mit länge-ren Wartezeiten verbunden war:

> „Äh... das [den Gedanken an Einbürgerung] hatte ich eigentlich immer, wenn ich äh da bei irgendeine Botschaft herumhing. (...) ... dann musste man in der Früh schon um neun da sein, dann stand man eine Schlange da und dann – also bei Österreichern oder bei Italienern – und bei Österreichern kriegte man meistens sofort, aber musste man dann äh vier, fünf Stunden warten und ... das war immer ein Kampf." (Frau U, Z. 122-128)

Unangenehme Erfahrungen hatten einzelne Befragte auch bei Grenzüber-tritten mit ihrem ursprünglichen Pass gemacht, wie von Herrn Y berichtet:

> „Und mit diesem türkischen Pass ... vielleicht eine etwas lustigere Geschichte. Wir, vier Freunde, wir fahren mit Auto nach Schweiz. Ich sitz hinten drin. Der [Name] fährt, der [Name], und der [Name] und ich rechts. ... Und der winkt uns durch ... fast durch. Dann sieht er mich: Bamm! Stopp! ... Dann ging's los: „Fahrn's bitte schön nach links rüber." Dann sin ma links rüber gefahr'n. Da hat er das Auto zerlegt. Komplett! Mich hat er mit rein genommen ... Körpervisitati-on oder wie man sagt. Des war irre!(...) und, und dann ... is er schon sehr weit gangen, ne? Also sehr sehr weit 'gangen." (Herr Y, Z. 624-632, mit Auslassungen)

Nach dem Argument der Reiseerleichterung bildeten **Erleichterungen beim Umgang mit Behörden** und **weniger Bürokratie** das zweitwichtigste Argu-ment innerhalb der Gleichbehandlungs-Motive[66]. Dies bezog zum Beispiel Frau J auf die zahlreichen Gänge zum türkischen Konsulat, die für die Passver-längerung ihrer Kinder immer wieder nötig waren. Herr F führte an, dass er mit dem deutschen Pass bei deutschen Behörden bekommen müsse, was ihm zusteht – mit dem ukrainischen Pass dagegen „bin ich nicht so sicher, dass bekomm ich oder nicht. Und wenn ich bekomm ich muss ich noch äh etwas zahlen oder mehr Zeit äh warten". Bei Frau L hingegen lag eine konkrete nega-tive Erfahrung mit dem Arbeitsamt vor, die sie aufgrund des Ausländerstatus gemacht hatte und die sich in ihrer Einbürgerungsgeschichte zum zentralen Motiv entwickelte:

---

[66] Das Reise- und das Behördenmotiv wurden auch in den Experteninterviews und in der Gruppendiskussion immer wieder genannt. Hingegen haben sowohl die Experten als auch die an der Gruppendiskussion beteiligten Migranten den Erhalt des Wahlrechtes nicht als zentralen Aspekt in der Einbürgerungsentscheidung herausgestellt.

„Und der hat mich so angeguckt, hat gmeint ghabt, wie lange sind Sie denn schon in Deutschland. Seit sieben Jahr. Und er hat gmeint, normal müssten sie schon acht Jahr hier sein, damit sie ein Arbeits ... äh ... erlaubnis bekommen können. Ich hat schon ein Stelle, nä, und der hat mir trotzdem die Arbeitserlaubnis nicht gegeben, nä. Und dann hab ich mein Vater gholt und der hat auch mit ihm geredet, der hat mir den Arbeitserlaubnis nicht gegeben. Da stehn schon Deutsche, die brauchen die Arbeit, hat er gsacht, sind viele deutsche Schüler, die halt nötiger als Sie des Arbeit brauchen." (Frau L, Z. 47-53)

Herr X wollte sich künftig zum einen „die ganzen Behördengänge" ersparen, die im Rahmen seiner Geschäftsgründung anfielen, zum anderen wollte er den Meisterbrief ablegen, weil er „durch diese Bildung ... einfach, einfach beruflich ein Stück weiter kommen wollte". Hiermit wurde also durch die Einbürgerung auch eine **Verbesserung der beruflichen Chancen** angestrebt, ein weiteres Motiv, das innerhalb der Gleichbehandlungs-Motivgruppe genannt wurde. Frau Q zum Beispiel wollte sich durch die Einbürgerung die Möglichkeit eröffnen, überhaupt einer Beschäftigung nachgehen zu können, was mit ihrem vorherigen Rechtsstatus nicht möglich war („Ich wollte auch irgendwie arbeiten, nicht ständig diesen Stempel im Pass haben (schmunzelt): Arbeitsaufnahme und Gewerbeausübung nicht gestattet.") Frau C wollte auf unkompliziertere Weise einen Ferienjob ausüben können, Frau S versprach sich davon, leichter eine Anstellung zu finden:

„Zum Beispiel A ... Abeit suchen oder so, das is besser, wenn also ham sie gesagt, sie ham ein ... ihn mal gefragt, sie haben eine Abeit-erlaubnis oder so, ja das is ... das is also für Ausländern also mögen sie nicht gern einstellen mit Abei-erlaubnis oder so. Merk ich auch. Also wenn ich mit deutscher Staatsbürger komme das is einfacher. Brauch nicht so viel Papier wie die Ausländer, deswegen." (Frau S, Z. 102-106)

Die mit eingebürgerte Ehefrau von Herrn Z hatte den Plan, einen Verlag zu gründen, Frau N wollte sich als Zahnärztin niederlassen. Zwei der Befragten wollten Lehrerin werden und schufen sich durch die Einbürgerung den Zugang zum Beamtenstatus:

„Und irgendwann stieß ich dann auf den Satz, dass man als Beamte...also dass die deutsche Staatsbürgerschaft ...oder dass man deutscher Staatsbürger ist, Voraussetzung ist für diesen Beruf. Da bin ich natürlich über diesen Satz gestolpert und ein bisschen auch zusammengezuckt." (Frau A, Z. 778-780)

Neben beruflichen Perspektiven wurden ebenfalls das **Wahlrecht** und die **Möglichkeit zur politischen Partizipation** als Einbürgerungsmotive genannt. Für Frau U zum Beispiel war das Recht, sich „auch aktiv eventuell am politischen Leben zu beteiligen" letztendlich das ausschlaggebende Argument für die Einbürgerung gewesen. Für andere Befragte war es zwar nicht das zentrale Einbürgerungsmotiv (zum Beispiel war es für Frau Q „auch ein Argument"), aber sie empfanden es als rechtlichen Vorteil. Frau C hatte sich „total darauf gefreut", dass sie wählen durfte und ihre „Meinung mit einbringen" konnte.

117

Frau H empfand es als positiv, nicht mehr prinzipiell aufgrund des Rechtsstatus vom Wählen ausgeschlossen zu sein, auch wenn sie „nicht so richtig politisch engagiert" ist, und Frau A hob den Unterschied zwischen Nicht-Wählen-Dürfen und Nicht-Wählen-Wollen hervor:

> „Also es ist halt ein Unterschied, ob man jetzt freiwillig passiv ist oder ob man es sein muss. Ich mein', ner, ob man jetzt nicht wählen darf oder ob man nicht wählen will. Wenn man nicht will ist jedem seine Sache. Aber wenn man es nicht darf, will man es vielleicht noch stärker oder empfindet man's als unangenehm und irgendwann kommt das Interesse und man sagt: Mensch, ich würde auch gerne irgendwie mich an der Politik beteiligen und du darfst nicht." (Frau A, Z. 758-763)

Verlässlichkeit der gesellschaftlichen Rahmenbedingungen in Deutschland

Eine Reihe der Befragten haben unter anderem die Verlässlichkeit der gesellschaftlichen Rahmenbedingung in Deutschland als eines ihrer Einbürgerungsmotive genannt. Sie haben beispielsweise erzählt, dass Deutschland es einem erlauben würde, „gut zu leben": Man könne eine Arbeit finden, die es einem ermöglicht, seinen Kindern eine gute Zukunft zu bieten – ein Argument, das vor allem von den beiden geschiedenen und allein erziehenden Müttern Frau H und Frau J hervorgehoben wurde. Auch Herr O betonte, dass das System in Deutschland einem Musiker einen sichereren Arbeitsplatz einräumen würde als dies in Polen der Fall gewesen sei.

Ein weiterer Aspekt bezieht sich auf die Stabilität der politischen, rechtlichen und sozialen Rahmenbedingungen in Deutschland. Befragte, die aus „problematischen" Herkunftsländern stammten, erzählten, dass die Stabilität der staatlichen Ordnung in Deutschland ihnen ein Gefühl von Sicherheit vermittele:

> „Na ja...da ist halt eine gewisse Ordnung da. Die ist da...also ob's jetzt im...im Kaufhaus ist oder bei den Behörden ist oder bei der Polizei ist...also...wo auch immer. Da ist man halt ein Mensch. (lacht) Und ist auch dem würdig. Verstehen Sie, was ich meine? Na ja ich mein' – schauen Sie, ich...ich lebe jetzt seit zwanzig Jahren da, seit zweiundachtzig, ne, da...das bin ich gekommen...Ein einziges Mal hat mich die Polizei angehalten...wollte mein Ausweis sehen, oder mein Führerschein. Ein einziges Mal! Und ich hab's genau an dem Tag nicht dabei gehabt..." (Herr P, 171-177)

Die deutsche Rechtsordnung, also Einhaltung der Gesetze, Achtung der Menschenrechte und das demokratische System wurden dabei ebenso genannt wie das Ausbleiben von Bestechung und Korruption. Teilweise hatten die Befragten diesbezüglich negative Erfahrungen im Herkunftsland gemacht, wie zum Beispiel Frau H aus Italien, die Schwierigkeiten bei der Aufnahme des Sohnes in einen katholischen Kindergarten hatte und bei einem Vorstellungsgespräch statt einer Prüfung ihrer Qualifikation nach dem Beruf des Vaters gefragt worden war. Herr P aus Jordanien kontrastierte mehrfach die chaotische Situation im Herkunftsland mit der deutschen Rechtsordnung:

„Also man muss die Dinge erledigen, man muss seine Steuern meinetwegen erledigen, man muss äh... (lacht)... also das ist so eine gewisse Ordnung da, ja? Und ... und... die man halt nachgehen muss, ner? Und das so eigentlich ... eigentlich genau das Gegenteil von dem, was ich in Jordanien erlebt hab, ner? (...) Verstehen Sie, das ist, wenn ich ... ins Rathaus gehe und ... und in, ich brauche Geburtsurkunde, dann weiß ich, ich hab Recht drauf. Da kann mit keiner irgendwo was dareinreden. Ner? Und das ist klar schriftlich festgelegt. Ja, wissen Sie, das ist diese Gewissheit, ner?" (Herr P, Z. 157-163)

„Und gleichzeitig is äh, also hier, was man äh, was einem zusteht, bekommt man auch. Was zu eine zu zahlen hat, muss auch zahlen, aber was eine zusteht, bekommt er auch. Also des is äh diese Korrektheit, is etwas, was ich sehr bewundere zum Beispiel. Also da braucht man nicht so sehr zu kämpfen, um die eigene Rechte äh gelten zu lassen." (Frau H, Z. 366-369)

Zwei Befragte stellten auch heraus, dass sie durch die Einbürgerung eine gewisse Sicherheit angestrebt haben, die in Notfällen durch die Leistungen der sozialen Sicherungssysteme gewährleistet wird. Das Gefühl, in einer schwierigen Lebenslage vom „sozialen Netz" aufgefangen zu werden und das Recht auf Sozialleistungen, wie zum Beispiel das Landeserziehungsgeld, wurden genannt. Es wurde andererseits aber auch mehrfach von zahlreichen Befragten nicht ohne Stolz betont, dass sie bisher auf derartige Hilfeleistungen wie Arbeitslosengeld oder Sozialhilfe noch nie angewiesen waren (was allerdings auch eine der Voraussetzungen ist, um überhaupt eingebürgert zu werden).

Herkunftslandbezogene Motive

Von einer Reihe von Befragten wurden herkunftslandbezogene Motive als bedeutsam für die Einbürgerungsentscheidung genannt. Die meisten dieser Motive beinhalten ein distanzierendes bzw. vermeidendes Element: Die Einbürgerung wurde hier bis auf einen Fall als ein Mittel gesehen, um sich vom Herkunftsland zu lösen und belastenden Verpflichtungen zu entgehen. Damit vermischen sich in dieser Kategorie emotionale (zugehörigkeitsbezogene) und instrumentelle Momente. Zu letzteren gehören vor allem die Vermeidung des Wehrdienstes im Herkunftsland sowie Unsicherheiten beim Reisen mit dem alten Pass. Dieses Gefühl der Unsicherheit reichte von genereller Verunsicherung bei Aufenthalten im Ausland („meine Land kann mich nicht beschützen", Herr F) bis hin zu Angst bei den Grenzkontrollen:

„... also jedes Mal, wie wir nach Rumänien gefahren sind, es war diesen Stress. Immer gezittert, immer ... (...) Ja, bei jeder Grenze hab ich wirklich gezittert." (Frau N, Z.425)

„Und ich hab dann wiederum andersrum an meinem Geburtsland festgestellt, dass ich mehr schikaniert werd mit diesem türkischen Pass." (Herr X, Z. 139)

Von vier männlichen Befragten (drei aus der Türkei und einer aus der Ukraine) wurde die Einbürgerung unter anderem als Strategie eingesetzt, den Wehrdienst im Herkunftsland zu vermeiden. Dies wurde zum einen mit der Dauer der Wehrpflicht oder mit den anfallenden Kosten für die Freistellung begründet („... die müssen jetzt so fünfzehntausend Mark zahlen, damit sie nur ein Monat machen ... dürfen sich freikaufen sozusagen, nä?", Herr T), in einem anderen Fall mit moralischen Prinzipien („... also ich bin kein Nationalist (...),... ich wollt nicht hin, weil ich einfach dieses ... ja, diese Militär verabscheue einfach. Ich sach... das is auch diese pazifistische Überzeugung von mir...", Herr X). Herr und Frau F nutzten die Familieneinbürgerung, um ihren Söhnen den Wehrdienst in der Ukraine zu ersparen:

> „Aber ungefähr zwei Jahre äh... mit dem Militär zu sein... und äh das ist so Sta– Zustand heute in Ukraine ganz schlimm und äh dabei äh... Das ist schmutzige zwei Jahre. Das ist sehr, sehr schwer." Frau F: Ja, und meistens alle Jungen danach sind krank nach diese zwei Jahre. Herr F: Die können Militär viel äh [spricht Russisch]... Erniedrigung, ja. Und manche Leute können nicht so halten dann die Selbstmord, wir haben viel zu viel." (Herr und Frau F, Z. 335-341)

In einem Einzelfall, bei Frau H aus Italien, wurden noch zwei weitere „distanzierende" herkunftslandbezogene Motive erwähnt: Zum einen wollte sie sich belastenden Verpflichtungen in Italien entziehen, zum anderen rechtliche Probleme nach ihrer Scheidung in Deutschland umgehen. Frau Y aus der Türkei schließlich ist der einzige Fall mit einem „positiven" herkunftslandbezogenen Motiv: Sie wollte sich durch die Einbürgerung die Möglichkeit eröffnen, mit einem Hauptwohnsitz in Deutschland im Alter längere Aufenthalte in der Türkei zu verbringen.

5.1.2 Familienbezogene Motive

Einige Befragte nannten in ihren Erzählungen Einbürgerungsmotive, die im Zusammenhang mit ihrer Familie standen. Die Zukunft der Kinder rangierte innerhalb dieser Motivgruppe an erster Stelle: Die Personen erzählten ausführlich darüber, dass die sprachliche, soziale und schulische Sozialisation ihrer Kinder in Deutschland stattfindet und sie deshalb auch deren Zukunft in Deutschland sehen. So schilderte Herr F aus der Ukraine, dass die Ausbildung und Perspektiven seiner Söhne für ihn ein wichtiger Aspekt in der Entscheidung für die Einbürgerung waren („Weil es wirklich wichtig nicht nur für uns, sondern für unsere Kinder auch, das ist sehr, sehr wichtig...") und auch Frau G aus dem Libanon hatte den Einbürgerungsantrag für die Familie unter anderem ihren Kindern zuliebe gestellt. Herr Z aus dem Iran wollte eine „Erleichterung" für seine Kinder durch die Einbürgerung, Frau Q aus Polen betonte vor allem den Integrationsaspekt:

„Und, natürlich, der andere sehr sehr gewichtige Grund waren die Kinder, die hier geboren sind, hier auch aufgewachsen sind. Damals, damals schon, also gleich in, in Kindergarten, in die Schule gegangen sind, (Durchatmen), ja, das hat die Konsequenz, dass sie sich mit (betont:) dieser Gesellschaft hier, von Anfang an identifiziert haben, ..., und, (langsamer:) das wollten wir den Kindern auch nicht nehmen, das wollten wir auch so behalten." (Frau Q, Z. 48-53)

Im Falle des Herrn F und der Frau G hatten die Kinder sogar die Eltern gedrängt, den Einbürgerungsantrag für die Familie zu stellen[67] („Ja... meine Kinder, ja, meine Kinder, die hatten, die waren sehr (betont) froh, ja, die hatten auch ... das sogar von uns verlangt", Frau G). Bei drei Befragten stellte die Tatsache, dass Familienmitglieder (Ehepartner und Kinder) Deutsche sind, eines der Einbürgerungsmotive der Befragten dar. So hat Frau N die deutsche Staatsangehörigkeit „wegen der Heirat" beantragt und Herr E sowie Herr P stellten heraus, dass sie den Schritt zur Einbürgerung gegangen seien, um Einheitlichkeit in der Familie herzustellen:

„Ich leb da, und äh, ich, äh, meine Familie ist da, und meine... also ich bin nicht einzige, also mein Sohn ist deutsch, meine Frau ist Deutsche, dann kann ich auch annehmen, sogar (betont) gern!" (Herr E, Z. 315)

„Wissen Sie,... also ich wollte nicht ewig mit einem jordanischen Pass mit einer deutschen Frau verheiratet, mit ... ein deutschen Kind zu haben, in Deutschland zu leben und ... und alles ist deutsch ... aber ich bin noch Jordanier irgendwie." (Herr P, Z. 259-262)

5.1.3 Zugehörigkeitsbezogene Motive

Es wurden von den Befragten in den Interviews Motive genannt, die einen Bezug zu Fragen der Zugehörigkeit und Identifikation aufweisen. Dabei war innerhalb dieser Subkategorie der Code „Lebensmittelpunkt ist in Deutschland" das für die Befragten relevanteste Motiv. Einige Interviewpartner wurden in Deutschland geboren und sind hier aufgewachsen, sie sind teilweise mit deutschen Ehepartnern verheiratet, sie sehen ihre Zukunft hier, sie fühlen, dass sie dazugehören und ihre Kinder in Deutschland integriert sind. Damit verbunden ist häufig eine Distanzierung vom Herkunftsland, das als Lebensort nicht mehr in Frage kommt:

„... aber ich denk ich hab mir auch ... äh mich mit der Türkei weniger identifizieren können als m-mit Deutschland und ich weiß, dass es mein äh ... Lebensmittelpunkt einfach hier in Deutschland sich dreht und ich will auch nie zurück oder ich will auch nie hin – was heißt zurück? Ich bin ja hier geboren." (Frau C, Z. 607-610)

---

[67] Dieser Aspekt spielte auch im Entscheidungsprozess eine wichtige Rolle (siehe Kapitel 5.2).

„Was soll ich unten machen? Ich hab bloß Grab von meine Mutter oder von meine Großeltern... Ich hab keine Kinder mehr, als dieser ein Sohn. Und da ist jetzt er mit seiner Familie, da ist die Schwiegertochter und die zwei Enkelkinder. (...) Wenn bei uns gibt's auch nich so ... viele Altersheime oder was, und dann hat man (betont) niemanden, wer wird sich dich kümmern." (Frau W, Z. 348-354)[68]

„Aber ich hab' eigentlich festgestellt, dass ich ... äh für das praktische Leben äh nicht mehr allzu viel tauge in Tschechien." (Frau U, Z. 180)

Von einigen Befragten wurde erzählt, dass die Einbürgerung für sie eine Art logischer Schritt in ihrer Biografie war, der sich mehr oder weniger selbstverständlich ergab. Ein Blick auf die Personen zeigt, dass sich hinter diesem Code zum einen Migranten der zweiten Generation verbergen (Frau A, Frau D, Herr T, Herr V), zum anderen aber auch Personen der ersten Migrantengeneration aus unterschiedlichen Herkunftsländern (Herr B aus Tunesien, Herr E aus der Türkei, Herr F aus der Ukraine und Frau H aus Italien). Sie berichteten von der Einbürgerung als eine logische Folge ihres identifikativen, sozialen und kulturellen Integrationsprozesses, da sie sich in Deutschland wohl fühlen (Herr B: „... weil ich hab gemerkt, dass ich hier passe"), ihre sozialen Verkehrskreise vorwiegend deutsch sind und sie kulturell integriert sind:

„Hab ich immer gesagt, okay, ich denk, ich (betont:) denk deutsche, ich leb in Deutschland, ich leb vielleicht wie deutsche, ich ess' auch mei Klöß' Sonntag, nä, mei Schweinebraten, und alle, bin ich alles, sogar für ... ham sie mich Spaß, äh, Spaß gemacht, ja, ich krieg a bayerische Leder-Lederhose, nä? So'n... hab ich g'sagt: Kann ich jodeln, nä? Aber fehlt noch Pass." (Herr E, Z. 453-457)

„Des äh, die Assimilation is äh, is gescheh'n und äh, ich, also für mich, (...) wenn ich träume, träum ich in deutschen..." (Frau H, Z. 55)

Die Einbürgerung resultierte teilweise als naheliegende, fast schon selbstverständliche Konsequenz aus dem subjektiven Zugehörigkeitsempfinden und wurde deshalb auch nicht als großer biografischer Einschnitt empfunden:

„Aber da es mir nicht so wichtig war, ... mehr fast so wie 'ne Selbstverständlichkeit war des. (...) Ich geh hin, nehm die deutsche Staatsbürgerschaft an und dann hab ich halt 'n deutschen Pass. Und des war's dann, also ich hab da nie was Großes darin gesehen" (Frau D, Z. 379-382)

---

[68] Diese Textstelle zeigt eine altersspezifische Variante der Gründe, warum eine Rückkehr ins Herkunftsland nicht angestrebt wird. Während bei jüngeren Befragten häufiger der Entfremdungsaspekt hervorgehoben wird oder Missstände im Herkunftsland wahrgenommen werden, geht es hier darum, dass dort keine Bezugspersonen mehr vorhanden sind. Damit zusammenhängend wird befürchtet, im Alter nicht mehr versorgt zu werden.

Einzelne (Frau A, Herr B, Frau C) äußerten den Wunsch, irgendwo dazuzu-
gehören, oder es wurde das Bedürfnis ausgedrückt, das subjektive Empfinden
der Zugehörigkeit zu Deutschland mit dem Rechtsstatus in Einklang zu bringen
und auch auf dem Papier Deutsche(r) zu werden. Frau A hatte sich vor der
Einbürgerung mehrfach die Frage gestellt: „Wohin gehöre ich eigentlich?" Sie
entdeckte in sich den Widerspruch, laut Rechtsstatus Ausländer zu sein, aber
sie fühlte sich „nicht als Ausländer oder hat sich nie als Ausländer gefühlt."
Dieses Spannungsverhältnis wollte sie durch die Einbürgerung auflösen:

> „Und dann denkt man ... ich selber hab mich entschieden, ich (betont) gehör' hier nach
> Deutschland, weil ich mich als Deutsche fühle, weil ich mich auch so benehme und verhalte
> und deswegen hab' ich mir gedacht: Ja, diesen äußeren bürokratischen Kram oder so was, den
> regle ich auch und dann habe ich diesen deutschen Pass und dann ... (Pause)... vielleicht ist
> man dann was anderes." (Frau A, Z. 200-204)

Dieses Spannungsverhältnis zwischen Rechtsstatus als Ausländer einerseits
und Zugehörigkeitsgefühl zu Deutschland andererseits wurde bei den Befragten
teilweise noch dadurch verstärkt, dass Referenzgruppen ihnen das Gefühl
vermittelten, sie seien „anders" geworden. Dies war vor allem bei Besuchen im
Herkunftsland der Fall. So wurde mehrfach von der Situation berichtet, man
würde beim Einkaufen bei Urlauben im Herkunftsort sofort als nicht Einhei-
mischer identifiziert:

> „Wenn ich in den Supermarkt gegangen bin und sagte: ‚Ja, ich möchte ein Brot', dann schaute
> mich die Verkäuferin an und meinte: ‚Ja, Sie sind nicht von hier.' An der Haltung, an der
> Betonung der Sprache – vielleicht weil's kein Dialekt ist – an der ganzen... Ja... Körpersprache
> vielleicht oder so, des merken die Leute: ‚Nee, die ist nicht so wie wir.'" (Frau A, Z. 187-191)

Herr B berichtete davon, dass ihn Taxifahrer in seinem Herkunftsland Tunesien dort mittlerweile als Fremden erachteten, was sich darin niederschlug, dass
sie absichtlich lange Wege fuhren, da sie davon ausgingen, er kenne sich nicht
aus. Die Bewusstwerdung des „Ausländerseins", die unter anderem der Anlass
für die Einbürgerung war, fand also einerseits innerlich statt, andererseits wurde
sie verstärkt durch externe Rückmeldung.

5.1.4 Fazit

Bei fast allen Interviewpartnern gab es eine Mehrzahl von Motiven mit
unterschiedlichem Charakter, wobei sich aber die Kategorie, die wir als „instrumentelle Motive" zusammengefasst haben, als die für die Befragten relevanteste
erwiesen hat. Die Motive in diesen Subkategorien wurden entweder einzeln am
häufigsten genannt oder stellen mindestens eines von mehreren Motiven einer
Person dar (allerdings nicht notwendigerweise das wichtigste). „Instrumentell"
bedeutet, dass pragmatische Aspekte bei der Entscheidung für die Antragstellung im Vordergrund stehen: Man will sich das Leben erleichtern und

bestimmte, immer wieder auftretende Probleme im Herkunfts- wie im Aufnahmeland umgehen. Die Motivgruppen „Familie" und „Zugehörigkeit" spielten in der Gesamtschau eine untergeordnete Rolle im Vergleich zu instrumentellen Motiven. Sie können aber im Einzelfall durchaus unter allen Motiven einer Person dominieren.

Wir verstehen, wie im Theorierahmen dargestellt, die Entscheidung für die Einbürgerung als soziales Handeln, das der subjektiven Sinngebung durch den Akteur unterliegt. Der Akteur sieht sich objektiven Kontextbedingungen gegenüber, bestimmten Alternativen des Handelns, vor deren Hintergrund eine subjektive Definition der Situation erfolgt. Die Ergebnisse zeigen, dass der Kontext der Einbürgerungsentscheidung und die subjektiv wahrgenommenen Folgen dieses Schritts sehr stark individuellen Erwartungen und Bewertungen unterliegen, dass diese aber dennoch sich in mehrheitlich relevante Schwerpunkte zusammenfassen lassen. Betrachtet man diese Ergebnisse auf der Schablone der Integrationstheorie, lassen sich die entdeckten Einbürgerungsmotive vornehmlich der strukturellen Integration bzw. Plazierung zuordnen, wobei jedoch Fragen der sozialen sowie identifikativen Integration nicht unwesentlich berührt werden.

Die hohe Relevanz der Erlangung von Rechten, Positionen und Opportunitäten in der Einbürgerungsentscheidung, in Verbindung mit sozialen und identifikatorischen Aspekten ist auch von anderen wissenschaftlichen Studien belegt worden. In der 1995 im Auftrag des Bundesministeriums für Arbeit und Sozialordnung durchgeführten repräsentativen Befragung ausländischer Arbeitnehmer und ihrer Familienangehörigen (Mehrländer/Ascheberg/Ueltzhöffer 1996), die an die Untersuchungen von 1980 und 1985 anschloss, wurden Menschen türkischer, ehemals jugoslawischer, italienischer sowie griechischer Nationalität nach ihrer Absicht zur Annahme der deutschen Staatsangehörigkeit und die Einbürgerungswilligen bzw. Einbürgerungsunwilligen nach ihren jeweiligen Motiven befragt. So wurde gefunden, dass als wichtige Einbürgerungsanreize neben rechtlicher Gleichstellung, gesichertem Aufenthaltsrecht, der Ausübung politischer Rechte und Reisefreiheit innerhalb der EU das Gefühl des „Verwurzeltseins" in Deutschland und die geringen Bindungen an das „Heimatland" genannt wurden. Die Ergebnisse des dieser Arbeit zugrunde liegenden Forschungsprojektes stützen diesen Befund und differenzieren ihn weiter aus.

Das wichtige Motiv der Gleichstellung, das immer wieder neben anderen Einbürgerungsanlässen genannt wird, lässt sich auch bei Riegler (2000, 188ff) wiederfinden. Die Autorin stieß in ihrer Untersuchung auf Argumente wie den Anspruch auf staatliche Leistungen oder Reisefreiheit, die die Migranten als Einbürgerungsmotiv nannten. Verknüpft waren diese ebenfalls mit herkunftslandbezogenen Motiven, die, wie auch oben aufgezeigt, eher distanzierend zum Herkunftsland wirkten und eine einbürgerungsfördernde Rolle spielten: Verschlechterten sich politische und ökonomische Bedingungen im Herkunftsland oder verbesserte sich die Gesetzeslage zugunsten doppelter Staatsangehörigkeit, förderte dies die Einbürgerungsabsicht. Als weiteres Argument wurde die Unsicherheit über die gesetzlichen Rahmenbedingungen genannt, also zum Beispiel Angst vor einer restriktiveren Ausländergesetzgebung. Dieser Aspekt wurde in der hier zugrunde liegenden Untersuchung im Zusammenhang mit dem Verwaltungsverfahren thematisiert und dort entsprechend ausgeführt (Kapitel 5.3).

Vereinzelt wurde der Wunsch genannt, Kongruenz zwischen dem subjektiven Empfinden der Zugehörigkeit zu Deutschland und dem Rechtsstatus herzustellen. Dieser Aspekt wurde auch als Ergebnis von anderen Sozialforschern berichtet. So ist Diehl (2002, 292) ebenfalls auf das Phänomen gestoßen, dass gerade für Personen, denen der Aufstieg in die Statussysteme des Aufnahmelandes gelungen ist, die Zugang zu dessen Beziehungssystemen gefunden haben und sich auch subjektiv als „Deutsche" empfinden, „die Einbürgerung eine Möglichkeit darstellt, ihren individuell erreichten Status in der deutschen Gesellschaft auch rechtlich Ausdruck zu verleihen – selbst dann, wenn damit wenige faktische Vorteile verbunden sind."

5.2 Entscheidungsprozess für die Einbürgerung

Die Erzählungen der Interviewpartner über den Entscheidungsprozess für die Einbürgerung, also den Zeitraum zwischen dem ersten Gedanken an einen Wechsel der Staatsangehörigkeit und der tatsächlichen Antragstellung, beinhalten zwei Hauptaspekte. Zum einen ist dies die **Länge** dieses Zeitraums, und zum anderen die **Einflussfaktoren**, die eine Rolle gespielt haben. Anhand des Datenmaterials lassen sich vier solcher Einflussfaktoren identifizieren: der Gedanke an den Verlust der bisherigen Staatsangehörigkeit, die Reaktionen des sozialen Umfeldes auf die Einbürgerungsabsicht, das Vorhandensein von Ängsten und die Inanspruchnahme von Beratung durch Institutionen und/oder Privatpersonen.

Tabelle 4: Die Codefamilie Entscheidungsprozess für die Einbürgerung

Codefamilie	Subkategorien	Codes
ENT **Entscheidungsprozess für die Einbürgerung**	**ENT1** Zeitlicher Verlauf der Entscheidungsfindung	**ENT1a** kurzer Entscheidungsprozess: Entscheidung wird zu einem unbestimmten Zeitpunkt getroffen und ist nicht nachhaltig in Erinnerung
		ENT1b kurzer Entscheidungsprozess: mehrere Gründe haben sich angesammelt (kumulativ)
		ENT1c kurzer Entscheidungsprozess: bestimmtes Ereignis oder Situation gibt den Ausschlag (situativ)
		ENT1d kurzer Entscheidungsprozess: Antrag wird sofort gestellt, sobald gemäß Einbürgerungsvoraussetzungen möglich
		ENT1e langer Entscheidungsprozess: keine leichte Entscheidung, emotionale Abwägungsprozesse
		ENT1f langer Entscheidungsprozess: Verzögerung aus strategisch-taktischen Gründen
		ENT1g langer Entscheidungsprozess: wegen formaler Anforderungen oder Widerstand in der Familie
	ENT2 Einflussfaktoren im Prozess der Entscheidungsfindung: Verlust der bisherigen Staatsangehörigkeit	**ENT2a** Wunsch nach Möglichkeit der doppelten Staatsangehörigkeit wird geäußert
		ENT2b Erforderliche Aufgabe der alten Staatsangehörigkeit verursacht (Gewissens)Konflikt
		ENT2c Die Aufgabe des alten Passes wird nicht als Verlust empfunden
		ENT2d Man ist froh, den alten Pass loszuwerden
	ENT3 Einflussfaktoren im Prozess der Entscheidungsfindung: Einstellung der Herkunftsfamilie bzw. - gruppe und des Freundes- und Bekanntenkreises zur Einbürgerung / Einstellung der Herkunftsfamilie zur Aufnahmegesellschaft	**ENT3a** verzögerndes Moment: Herkunftsfamilie/Freunde verstärken die eigenen Zweifel, ob Entscheidung für Einbürgerung richtig
		ENT3b verzögerndes Moment: Konflikt zwischen der ersten und der zweiten Generation
		ENT3c neutral: Herkunftsfamilie / Freunde / andere Referenzgruppen haben keinen großen Einfluss auf die Entscheidung
		ENT3d neutral: Thematisierung in der ethnischen Gemeinde, aber kein Einfluss
		ENT3e beschleunigendes Moment: indirekte Beeinflussung durch positive Einstellung der Herkunftsfamilie zu Deutschland
		ENT3f beschleunigendes Moment: Herkunftsfamilie / Freunde ermuntern zur Einbürgerung, Vorbildfunktion
		ENT3g beschleunigendes Moment: Die Kinder / Ehepartner drängen die Eltern zur Einbürgerung
		ENT3h beschleunigendes Moment: Einzelne Familienmitglieder leisten Überzeugungsarbeit und/oder nehmen Antragsverfahren für die Familie in die Hand

Codefamilie	Subkategorien	Codes
	ENT4 Einflussfaktoren im Prozess der Entscheidungsfindung: Angst, die Einbürgerungskriterien nicht zu erfüllen	**ENT4a** Bedenken, dass Deutschkenntnisse ungenügend / Angst vor Sprachtest **ENT4b** Unkenntnis der formales Anforderungen und des bürokratischen Verfahrens
	ENT5 Einflussfaktoren im Prozess der Entscheidungsfindung: Inanspruchnahme von Beratung	**ENT5a** keine Beratung durch Sozialberatungsstellen **ENT5b** Beratung durch Arbeitskollegen **ENT5c** Beratung durch eingebürgerte Familienmitglieder **ENT5d** Beratung durch Ausländerbeirat

5.2.1 Zeitlicher Verlauf der Entscheidungsfindung

Bei der Analyse der Interviewtranskripte wurde erkennbar, dass bei den Befragten sehr unterschiedlich lange Zeitphasen zwischen dem ersten Gedanken an Einbürgerung und der Antragstellung vergangen waren. Es lassen sich die „Zögernden" mit langem Entscheidungsprozess auf der einen Seite, und die „Entschlossenen" auf der anderen Seite unterscheiden. Während sich die Zögernden aus verschiedenen Gründen sehr viel Zeit für ihre Entscheidung nahmen, haben die Entschlossenen den Gedanken an Einbürgerung relativ rasch in eine Antragstellung umgesetzt.

Die Gruppe der Zögernden lässt sich wiederum unterteilen in emotional abwägende Personen und Ängstliche, die in ihrer Entscheidung auf Widerstand getroffen sind. Die **emotional Abwägenden** sind Personen, die aus verschiedenen Gründen längere Zeit gebraucht haben, um die Einbürgerung mit sich selbst auszumachen („das ging jetzt nicht von heute auf morgen", Frau A). Für einige war es ein Problem, die alte Staatsangehörigkeit aufzugeben, andere befürchteten negative Reaktionen der Familie im Herkunftsland. Andere wiederum schoben die Antragstellung vor sich her, weil ihnen die Anforderungen im Verwaltungsverfahren nicht klar waren. Im letztgenannten Fall drückte sich die Unsicherheit im Entscheidungsprozess dadurch sichtbar aus, dass die Befragte mehrfach vor dem entscheidenden Schritt kehrtmachte:

> „… da bin ich ein paar Mal da ins Rathaus … (…) und da bin ich immer wieder weg. (…) Ich bin wirklich ein paar Mal, kann jetzt nicht sagen, wie oft, aber bestimmt zwei oder drei Mal, äh, wo ich am Ende weggegangen bin. Äh äh ich weiß, da war der Wunsch, aber auch die Angst …, den Schritt zu machen." (Frau H, Z. 373-383 mit Auslassungen)

Bei den **Ängstlichen und auf Widerstand treffenden** handelt es sich um Befragte, die ganz konkrete Angst vor dem Sprachtest hatten (siehe Kapitel 5.3.3), oder die innerhalb ihrer Familie auf Widerstand gegen die Einbürgerung getroffen sind. Dieser Widerstand ging in allen drei Fällen von den Ehemännern bzw. vom Vater der Befragten aus, das heißt die Ehefrauen bzw. die Tochter wirkten als treibende Kraft innerhalb der Familie.

127

„Für meinen Mann war die Sache ziemlich schwierig, damals. Er wollte damit, (schnell, erklä-rend) e- es ist nicht so, dass er nicht, damit nichts zu tun haben wollte, aber es war ihm einfach zu viel … Des is ein ziemlicher Papierkram, den man erledigen muss, (Luftholen), und aufgrund seiner Tätigkeit hat er keine Zeit, sich um diese Sachen zu kümmern, und es ist auch, auch nicht … nicht sein Ding, kann ich das so sagen. …(…) Und ich hab gesagt, ich nehm das in meine Hände, ich, ich mach das einfach. Wir versuchen's." (Frau Q, Z. 224-233)

Bei den Befragten mit vormals polnischer Staatsangehörigkeit stieß die Entscheidung zur Einbürgerung auf eine sehr kritische Haltung bei Familie und Freunden in und aus dem Herkunftsland. Als Hintergrund wurde hier jeweils auf die historischen Belastungen des deutsch-polnischen Verhältnisses ver-wiesen:

„Aber, … das war bitter … zu wissen, dass es sehr viele Leute aus unserer Familie und aus'm Freundeskreis in Polen das nicht gutheißen. (…) Zum Beispiel ging ich zu meinen, zu einem Freund von mir, zu Besuch, damals (…) Monate vor der Einbürgerung, ich war noch nicht schwanger, aber da stand schon fest, dass wir das machen. Und seine erste Worte waren: ,Du wirst aber nicht Deutscher werden, oder? Hast doch nicht vor?' … Also in so einem …Ton, wo alles klar war, was er meint. Ich sagte: „Das geht Dich nichts an!" (lacht), und wir haben das Thema gewechselt … zum Beispiel. Oder, so ein ganz kurzer schüchterner Satz seitens meiner Mutter: ,Oh Gott, ich als Kind habe … gelernt, dass (betont) die Deutschen (betont) die Feinde sind, dass man sich vor Ihnen verstecken soll, dass man sich vor den, vor denen fürchten soll, und jetzt wird meine Tochter Deutsche.'" (Frau Q, Z. 375-387 mit Auslassungen)

Neben Personen, die sehr lange emotional abwogen oder Personen, die auf Widerstand in ihrem sozialen Umfeld trafen, gab es unter den Personen mit langem Entscheidungsprozess noch einen Einzelfall (Herr M), bei dem sowohl emotionale Gründe (Zugehörigkeitskonflikt) als auch taktische Erwägungen (Vermeiden des Wehrdienstes in Deutschland und Portugal) eine Verzögerung der Antragstellung bewirkten.

Herr M ist als Sohn einer „klassischen" portugiesischen Gastarbeiterfamilie zugewandert. Er ist mit einer portugiesischen Frau verheiratet und hat zwei erwachsene Kinder. Für ihn stand schon lange fest, dass er keinerlei Rückkehrabsicht nach Portugal hat und dass sich sein Leben in Deutschland abspielen wird. Er hatte sich in den 70er Jahren vom portugiesischen Wehrdienst freigekauft und die deutsche Staatsangehörigkeit damals noch nicht beantragt, da er den deutschen Wehrdienst vermeiden wollte. Anfang der 80er Jahre, zum Zeitpunkt seiner Heirat, hatte sich dieses Einbürgerungshemmnis aufgrund seines Alters erledigt und er entschied deshalb, sich einbürgern zu lassen. Sein Einbürgerungsverfahren war sehr langwierig und zog sich über drei Jahre hin. Während diesen Zeitraums kamen ihm hin und wieder Zweifel, ob seine Entscheidung richtig war oder ob er „Verrat" am Herkunftsland begehen würde.

Insgesamt lässt sich festhalten, dass die Einflussfaktoren bei einem längerem Entscheidungsprozess ganz unterschiedliche sein können. Hinter der verzöger-ten Antragstellung können Bedenken stehen, die alte Staatsangehörigkeit zu verlieren, was vor allem auf eher ältere Migranten zutrifft. Umgekehrt kann man aber nicht sagen, dass alle, die ihren alten Pass gern behalten hätten, des-wegen einen langen Entscheidungsprozess haben. Ein anderer und offenbar in jedem Fall verzögernder Einfluss sind Ängste, formale Anforderungen im Einbürgerungsverfahren nicht zu erfüllen.

Die „Entschlossenen" mit kurzem Entscheidungsprozess lassen sich in vier Untergruppierungen teilen, die sich auf der Personenebene teilweise überschneiden. Die Pragmatiker haben die Entscheidung zur Einbürgerung ohne große Überlegungen zu einem unbestimmten Zeitpunkt getroffen, der ihnen nicht nachhaltig in Erinnerung ist:

> „Früher hab ich kein Interesse gehabt… für deutsche äh Einbürgerung und später hab ich mich überlegt, also wieso nicht, ner. Weil ich kehre sowieso nicht nach Türkei, ich lebe ja hier, meine Kinder sind auch hier geboren, naja …" (Frau J, Z. 120-122)

Eine weitere Gruppe von Befragten gleicht den Pragmatikern darin, dass der Entscheidungsprozess nicht nachhaltig in Erinnerung und deshalb offenbar unspektakulär war. Zusätzlich hoben diese Interviewpartner hervor, dass sich im Laufe des Aufenthalts in Deutschland mehrere Gründe angesammelt hatten, die in der Summe schließlich zum Einbürgerungsantrag führten, also quasi ein kumulatives Modell.

Das Gegenstück zum kumulativen ist das situative Modell: Diese Eingebürgerten haben ihre Entscheidung kurzfristig aufgrund einer bestimmten Situation oder eines bestimmten Ereignisses getroffen. In zwei Fällen handelte es sich dabei um negative Erlebnisse, nämlich dass ein Familienmitglied im Herkunftsland Türkei zum Wehrdienst eingezogen wurde und nicht mehr zurückkehren konnte, oder dass das Arbeitsamt wiederholt die Erteilung einer Arbeitserlaubnis verweigerte. Im letzteren Fall stellte der Familienvater daraufhin kurz entschlossen einen Einbürgerungsantrag für sich und die Kinder:

> „Und dann spät hat sie [die Schwester der Befragten] erst den Arbeitserlaubnis bekommen. Und dann hat mein Vater … jetzt hab ich zwei Probleme und ich hab noch drei Kinder bei denen will ich des selbe Problem nicht, deswegen geh ich jetzt lass ich mich einbürgern und des hat er auch gemacht." (Frau L, Z. 519-522)

Bei einer dritten Interviewpartnerin wirkte die Einbürgerung des Sohnes als Anlass, selbst über diesen Schritt nachzudenken und sich rasch zu entscheiden[69].

Schließlich gibt es die Gruppe der ganz Eiligen, die den Einbürgerungsantrag sofort stellten, sobald dies gemäß der formalen Voraussetzungen möglich war (teilweise schon vor Ablauf der notwendigen Aufenthaltsfrist). Dabei handelt

---

[69] Auch bei Schmidt Hornstein findet sich so ein situatives Modell. Eine ihrer Befragten hatte über ein „Erlebnis" bei einem Besuch in ihrem türkischen Herkunftsort berichtet, bei dem sie Angst bekam, dem türkischen Staat und seinen politischen Beschlüssen „hilflos ausgeliefert" zu sein. Sie hatte deshalb unmittelbar nach ihrer Rückkehr nach Deutschland die Einbürgerung beantragt (Schmidt Hornstein 1995, 50).

es sich meist um Personen aus unsicheren (Jordanien) oder (ehemals) sozialistischen Herkunftsländern, für die klar war, dass eine Rückkehr nicht in Frage kommt und die die Einbürgerung deshalb als aktiven Schritt in die neue Gesellschaft hinein verstanden. Dieses herkunftslandbezogene Phänomen wurde auch in anderen Untersuchungen entdeckt. So zeigte Riegler (2000, S.191), dass sich verschlechternde politische oder ökonomische Bedingungen im Herkunftsland „Rückkehrillusionen endgültig zunichte machen" und deshalb eine „einbürgerungsfördende Rolle" spielen können.

In den Beschreibungen der „Zögerer" und der „Entschlossenen" wurde an einigen Stellen schon auf potentielle Einflussfaktoren im Entscheidungsprozess eingegangen. Sie sollen im Folgenden noch einmal systematisch dargestellt werden.

5.2.2 Einflussfaktoren im Prozess der Entscheidungsfindung

Als ein Element im Entscheidungsprozess ist von einigen Interviewpartnern der **Verlust der bisherigen Staatsangehörigkeit** thematisiert worden[70]. Die Bewertung dieses Tatbestandes kann die Entscheidung für die Einbürgerung maßgeblich beeinflussen. Unter diesen Personen betonen einige explizit, dass die Aufgabe der vorherigen Staatsangehörigkeit für sie kein Problem war. Dies konnte z.b. deswegen der Fall sein, weil der jeweilige Interviewpartner generell der Nationalität keine große Bedeutung zumaß:

> „…ja, äh, man denkt, ich leb (betont) hier, also, meine Frau is deutsch, meine Sohn is Deutsche, also für mich Nationalität is unwichtig. Ich war nie ein Mensch, ich könnt nie sagen, dass ich stolz bin, dass ein Türke bin (…) Zum Beispiel, ich leb denk ich ja, ich leb in Deutschland, wenn ich jetzt türkische Staatsangehörigkeit nicht hab, des stört mich wirklich nicht, weil ich bin jahrelang hier gelebt …" (Herr E, Z. 100-107)

Andere Befragten entkoppelten ihre Zugehörigkeitsgefühle generell vom Pass und sahen deshalb den Verlust nicht als dramatisch an:

> „…es war für mich jetzt nicht so, dass ich jetzt gedacht hab': Gott, ich verlier' 'n Stück Identität, also weil ich …war eh nicht für mich so 'ne große äh … also das Türkische war nicht so 'ne große Sache für mich. Und ähm … ja, weil ich mich eh als 'ne Identität zwischen diesen beiden Kulturen seh' und … also es hat mich nicht gestört in der Hinsicht." (Frau C, Z. 91-95)

Frau C unterstrich diesen Aspekt noch durch die Anmerkung, dass der Loyalitätsbegriff ihrer Meinung ohnehin nicht für ein Land oder für einen Staat anwendbar wäre, sondern nur in persönlichen Beziehungen, z.B. bei Arbeitgebern, Kollegen oder Freunden.

---

[70] Darunter befinden sich auch drei Interviewpartner, die ihren alten Pass letztlich behalten durften, aber den (hypothetischen) Verlust trotzdem im Interview angesprochen haben.

Eine weitere Gruppe der Befragten hatte zum Herkunftsland ohnehin ein negatives Verhältnis, sei es wegen politischer Verfolgung oder als Angehöriger einer Minderheit (Herr I aus Kuba, Herr K aus Äthiopien oder Herr P aus Jordanien), und empfand den Gedanken an die Aufgabe des alten Passes deshalb nicht als belastend. Vereinzelt war sogar freudige Erwartung anzutreffen, die vorherige Staatsangehörigkeit „loszuwerden", wie bei Frau N aus Rumänien. Sie hatte ihren rumänischen Pass stets als Angriffsfläche für Stigmatisierungen empfunden:

> „Also ... nachdem ich hergekommen bin, es ist immer schlimmer geworden. Die Leute als wären sie total verrückt gewesen und ... auch hier hat man immer so viel erzählt: Die Rumänen haben das gemacht, die Rumänen haben das gemacht ... und das und das. Und ... sehr viele Leute haben so gedacht: Na ja, wenn du aus Rumänien kommst, dann bist du genauso wie die anderen. Ne, hat man nicht nach dem Mensch beurteilt, sondern nach das, was die anderen gemacht haben. Und äh, das war ja ... endlich mal ka – kann keiner mehr sagen: na ja, die ist ... die kommt auch von dort, muss man vorsichtig sein ... mit ihr." (Frau N, Z. 262-282)

Es gab aber auch Befragte, die den Verlust der vorherigen Staatsangehörigkeit als **negativen Faktor in ihrer Entscheidungsfindung** beschrieben: Man hätte den alten Pass gern behalten bzw. doppelte Staatsangehörigkeit gehabt. Eine Befragte der zweiten Migrantengeneration bezog diesen Wunsch sowohl auf sich selbst als auch auf die Generation ihrer Eltern. Sie hat dann aber „natürlich die deutsche [Staatsbürgerschaft] lieber gewollt, weil ich mein ... ich mich damit doch am meisten identifizieren kann" (Frau C). Eine weitere Interviewpartnerin erzählte, dass sie sich sogar mit dem Wunsch nach Erhalt ihrer tschechischen Staatsangehörigkeit vor dem Antrag schriftlich an die deutschen Behörden gewandt hatte, allerdings erfolglos. Dass der Gedanke an die Aufgabe des alten Passes innere Konflikte verursachen kann, wird im folgenden Zitat des Herrn O deutlich:

> „Und Problem war nur, ich wollte sehr gerne polnische Staatsangehörigkeit behalten und das Problem war natürlich: Entweder, oder. Und da sich wieder zu entscheiden, richtig, äh-h- für die Menschen, die äh-h nicht richtig vielleicht wissen, will er nur Deutscher sein? Oder will er nur Polen, nur Pole sein? Das war zum Beispiel Pro, das is Problem für ... einige Menschen, ja? Für mich war das irgendwie auch ... innerer Konflikt. Ich wollte nicht äh ... (Durchatmen), ich wollte auf diese Weise ... mit Polen, also mit, mit dem Land, wo ich aufgewachsen bin, eben diese so genannte Patriotismus, ... nicht auf diese Weise äh mich trennen. (...) ... auf irgendeine Weise macht man, einen, einen Sch-Schnitt, ... äh, wo ... ja, man is kein Bürger, keine, kein Pole mehr, ..., au-, zumindest auf dem Papier nicht. Und äh, mit dieser Entscheidung hab ich auch ein bisschen gezögert." (Herr O, Z. 967-977).

Es lässt sich an dieser Stelle festhalten, dass der Gedanke an die Aufgabe des alten Passes im individuellen Fall durchaus eine Erschwernis der Entscheidung für die Einbürgerung darstellen kann. Obwohl die oben genannten Personen *trotz* dieser emotionalen Hürde den Schritt zur Einbürgerung vollzogen haben,

131

ist es durchaus vorstellbar, dass die Einbürgerung bei anderen an dieser Voraussetzung scheitert (vgl. dazu Kapitel 5.2.4).

Ein zweiter wichtiger Einfluss im Entscheidungsprozess ist die **Einstellung der Herkunftsfamilie bzw. -gruppe und des Freundes- und Bekanntenkreises** zur Einbürgerung: Wie standen Familie, Freunde, Arbeitskollegen zu dem Vorhaben, sich einbürgern zu lassen? Wie groß ist ihr Einfluss bei dieser Entscheidung generell?

Im Vorfeld der Untersuchung waren zu dieser Frage widersprüchliche Befunde aufgetaucht: Während in den Experteninterviews übereinstimmend die Aussage getroffen wurde, die Familien hätten einen starken Einfluss auf die Entscheidungsfindung, verneinten dies die Teilnehmer der Gruppendiskussion. Hier zeigte sich auf Nachfrage hin, dass die jeweiligen Familien bei der Entscheidung für eine Einbürgerung keine große Rolle gespielt haben; eine Frau betont explizit, dies sei „ihr eigenes Ding" gewesen, in das ihr niemand reinzureden hätte. Auch die von Schmidt Hornstein (1995) durchgeführte Untersuchung wies eher auf individualisierte Entscheidungsprozesse hin. Zwei Befragte hatten ihre Eltern nach der getroffenen Entscheidung vor vollendete Tatsachen gestellt und lediglich „in Kenntnis gesetzt" und betonten, diese Entscheidung allein mit sich selbst ausgemacht zu haben (Schmidt Hornstein 1995, 52 und 104).

In der vorliegenden Untersuchung allerdings war der geschilderte Einfluss des sozialen Umfeldes meist beschleunigend, das heißt, die Interviewpartner wurden in ihrer Einbürgerungsabsicht bestärkt. Darunter befinden sich Befragte, die von ihren Kindern oder ihren Eltern regelrecht gedrängt wurden:

> „Ich hab' versprochen – ihm versprochen... mein ... unsere äh älteste Sohn, dass wir machen ... wir versuchen alles tun und machen, dass wir äh Einbürgerung auch bekommen. Besonders für ... euch." (Herr F, Z. 331-333)

> „... also, mein Vater hat des schon so glaub ich seitdem wir 16 sind zu mir und auch zu meinem Bruder immer gesagt ‚Wechselt mal die Bürger ... deutsche in die deutsche Staatsbürgerschaft, des bringt ein paar Vorteile', und so, also, das war, also, ich habe da selber eigentlich vorher nich soo dra...daran gedacht." (Frau D, Z. 204-208)

Neben Familienmitgliedern waren es teilweise auch andere Referenzgruppen, die die Befragten zur Antragstellung ermunterten. Herr E schilderte zum Beispiel, dass ihn sein Freundeskreis immer wieder auf dieses Thema angesprochen hätte, bei Frau Y waren es sowohl deutsche Freunde als auch ihr Vorgesetzter:

> „Mein Chef hat mich drauf angesprochen, warum ich die Einbürgerung nicht nehme. Weil mein erster Chef war ja Österreicher, und (belustigt:) er wusste des ganz genau, wie es ist. (...) Auch mein zweiter Chef hat sich da äh, hat mich drauf angesprochen, ... warum ich des nicht mache." (Frau Y, Z. 127-129)

Die Ermunterung konnte auch indirekt durch Vorbilder erfolgen, wie dies zum Beispiel bei Herrn O der Fall war, der beobachten konnte, wie polnische Arbeitskollegen den Antrag zur Einbürgerung stellten und dies keine Repressionen durch Behörden im Herkunftsland für die dortigen Familienmitglieder verursachte. Frau Q hatte selbst eine Art Pionierfunktion für Einbürgerungen im Freundeskreis:

> „Und unsere polnischen Freude, polnischen Freunde ham's bei uns abgeguckt. Also diejenigen, mit denen wir sehr heftig darüber diskutiert haben, also nicht heftig im Sinne heftig, sondern sehr intensiv darüber diskutiert haben, die ham's äh … gleich nach uns, das Gleiche gemacht. (Lacht auf, imitiert die Freunde:) ‚Mach nur, mach nur! Wir schauen, wie das ausgeht bei euch. Und dann, wenn's gut geht, dann machen wir's.'" (Frau Q, Z. 541-545)

Als ein weiterer möglicher Einflussfaktor in der Entscheidung für die Einbürgerung nannten die Befragten ethnische Kulturvereine oder Gespräche innerhalb der ethnischen Gruppe. Diese **ethnischen Gemeinschaften** sind zum einen eine institutionelle Antwort auf Bedürfnisse von Migranten in der Migrations- und Minderheitensituation, zum anderen stellen sie ein Art Verpflanzung und Fortsetzung sozialer Beziehungen dar, die bereits im Herkunftsland existierten. Institutionen ethnischer Gemeinschaften können, neben Verwandtschaftsbeziehungen, Vereinen, religiösen Gemeinden, politischen Organisationen, informelle Treffpunkte, spezifische ethnische Medien oder eine ethnische Ökonomie sein (Heckmann 1992, 98). Im Rahmen des Forschungsprojektes war hierzu interessant, ob – in der Wahrnehmung der Befragten – ethnische Gemeinschaften einen gewissen Einfluss auf ihre Entscheidung, sich einbürgern zu lassen, ausübten oder nicht.

Die oben angeführte Belege zeigen, dass Einbürgerung zum Beispiel unter polnischen Migranten immer wieder Thema war. Dies trifft in unterschiedlichem Maße und mit unterschiedlichem Tenor auch für andere Migrantencommunities zu. Unter Iranern fand zum Beispiel ein intensiver „Meinungsaustausch" (Herr Z) statt, der sich vor allem auf die formalen Komplikationen hinsichtlich der Ausbürgerung bezog. Einen Einfluss auf die eigentliche Entscheidung für eine Einbürgerung hatten diese Gespräche im Falle von Herrn Z nicht. Der ehemals portugiesische Befragte merkte hingegen an, dass in seiner Generation, zum Beispiel beim Zusammentreffen im Kulturverein, die Einbürgerung selten Thema war und dass erst die nächste Generation sich allmählich darüber unterhalten würde. Auch eine in einem Moscheeverein aktive Befragte stellte fest, dass unter den türkischen Migranten das Thema Einbürgerung zu Zeiten des Gesetzgebungsverfahrens zum Staatsangehörigkeitsrecht diskutiert worden ist, dass es aber seitdem kaum mehr aufgebracht wird („Wir reden eigentlich auch nicht drüber jetzt. Es ist halt abgeschlossen, es ist vorbei alles", Frau Y). Eine andere vormals türkische Befragte stieß in der Herkunftsgruppe auf unterschiedliche Reaktionen, die von „das ist 'ne gute Entscheidung" bis „Warum willst du unbedingt raus aus der Türkischen?" reichten (Frau C). Im

Gegenzug sah Frau C allerdings auch die Einbürgerung mancher türkischer Migranten durchaus kritisch. Aus ihren Erfahrungen als Sozialberaterin heraus meint sie, „... also es gibt auch einfach Leute, die nur aus Nutzengründen das machen". Herr E kritisierte, dass Landsleute, die lediglich in der ethnischen Kolonie verharren würden, den deutschen Pass „nicht verdient" hätten, weil sie sich nie um soziale Kontakte oder kulturellen Austausch mit der deutschen Mehrheitsgesellschaft bemüht hätten.

Es lässt sich also festhalten, dass es offensichtlich von Seiten der ethnischen Gemeinschaft keinen eindeutigen Einfluss auf die Entscheidungsfindung für die Einbürgerung gab: Teilweise wurde das Vorhaben unterstützt, in anderen Fällen wiederum wurde ihm kritisch begegnet, während es in manchen ethnischen Communities gar kein Thema war.

Die zweitgrößte Gruppe bilden diejenigen Befragten, bei denen sich das **Umfeld neutral** verhielt, also weder die Einbürgerungsabsicht bestärkte noch sich dagegen stellte. Hinter dieser Neutralität kann auch stehen, dass gegenüber der Familie und dem Freundeskreis die Einbürgerungsabsicht gar nicht thematisiert wurde, weil man die Einbürgerung als eine persönliche Entscheidung ansah, in die „einem kaum jemand reinreden" (Frau U) könne oder auch solle. Andere Interviewpartner haben die Einbürgerungsabsicht im Familienkreis deshalb nicht erwähnt, weil sie das Einverständnis quasi als selbstverständlich ansahen. So meinte beispielsweise Herr R, dass seine Familie in Tunesien eine Einbürgerung in Deutschland als nichts Besonderes erachtet hätte, da viele tunesische Familien Angehörige im Ausland haben – zumeist in Frankreich – die sich einbürgern lassen. Andere Befragte wie Frau J schilderten, dass zwar mit der Familie über die Einbürgerungsabsicht gesprochen wurde, aber „nicht sehr tief", weil die Eltern meinten, dass sie selbst am besten wüsste, was gut für sie ist.

In anderen Fällen kann man von **ambivalenten oder negativen Einflüssen des sozialen Umfelds** sprechen. Hier handelt es sich zum einen um ehemals polnische Staatsangehörige, die zwar von ihrem Umfeld in Deutschland bestärkt wurden, andererseits aber – bedingt durch die deutsch-polnische Geschichte – starke Vorbehalte seitens ihrer Familien und Freunde in Polen befürchteten oder auch tatsächlich erfuhren (siehe weiter oben). Der dritte Befragte, ein junger türkischstämmiger Mann, wuchs in einem katholischen Heim auf und wurde von den Betreuerinnen zur Einbürgerung ermuntert, zögerte aber dennoch die Antragstellung hinaus, weil er eine ablehnende Haltung seines Vaters antizipierte:

> „Nee, des [die Antragstellung] war sogar später, mit 18, mit 18 weil, mit 17 musste ich ja mei Einverständnis vom Vater ham, und, des (zögernd) hätt ich net bekommen, also musst ich's mit 18 machen. (...) Mei Vater, also des hätte er mir nie gegeben. Weil ich hab mich mit mei Vater net verstanden, und, wenn der g'sagt hätt: Ja, jetzt willst noch Deutscher werden, und ... jetzt bist gar kei Türke mehr..., und was weiß ich, und des hätt er net gemacht." (Herr V, Z. 90-96, mit Auslassungen)

Ein weiteres Beispiel für einen verzögernden Einfluss der Familie ist Frau A. Ihre biografische Erzählung stellt sich besonders interessant dar, da bei ihr der anfängliche Widerstand der Familie letztendlich darin endete, dass die ganze Familie sich einbürgern ließ. Deshalb wurde ihr Entscheidungsprozess und der Einfluss der Familienmitglieder noch einmal narrativanalytisch untersucht, um dessen Komplexität besser verstehen zu können (siehe weiter unten in Kapitel 5.2.3).

Bei einigen (wenigen) Befragten wurde die Entscheidungsfindung für eine Einbürgerung durch **Ängste** erschwert, **die Einbürgerungskriterien nicht zu erfüllen**. Da dies ein sehr zentraler Aspekt ist, wurde er sowohl im Zusammenhang mit im Datenmaterial entdeckten Ängsten im Verwaltungsverfahren untersucht als auch eine weitergehende narrative Analyse durchgeführt. Die Ergebnisse sind entsprechend ausführlich im Kapitel 5.3.3 dargestellt.

Beratung von professionellen Stellen (Sozialberatung) hat überhaupt keiner der Interviewpartner in Anspruch genommen. In wenigen Fällen gab es Beratung durch den Ausländerbeirat, durch eingebürgerte Familienangehörige oder durch Arbeitskollegen. Dieses Ergebnis deutet darauf hin, dass entweder die Kenntnisse über das Einbürgerungsverfahren bei unseren Befragten schon relativ gut waren und deshalb keine Beratung in Anspruch genommen wurde, oder dass man sich diese Kenntnisse gegebenenfalls direkt bei der Behörde oder durch Medieninformationen, z.B. durch die Diskussion um die doppelte Staatsangehörigkeit, geholt hat[71].

5.2.3 Entscheidung für die Einbürgerung: Vom Generationskonflikt zur Ketteneinbürgerung

Als Ergebnis der Globalanalyse konnten Hinweise auf den Verlauf der Entscheidungsfindung gefunden werden, die auf unterschiedliche Haltungen zur Einbürgerung innerhalb einer Familie schließen lassen. Deshalb wurden ausgewählte Passagen einer Narrationsanalyse unterzogen, deren Ergebnis im folgenden dargestellt wird.

Frau A. stieg zum Beispiel direkt in das Interview mit einer umgehenden Selbstpositionierung in Abgrenzung zur Herkunftsgesellschaft und der ersten Generation ein:

„Ich bin vor allem unter Deutschen – nur (betont) unter Deutschen aufgewachsen. Das ist vielleicht wichtig zu betonen. Und deswegen hab ich auch keinen Bezug zu diesen ... (zögert) zu den Leuten, also den Kroaten, eigentlich kaum Bezug. Ich bin also zweisprachig aufge-

---

[71] Dies bestätigten auch die Teilnehmer der Gruppendiskussion: Nur wenige hatten sich bei der AWO beraten lassen. Die meisten hatten mit Bekannten darüber gesprochen oder sich über Medien informiert.

wachsen, kann die Sprache, kann mich mit meinen Verwandten unterhalten, also das ist das Wichtige. Ich kenn die Mentalität der Leute, aber ich vertret' sie selber net. Also ich bin anders als die, ich bin deutsch. Und das macht vielleicht auch den Unterschied aus. (...) ja, es gab die ja die erste Generation, die als Gastarbeiter hierher kamen – das waren wieder ganz andere Leute. Und ich bin jetzt die zweite Generation, also ich bin hier geboren, ich kann mich mit denen net identifizieren. Ich hab' wider eine ganz andere Lebensgeschichte, Lebenserfahrungen. Ich glaub' auch, dass dieser erste Generation dadurch, dass die schon mal dort gelebt haben, dass die einen ganz anderen Bezug haben. (...) Und dann (zögert) oft gibt's dann auch so Konflikte einfach zwischen der ersten und der zweiten Generation, so." (Frau A., Z. 15-41, mit Auslassungen)

Die gesamte Argumentationseinheit, die sich noch über weitere 30 Zeilen erstreckte, wurde von der Erzählerin mit starkem Nachdruck und Bestimmtheit formuliert. Sie verwendet zahlreiche Demonstrativpronomen („mit denen", „die"). Sie verleiht ihren Argumenten sehr viel Nachdruck, indem sie sie mehrfach mit anderen Worten formuliert oder wiederholt. Die Flüssigkeit, mit der sie ihre Argumentation aufbaut, lässt vermuten, dass sie Erfahrung damit hat, diesen Punkt deutlich zu machen oder zumindest ausführlich darüber reflektiert hat. Dies legt die Vermutung nahe, dass in der Familie häufig über dieses Thema geredet wurde und der Argumentationsgang somit sozusagen ‚geübt' wiedergegeben werden kann. Inhaltlich lässt sich festhalten, dass sie gleichzeitig, parallel zur Abgrenzung zu „den Leuten, also den Kroaten" ihre Bilingualität herausstellt und es ihr auch wichtig ist, zu betonen, dass ihre Verbindung zu ihrer Familie im Herkunftsland in keiner Weise abgerissen sei. Sie bringt im weiteren Verlauf dieser narrativen Passage Verständnis auf für „diese erste Generation", die ihre „Kindheitserfahrungen" im Herkunftsland gemacht hat und somit eine stärkere Bindung empfindet. Sie zeigt für deren Bindung an den Herkunftskontext zwar durchaus Verständnis, grenzt sich aber selbst davon ab und ordnet sich selbst eindeutig als „ich bin deutsch" zu.

Die Exponiertheit des Arguments am Beginn des Interviews und die Ausführlichkeit der Ausführungen lässt auf ein zentrales biographisches Thema schließen. Die Interviewpartnerin versucht allerdings, den Diskurs unter Verwendung von neutralen, indirekten Formulierungen für Familienmitglieder oder Herkunftsgruppe wiederzugeben; dies könnte auf das frühe Stadium des Interviews und eine daraus resultierende Zurückhaltung in dieser sehr privaten Frage zurückzuführen sein. Parasprachliche Merkmale wie Stockungen und Zögern lassen vermuten, dass es sich hierbei um einen Sachverhalt handelt, der der Erzählerin eher unangenehm ist oder sie zumindest berührt. Es lässt sich somit die Hypothese formulieren, dass innerhalb der Familie Diskussionen oder sogar Konflikte stattfanden, als die Tochter ihre Eltern mit ihrer Entscheidung, sich einbürgern zu lassen, konfrontierte. Die kritische Einstellung der Eltern zur Einbürgerung könnte auf eine stärkere Bindung der Eltern zur Herkunftsgruppe zurückzuführen sein, als die Tochter diese empfindet. Um dies zu überprüfen, soll Verweisen innerhalb des Textes als auch der Textumgebung sowie den biographischen Eckdaten näher auf den Grund gegangen werden.

Die gesamte Argumentationseinheit ist eingebettet in das Thema „Ich bin anders als die, ich bin deutsch". Ziehen wir die äußeren Kontextdaten zur Interpretation dieses Themas heran. Frau A wurde in Bayern geboren. Ihre Eltern stammen aus Kroatien und sind als junge Menschen nach Deutschland gekommen. Frau A ist ledig und Studentin für Lehramt Grundschule; sie lebt noch zu Hause bei ihren Eltern. Sie wurde zweisprachig erzogen. Laut ihrer erzählten Lebensgeschichte hatte sie eine glückliche Kindheit, merkte aber ab dem Alter von ca. 10 Jahren, dass sie „anders" sei als ihre Mitschüler. Sie machte Diskriminierungserfahrungen in der Schule aufrund ihres Ausländerstatus, die schulrechtlicher Art waren (z.B. beim Übertrittsverfahren von der Grundschule ins Gymnasium) oder im sozialen Umfeld stattfanden (in Situationen mit Mitschülern). Diese Erfahrungen weckten in ihr schon früh das Gefühl, auch auf dem Papier dazugehören zu wollen. Dieses Gefühl wird noch bestärkt bei Zusammenkünften mit Angehörigen der Herkunftsnationalität oder Urlaubsaufenthalten im Herkunftsland, die ihr die Entfremdung vom Herkunftskontext ihrer Eltern stark verdeutlichen. Der innere Wunsch, zu Deutschland dazugehören zu wollen, prägt ihren Entschluss sich einbürgern zu lassen.

Verweise in der oben wiedergegebenen narrativen Passage, die auf eine starke Abgrenzung der Erzählerin vom Herkunftskontext ihrer Eltern und der ersten Generation schließen lassen, finden sich auch im weiteren Verlauf des Interviews:

> „Weil ich hab' (betont) keine kroatische Kultur daheim gepflegt oder so. Ich hab' (betont) voll die deutsche Kultur gepflegt, also keine kroatischen Bräuche oder dies oder jenes. Und des wissen ... des kennen zum Beispiel meine Eltern, weil sie dort gelebt haben. Aber ich kenn' das jetzt weniger, weil ich nie dort gelebt habe." (Z. 253-257)

Verliefen die oben genannten Passagen sehr stark argumentativ, ändert sich der Ton der Erzählung hin zur Beschreibung, als das Thema auf die Eltern und deren Einstellung zur Einbürgerung kommt. In einem eher zögerlichen und nachdenklichen Ton und in einem für ihre Verhältnisse sehr langsamen Sprechtempo erzählt die Interviewpartnerin von Gesprächen mit ihren Eltern in der Phase der Entscheidung für die Einbürgerung. Deutlich wird hier die unterschiedliche Einstellung der jeweiligen Elternteile: Während der Vater der Entscheidung sehr kritisch gegenüber steht, zeigen sich Mutter und Geschwister offener gegenüber der Einbürgerung. Die Befragte stellt den Diskurs innerhalb der Familie sehr ausführlich dar:

> „Also ... (hörbares Durchatmen)... bei meiner Mama war der Gedanke auch schon immer da. Bei meinem Papa eigentlich weniger (spricht sehr langsam). Weil er eigentlich gern Kroate ist [...] Für (betont) ihn selber hat das nicht so als schlimm empfunden, Ausländer zu sein." (Z.295-298). „Und er hat das vielleicht alles nicht so negativ empfunden und hat ihn vielleicht auch nicht so berührt, nicht gestört, Ausländer zu sein und dachte sich: na ja, muss es eigentlich nicht ... (Pause). Und bei uns Kindern ist das anders." (Z. 308-310). „Und na klar, wenn ... wenn dann

das eine Elternteil sagt: (ironisch) Mensch, so schlimm ist das Ausländersein doch gar nicht, von was sprichst denn du, und sei nicht so empfindlich und als Mädchen ist man sowieso empfindlich und sensibel und so." (Z. 325-328).

Obwohl weiterhin Versuche stattfinden, den Verlauf des Diskurses in der Familie so neutral wie möglich wiederzugeben („...und sagt dann das Elternteil", Z. 344), zeigt sich an einigen Formulierungen, dass die Konfliktlinien in der Familie wohl nicht entlang der Generationen verliefen, sondern dass die Befragte, ihre Mutter und die Geschwister in einer Art Koalition gegen den zögernden Vater standen. Die Befragte nennt erneut den Ausdruck „Konfrontation" (Z. 362) und „Konflikt zwischen der ersten und der zweiten Generation" (Z. 389) und es wird deutlich, dass sich die Gespräche mit den Eltern über einen längeren Zeitraum hinzogen. An einer späteren Stelle des Interviews baut die Befragte die Erzählung über diese Koalitionenbildung innerhalb der Familie noch aus und erläutert ausführlich die Gespräche, die sie mit ihrer Mutter geführt hat (Z. 575-594). Es zeigt sich, dass sie sich mit der Mutter „eher" über die Einbürgerung unterhalten hat, da ihre Mutter „eigentlich immer für das Deutsche auch sehr offen" war, was wiederum – in neutraler Formulierung – mit dem Vater kontrastiert wird: „Der eine klammert sich an an das ... an das – wie sagt man dazu – also bei uns ist es jetzt Kroatisch, bei andern sind ... an die Nationalität und der andere geht mehr in die andere Richtung" (Z. 610-612).

Doch bereits ab Zeile 366 nimmt das Interview eine überraschende Wende: Die Befragte erzählt, dass mittlerweile ihre ganze Familie die Absicht hat, sich einbürgern zu lassen. Nachdem die Tochter die Pionierarbeit geleistet hatte, folgten Geschwister wie Eltern der Entscheidung. So lässt sich ein interessantes Phänomen festhalten: Offensichtlich fand durch ausführliche Diskurse in der Familie zum Thema Einbürgerung, die durch die Einbürgerungsabsicht der Tochter angestoßen worden waren, eine Offenlegung der verschiedenen Positionen und damit ein Bewusstwerdungsprozess statt. Dieser ließ letztlich nicht nur den Widerstand gegenüber der Einbürgerung der Befragten schmelzen, sondern resultierte sogar in einer **Ketteneinbürgerung**. Das Verhältnis zur Herkunftsgruppe und Herkunftskultur wurde in den Gesprächen der Familienmitglieder thematisiert und die unterschiedlichen Haltungen offen gelegt; differierende Gefühle der Zugehörigkeit und generationale Unterschiede stellten letztlich kein Hindernis mehr dar, dass alle Familienmitglieder die deutsche Staatsangehörigkeit annahmen.

5.2.4 Entscheidung für die Einbürgerung und die Reform des Staatsangehörigkeitsrechts

Wie in Kapitel 1 dieser Arbeit dargestellt, wurde das bis dato geltende Staatsangehörigkeitsrecht im Jahr 2000 einer weitreichenden Reform unterzogen. Begleitet wurde dieser Reformprozess von einem kontroversen öffentlichen und politischen Diskurs, der sich schon Anfang der 90er Jahre anbahnte und im Jahr 1999 seinen Höhepunkt erreichte. Eine Rekonstruktion dieses gesellschaftlichen Diskurses zeigt (vgl. dazu ausführlicher Kapitel 6), dass dieser sich keinesfalls nur auf die Feinheiten juristischer Formulierungen beschränkte, sondern darüber hinaus sensible Aspekte der nationalen Selbstdefinition berührte. Wer sollte unter welchen formalen Auflagen Teil der deutschen politischen Gemeinschaft werden dürfen und wer nicht? Durch Schlagworte wie den „Doppelpass" wurde die Diskussion um Mehrstaatigkeit und Loyalität plakativ verkürzt und darüber hinaus fast vergessen, dass die Einbeziehung von ius-soli-Elementen und Maßnahmen zur Erleichterung von Einbürgerung, wie zum Beispiel verkürzte Aufenthaltszeiten, den eigentlichen Kern der Reform bildeten. Um Aufklärung dazu bemühten sich allerdings in der Folge der umgesetzten Gesetzesreformen zum Beispiel die Integrationsbeauftragte der Bundesregierung, der Interkulturelle Rat in Deutschland[72], die Migrantensozialberatung, Ausländerbeiräte, Gewerkschaften und kommunale Behörden, die durch Informationsveranstaltungen und Werbekampagnen versuchten, die Zielgruppe über das neue Recht zu informieren.

Unter den 26 Befragten, die im Rahmen des Forschungsprojektes befragt worden, waren 16 nach altem Recht eingebürgert worden (zwischen 1980 und 1999) und 10 nach neuem Recht (2000 und 2001). Nur die wenigsten haben im Verlauf der Interviews den politischen oder öffentlichen Diskurs um das Thema Staatsangehörigkeit und Einbürgerung thematisiert oder ihn als Faktor in ihrer Entscheidungsfindung für die Einbürgerung dargestellt. Es wurde jedoch das **allgemeine politische und gesellschaftliche Klima** angesprochen, das die Eingebürgerten teilweise in ihrer Entscheidung beeinflusst hatte. So schilderte Herr M, der bereits in den 80er Jahren eingebürgert wurde, seine Ängste vor einer restriktiveren Ausländerpolitik als Faktor in seiner Entscheidungsfindung:

> „... und des war grad die Zeit, des waren in die 80er Jahre, des war ... dieses Problem mit die Ausländer äh, do is auch äh diese Arbeits-... äh ... -flaute äh war ... war da in die 80er Jahre, wo dann praktisch äh viel äh Arbeitsüberschuss, so wie jetzt, die jetzige Zeit ungefähr is, des war vor 20 Jahren genauso. Und dann ha ich gedacht, bevor ich dann da nüber muss, äh, weil äh weil seinerzeit da hat`s ja g`heissen, nä, war diese ... auch die Bader-Meinhof, des ganze Zeug. Dann war des in der äh dann äh dieser Hass – „Ausländer raus!" war seinerzeit arch. Und dann hab ich g'sacht, bevor mir dann sowas passiert, dass ich tatsächlich nüber muss oder abgeschoben werden tu äh oder irgendwas, wenn's schlimm kommen sollte..." (Z.118-125).

---

[72] Der Interkulturelle Rat hatte eine Clearing Stelle eingerichtet, bei der sich einbürgerungsinteressierte Migranten kompetenten juristischen Rat einholen konnten.

Auch bei anderen Befragten gab es eine diffuse Angst, dass sich die politischen Rahmenbedingungen ändern und die Einbürgerungsvoraussetzungen verschärft werden könnten, die im Zusammenhang mit einer befürchteten Unsicherheit des Aufenthaltsstatus stehen. So fürchtete zum Beispiel Frau Q, ihr Mann könnte des Landes verwiesen werden, wenn er seinen Job verlieren würde und trieb deshalb die Einbürgerung der Familie voran. Vergleichsweise aufmerksam wurde der politische Diskurs zum Staatsangehörigkeitsrecht von denjenigen Befragten verfolgt, die ihre ursprüngliche Staatsangehörigkeit bei der Einbürgerung gerne behalten hätten. So schilderte zum Beispiel Herr O, dass er seinen polnischen Pass ungern hergegeben hat und aufgrund dieses „Entweder oder" seine Entscheidung für die Einbürgerung hinausgezögert hat. In dieser Zeit hat er die politische Diskussion sehr genau verfolgt und auf eine Gesetzesänderungen zugunsten doppelter Staatsangehörigkeit gehofft:

> „…vielleicht noch verzögern, vielleicht doch doppelte Staatsbürgerung… Doppelte Staatsbürgerschaft und, ach, was soll`s. (…) Und das fand ich schade, eigentlich, dass, dass es… finde ich, müsste so geregelt sein, dass die Menschen frei verfügen… äh entscheiden sollen und nicht unter Druck gesetzt sind – ‚Ja, du kriegst deutsche, aber erst musst du vorweisen, dass du polnische aufgegeben hast', ja? Das war der Fall natürlich, ja? Für innere Sicherheit vielleicht, einerseits kann man auch so … vielleicht begründen, aber ich finde, da könnte man andere Maßnahmen für innere Sicherheit erfinden, ja? Aber vielleicht irgendwann ändert sich, schon damals ‚Ja, es wird noch debattiert, und es … Antrag ist gestellt oder wird gestellt, irgendwann, aber wenn, wenn so weit ist, dann sagen wir Ihnen Bescheid.' Das is damals schon seit wahrscheinlich 20 Jahren oder so, oder wird noch 20 Jahre … (lacht)" (Z. 1113-1125, mit Auslassungen)

In dem Sample der vorliegenden Untersuchung war niemand, der aufgrund der bevorstehenden gesetzlichen Änderungen seine Entscheidung für die Einbürgerung zeitlich vorgezogen hat. Auch die Einbürgerungskampagnen wurden nicht explizit erwähnt. In der Gruppendiskussion allerdings wurden beim Thema Beratung zur Einbürgerung die Medien als Beratungsinstanz erwähnt, was darauf hindeutet, dass zu einem gewissen Grad der Diskurs medial verfolgt worden war.

5.2.5 Fazit

Die Methode narrativ-leitfadengestützter Interviews erbringt detaillierte Einblicke in den persönlichen Entscheidungsprozess, der einer Einbürgerung vorausgeht, sowie in die verschiedenen Einflussfaktoren, die diesen entweder verzögern, beschleunigen oder gar nicht beeinflussen. Grundsätzlich lassen sich Personen mit langem und mit kurzem Entscheidungsprozess unterscheiden.

Der lange Entscheidungsprozess kann durch emotionale Abwägungsprozesse bei der Person selbst, durch Ängste oder durch Widerstände in der Familie zustandekommen. Auch bei einem kurzen Entscheidungsprozess können diese Einflussfaktoren eine Rolle spielen, wirken aber zumeist neutral oder positiv in

Richtung Einbürgerung. Generell gibt es jedoch keinen zwingenden Zusammenhang, dass eine bestimmte Konstellation von Einflussfaktoren in jedem Fall eine Verzögerung oder Beschleunigung der Entscheidungsfindung mit sich bringt: So hatten zum Beispiel auch Befragte, die ihren alten Pass gern behalten hätten, einen kurzen Entscheidungsprozess, und umgekehrt.

Die in der vorliegenden Untersuchung befragten Personen waren alle eingebürgert und reflektierten somit in der Rückschau, ob der Verlust der bisherigen Staatsangehörigkeit ihren Entscheidungsprozess beeinflusst hat oder nicht; in den meisten Fällen hat dieser Aspekt keine wesentliche Verzögerung verursacht. Es kann natürlich auch vorkommen, dass Personen, für die die Abgabe des alten Passes ein massives Problem darstellt, keinen Einbürgerungsantrag stellen und damit nicht in unserem Sample auftauchen. Diese Vermutung bestätigen andere wissenschaftliche Untersuchungen, die auch nicht eingebürgerte Personen einschlossen. Hier zeigte sich, dass die Aufgabe der bisherigen Staatsangehörigkeit ein wesentlicher Faktor bei der Entscheidung *gegen* eine Einbürgerung sein kann. In der Untersuchung von Mehrländer, Ascheberg und Ueltzhöffer wurde aufgezeigt, dass bei den Gründen für die Ablehnung der deutschen Staatsangehörigkeit, neben der Bewahrung der nationalen Identität und der Rückkehrabsicht, auch die Aufgabe der bisherigen Staatsangehörigkeit eine Rolle spielte (Mehrländer/Ascheberg/Ueltzhöffer 1996, 421f). In einer empirischen Studie, die die Diskrepanz zwischen der Anzahl der Personen, die ein gewisses Interesse an der deutschen Staatsangehörigkeit zeigen, und den tatsächlichen Einbürgerungszahlen untersuchte, hielten Thränhardt/Dieregsweiler/Santel als Ergebnis fest, dass mehr als jeder dritte Befragte die Kompliziertheit des Verfahrens, also die Zahl der Dokumente, die Dauer und die Anzahl der befassten Instanzen als Motiv für eine ausbleibende Antragstellung trotz vorhandenen Interesses angab und dass ein ausbleibendes Interesse darauf zurückzuführen sei, dass Befragte ihre bisherige Staatsangehörigkeit behalten und nicht zugunsten der deutschen Staatsangehörigkeit aufgeben wollten (235ff).

Ein weiteres auffälliges Merkmal der Entscheidungsprozesse bei den Befragten ist, dass Beratung – sowohl von Sozialberatungsstellen als auch durch andere Stellen oder Privatpersonen – kaum eine Rolle spielte. Die meisten Befragten sind direkt zur Behörde gegangen.

Von Seiten der ethnischen Gemeinschaft gab es keinen eindeutigen Einfluss auf die Entscheidungsfindung für die Einbürgerung. Hierzu liegen in anderen Studien jedoch widersprüchliche Ergebnisse vor. So zeigte sich in der Untersuchung von Riegler[73] (2000), in der zu jeweils einem Drittel Migranten ohne österreichischen Pass, Antragsteller und Eingebürgerte befragt wurden, dass ein

---

[73] Diese Untersuchung wurde in Österreich durchgeführt, wo die Abgabe des alten Passes ebenfalls eine obligate Voraussetzung für die Einbürgerung ist.

141

Einbürgerungshemmnis durch Befürchtungen entstand, durch die Einbürgerung eine Aufwertung als „besserer" Ausländer zu erfahren, sich damit aus dem ethnischen Kollektiv zu lösen und sich von ihm zu distanzieren. Diese Furcht führte zu Stigmatisierung der Eingebürgerten als Verräter der jeweiligen Migrantencommunities und deshalb wurde das Thema Einbürgerung lange Zeit tabuisiert; einige nicht eingebürgerte Migranten gaben an, dass innerhalb der ethnischen Gruppe kaum über Einbürgerung gesprochen würde, da das Gruppenklima diese Diskussion verbiete. Für einige Fällen machte die negative Einstellung der ethnischen Gruppe die Entscheidung für die Einbürgerung besonders schwer und führte zu einer „Privatisierung" des Themas (Riegler 2000, 196).

Aufgrund von befürchteter Aufenthaltsunsicherheit bei schlechter Arbeitsmarktlage beschleunigte bei einzelnen Befragten das allgemeine politische Klima die Entscheidung für die Einbürgerung. Der jüngste politische und gesellschaftliche Diskurs um die Einbürgerung wurde in den Interviews jedoch nicht explizit erwähnt. Lediglich die Debatte um die doppelte Staatsangehörigkeit weckte bei Einzelnen die Hoffnung, die Rechtslage könnte sich noch zugunsten der Mehrstaatigkeit ändern; ein Ausbleiben dieser Möglichkeit änderte jedoch nichts an ihrer Entscheidung.

5.3 Das Verwaltungsverfahren

Das Verwaltungsverfahren umfasst den Zeitraum von der Antragstellung bis zum Vollzug der Einbürgerung. Die Interviewpartner berichteten hier einerseits von emotionalen Aspekten (Unsicherheit, Ängsten und Gefühlen bei der Abgabe des alten Passes), andererseits von den Kontakten zur deutschen Behörde und den Behörden des Herkunftslandes.

Tabelle 5: Die Codefamilie Verwaltungsverfahren

Codefamilie	Subkategorien	Codes
VER Das Verwaltungsverfahren	VER1 Emotionales Empfinden im Einbürgerungsverfahren und unmittelbar vor dem Vollzug der Einbürgerung	VER1a Angst, formale Anforderungen nicht zu erfüllen, Nervosität
		VER1b Unsicherheit über die Stabilität der gesetzlichen Rahmenbedingungen
		VER1c positive Gefühle bei Abgabe des alten Passes: Erleichterung/ Schaffung von Klarheit
		VER1d negative Gefühle bei Abgabe des alten Passes: Verlustgefühle/Furcht vor negativen Reaktionen im Herkunftsland oder Verlust von Rechten
		VER1e neutrales Empfinden bei Abgabe des alten Passes

Codefamilie	Subkategorien	Codes
	VER2 Kontakt mit den deutschen Behörden	VER2a positive Erfahrungen (Freundlichkeit, Hilfsbereitschaft, Korrektheit)
		VER2b negative Erfahrungen (Verärgerung wegen Dauer u. Kosten, Bürokratie)
	VER3 Kontakt mit Behörden des Herkunftslandes	VER3a negative Erfahrungen (Verzögerungen, Unfreundlichkeit)
		VER3b neutrale Erfahrungen

5.3.1 Emotionales Empfinden im Einbürgerungsverfahren und der Kontakt mit den Behörden

Eine Reihe Befragter hat sich explizit dazu geäußert, wie der **Kontakt zur deutschen Einbürgerungsbehörde** verlief. Die Mehrzahl der Personen, die über ihre Erfahrungen mit deutschen Behörden erzählten, hatte positive Erinnerungen: Der Umgang wurde als freundlich, unterstützend bei Schwierigkeiten oder zumindest als „korrekt" empfunden. Die meisten dieser Schilderungen bezogen sich auf die gleiche Einbürgerungsbehörde in Bamberg[74]. Die Schilderungen hierzu waren zum Teil regelrecht euphorisch:

„… von Anfang, von mit Papier äh besorgen, also die äh diese formelle Tat, alles machen sollen, äh, wir haben ja Haufen Papier geprüft, muss ja alles äh …äh, jede Behörde, einzelne Behörde, und äh be-bestehen, und wieder zurückgeben beim [Name des für die Einbürgerung zuständigen Beamten], von Anfang bis Schluss, also, …, denn ich hä-, ich hätt diese Mensch mein Herz reingestecken! Der is ein Beamter, ein Deutscher, aber er freut sich, wenn jemand zur Einbürgerung …" (Herr E, Z. 467-472)

Negative Erfahrungen hat es nur in zwei Fällen gegeben: zum einen bei einer Einbürgerung, die von der Betroffenen als sehr bürokratisch und „kalt" empfunden wurde, und zum anderen bei einem Verfahren Anfang der 80er Jahre, bei der es zu langen Verzögerungen und hohen Kosten kam:

„Nä, weil des hat sich manchmal so, weil überall bist gebremst worn, nä, an sämtlicha Ämter, wennst na ganga bist: ,Ja was is'n los?', ,Ja und des is in Bearbeitung.' Dann hast dort aagerufen, ,Ja, des is in Bearbeitung.' Jeder hat dich vertröstet und keiner hat a Auskunft geben. (…) weil, es hat mer trotzdem trotz dieser 3000 Mark wo ich gezahlt hab, ich musste ja … die Heiratsurkunden, Geburtsurkunden vo mir, von der Frau, von der Tochter, (…), des hat mir ein Heidengeld kost des ganze Zeug, nä." (Herr M, Z. 294-348, mit Auslassungen)

---

[74] Dass es in anderen Bundesländern und Kommunen auch andere Erfahrungen gibt, zeigte Dornis 2001 in seiner Analyse der Unterschiede in der regionalen Verwaltungspraxis in Deutschland.

Bei Herrn M führten diese Verzögerungen des Verfahrens auch dazu, dass er Zweifel bekam, ob seine Entscheidung richtig war und sie mehrfach in Frage stellte:

> „…aber in der Zwischenzeit in diesen drei Jahren, ja, da war oft dann: ‚Machst des, machst des net.' Dann hab ich oft g'sagt, ‚Ach, geh her und sch… und Shit und äh, was soll's ich … die mögn net, also dann mog ich auch net.'"(Herr M, 291-293)

Schließlich kam es auch noch vor, dass ambivalente Erfahrungen mit den deutschen Behörden gemacht wurden, also unterschiedliche Erfahrungen mit Mitarbeitern derselben Behörde oder mit unterschiedlichen Verwaltungsebenen. Schlechte Erfahrungen (Geringschätzigkeit der Beamten oder das Errichten immer neuer bürokratischer Hindernisse) wurden hier jeweils durch Hilfsbereitschaft und Unterstützung eines anderen Behördenvertreters bzw. einer anderen Verwaltungsebene aufgewogen.

Wegen der Verpflichtung zur Aufgabe der alten Staatsangehörigkeit hatten die meisten der Befragten auch **Kontakt zu den Behörden ihres Herkunftslandes**, also gewöhnlich zu einem Konsulat in Deutschland. Lediglich bei einer Familie von jüdischen Kontingentflüchtlingen aus der Ukraine und bei einem anerkannten Asylbewerber aus Kuba traf dies nicht zu, da diese jeweils keine Ausbürgerungsbemühungen nachweisen mussten. In anderen Fällen konnten die Befragten (aus Ex-Jugoslawien bzw. dem Iran) ihren alten Pass zwar letztlich behalten, mussten sich aber um Ausbürgerung bemühen, so dass der Kontakt mit den Behörden des Herkunftslandes vorhanden war. Es gab eine große Zahl von Interviewpartnern, die von diesen Kontakt neutral berichtet haben, also weder positiv noch negativ besetzt. Im Unterschied zum Kontakt mit der deutschen Behörde hat niemand explizit von positiven Erfahrungen mit den Behörden des Herkunftslandes erzählt.

Einzelne Personen schilderten negative Erlebnisse mit den Behörden des Herkunftslandes. Diese Schilderungen waren oftmals in längere narrative Passagen eingebettet und wurden von den Erzählern ausgeschmückt, indem die Situation ausführlich und lebendig beschrieben wurde. Die inhaltlichen Themen waren dabei die Unfreundlichkeit der Mitarbeiter im Konsulat des Herkunftslandes, die langen Schlangen, in die man sich notgedrungenermaßen einreihen musste, und der schlechte Service, der bis hin zu Bestechungserwartungen seitens der Beamten reichte:

> „Und das war eben … und da haben wir ein Minichaos in Bonn gehabt, das ist die jordanische Botschaft … das ist in Bonn. Und das ist ja Klein-Jordanien, das heißt Klein-Chaos. Mitten in Deutschland. Ja? Verstehen Sie? Ja, und da ging's los. Ne? Und natürlich erst – also ich sag das klipp und klar und offen, also da gibt's nicht … dafür muss man bezahlen … und da wurde auch bezahlt, also … anders ging's nicht." (Herr P, Z. 224-228)

In einem anderen Fall war die Befragte eigens nach Rumänien gereist und hatte sich dort bei verschiedenen Stellen um die Entlassung aus der rumänischen Staatsangehörigkeit bemüht, weil sie befürchtete, dass sich dieser Schritt sonst sehr lange hinziehen würde. Ein Antragsteller aus der zweiten türkischen Generation schilderte sehr ausführlich seine Begegnungen im türkischen Konsulat. Diese waren ihm aufgrund einer extrem unfreundlichen Behandlung wegen seiner Kommunikationsprobleme[75] lebhaft in Erinnerung geblieben:

> „...und ... des war ja auch scho a Kampf gewesen, jedes Mal, zum Konsulat, in die Tür-, äh, zum türkischen Konsulat runter gehen, und ich hab ja kein Wort verstanden! ... Des war ja des.... Oder zumindest, halb. Und da musste ich dort und da und dort hin. ... Des war echt schlimm gewesen. [...] Manchmal hab ich g'sagt: ‚Na, ich geh da jetzt net runter zum Konsulat. Ich geh da wirklich net, weil (Luftholen) weil ... weiß net, die ... türkischen Beamten unten sind noch schwieriger, die ... hau'n die Zettel dort hin, und, erklären da einen auch nix. Ich darf das auf Türkisch ausfüllen und wenn ich da sag ‚Ich kann kein Türkisch' - ‚Ja ja, lernst de schon, lernst de schon.'" (Herr V, Z. 126-174, mit Auslassungen)

Bei manchen der Befragten brachte also der Kontakt mit den Behörden des Herkunftslandes Ärgernisse, hohen Aufwand und negative Erfahrungen mit sich. Wie auch bei den – weitaus selteneren – schlechten Erfahrungen mit deutschen Behörden können solche Erlebnisse zu dem Gedanken führen, das Einbürgerungsvorhaben wieder aufzugeben, wie es in den Zitaten von Herrn M und Herrn V deutlich wird. Wie häufig dieser Gedanke dann auch in die Tat umgesetzt wird, kann aufgrund der erwähnten Beschränkung des Samples schwer eingeschätzt werden.

Eine weitere Subkategorie fasste das **emotionale Empfinden** im Einbürgerungsverfahren und unmittelbar vor dem Vollzug der Einbürgerung zusammen. Zunächst soll auf **Gefühle bei der Abgabe des alten Passes** eingegangen werden. Wie bereits geschildert, mussten bis auf wenige Ausnahmen alle Befragten ihren bisherigen Pass bei der deutschen Behörde abgeben, um eingebürgert zu werden. Die meisten unter ihnen erzählten von diesem Vorgang in einem eher sachlich-berichtenden und unemotionalen Ton oder übergingen diesen Schritt in ihrer Erzählung. Daraus lässt sich schließen, dass dieser Vorgang für sie offenbar nicht stark emotional besetzt war. Dies entspricht dem für den Entscheidungsprozess gefundenen Ergebnis, wo der Gedanke an die Aufgabe des alten Passes ebenfalls mehrheitlich kein Problem darstellte (siehe Kapitel 5.2.4). Es kam bei den Befragten auch vor, dass diejenigen, die im Entscheidungsprozess noch Probleme mit der Abgabe des alten Passes hatten, das Verfahren inklusive des Verlustes der vorherigen Staatsangehörigkeit wenig bewegend empfanden, wie Frau U:

---

[75] Das hier geschilderte Problem wurde im Vorfeld der Untersuchung auch von Experten in Sozialberatungsstellen angesprochen, nämlich dass Jugendliche und junge Erwachsene oft wegen Sprachproblemen den Entlassungsantrag beim Konsulat scheuen würden.

„ ... das mit ... mit sich selbst ausmachen innerlich war für mich viel bedeutender als dann irgendwie das durch die Behörden noch mal äh abzeichnen lassen. Das war schon so das ... so wie wenn man einkaufen geht oder so was. Das ... spielte da nicht mehr so die große Rolle." (Frau U, Z. 271-273)

Es gibt es jedoch auch eine kleinere Gruppe, die **negative Gefühle** bei der Abgabe des alten Passes hatte. Teilweise sind dies die gleichen Personen, für die diese Frage schon bei der Entscheidungsfindung eine emotionale Hürde darstellte (Herr O, Herr R), teilweise kamen diese Empfindungen erst auf, als der Schritt tatsächlich vollzogen wurde. Letzteres geschah bei Frau H und soll im nächsten Kapitel einer genaueren Betrachtung unterzogen werden. Das andere Extrem ist eine rumänischstämmige Befragte, die Erleichterung empfand, ihren rumänischen Pass loszuwerden (vgl. auch das Zitat in Kapitel 5.2.2.1). Auch ein Fall mit ambivalenten Gefühlen trat auf, in dem einerseits die Abgabe des polnischen Passes als „Schlussstrich" und Erleichterung gesehen wurde, andererseits die Vorbehalte von Familie und Freunden im Herkunftsland für die Befragte sehr präsent waren: „Es wäre gelogen zu sagen, dass hätte mir nichts ausgemacht." (Frau Q).

5.3.2 Wenn man es „schwarz auf weiß" hat: Gefühle beim Verlust der alten Staatsangehörigkeit

Im Fall von Frau H ergab die Globalanalyse Hinweise auf eine interessante emotionale Konstellation. Deshalb wurde ihr Interview nochmals einer vertieften Narrationsanalyse unterzogen. Eine genauere Betrachtung der narrativen Passagen auf der Folie der biografischen Eckdaten verdeutlicht die starke individuelle Bedeutung, die die Abgabe des alten Passes für sie hatte. Sie ist gebürtige Italienerin und kam als junge Frau für einen Sprachkurs nach Deutschland, hat dann ihren späteren Mann kennen gelernt, geheiratet und zwei Kinder bekommen. Frau H ist die Entscheidung für die Einbürgerung nicht leicht gefallen und sie hat mehrere Anläufe unternommen, bis es überhaupt zum ersten Gespräch mit der Einbürgerungsbehörde gekommen ist. Das Hauptmotiv, das für ihre Entscheidung ausschlaggebend war, war die Umgehung rechtlicher Probleme nach der Scheidung. Des weiteren betont sie, sich in Bamberg sehr wohl zu fühlen, einen deutschen Freundeskreis zu haben, sich völlig integriert zu fühlen und nur positive Erfahrungen mit der deutschen Rechts- und Sozialordnung gemacht zu haben. Von pragmatischen Überlegungen zur Stellung des Antrags veranlasst löst jedoch das Einbürgerungsverfahren und die notwendige Aufgabe der italienischen Staatsangehörigkeit Gefühle des Verlustes aus. Dies zeigt sich deutlich in der inhaltlichen Darstellung ihrer Erzählung, aber auch in der Textart. Während das restliche Interview stark argumentativ geprägt ist, verfällt Frau H an dieser Stelle für eine kurze Passage in einen emotionalen Erzählton:

„... ich würde sagen sechs oder sieben Monate danach [nach der Antragstellung] bekam, bekam ich von Italien die Mitteilung, dass ähh, praktisch ich ... dass mein Name gestrichen war aus den ... äh (lacht) aus der Einwohnermeldeamt-stelle in Italien. Und des war, in den Moment ... ääh... als ob ich ein Schlag bekommen hätte." (Z. 304-307)

Auf Nachfrage der Interviewerin, ob sie sich noch an die Situation erinnern könnte, als sie den Brief erhalten hat und darüber noch mehr erzählen wolle, schilderte Frau H. mit emotionaler Stimme:

„... das war wie ein Schlag, in dem Moment hab' ich gedacht, ach, jetzt is schwarz auf weiß. Jetzt giltst du für dein Land nicht mehr. Jetzt bist du nicht mehr, du bist keine Italienerin mehr, wobei, des is nur eine ääh, wie kann man sagen, ein (betont) Gefühl... aber, ph..." (Z. 323-326)

Von pragmatischen Überlegungen veranlasst, den Schritt zur Einbürgerung zu gehen, verursachte die schriftliche Bestätigung der Ausbürgerung Gefühle des Verlustes. Frau H war auch unter denjenigen Befragten, die sich zu einem späteren Zeitpunkt des Interviews enttäuscht über den unfeierlichen Verlauf der Einbürgerung selbst geäußert hat (siehe Kapitel 5.4). Dies zeigt, dass gerade auch bei Personen mit fortgeschrittener und gelungener struktureller, sozialer und kultureller Integration der Verlust des alten Passes emotional behaftet sein kann und deshalb Identifikationsangebote nötig sind, um das kurzfristig entstandene emotionale Vakuum zu füllen. Dieses Identifikationsangebot könnte zum Beispiel durch eine Einbürgerungsfeier gewährleistet werden, um dem emotionalen Aspekt dieses rechtlichen Aktes gerecht zu werden (siehe Kapitel 5.4.3).

5.3.3 Ängste im Einbürgerungsprozess

Als Ergebnis der Globalanalyse der Interviews zeigt sich, dass nur Einzelne der Befragten explizit etwas über Ängste im Einbürgerungsverfahren erzählten haben. Dies stellt jedoch nur ein vorläufiges Ergebnis des ersten Analyseschritts dar. Zum einen sollte eine direkte Nennung solcher Emotionen nicht die alleinige Grundlage für eine Auswertung der Interviews sein. Vielmehr können Verweise auf andere thematische Felder innerhalb einer narrativen Passage oder in der weiteren Textumgebung Hinweise darauf geben, wie die erzählte Geschichte tatsächlich erlebt worden ist; Verweise könnten sich auch indirekt im späteren biographischen Verlauf wiederfinden. Wenn erzählte Ängste in unterschiedlicher Intensität und Relevanz bei den jeweiligen Interviewpartnern vorlagen, kann vermutet werden, dass eine starke oder schwache Ausprägung im Einzelfall durchaus das gesamte Einbürgerungsverfahren dominiert. Um diesen Vermutungen näher auf den Grund zu gehen, wurde am Beispiel ausgewählter Interviewpassagen eine vertiefte Narrationsanalyse vorgenommen und biografische Hintergrunddaten in die Interpretation einbezogen.

Betrachten wir zunächst die Personen, die explizit etwas über Ängste erzählt haben. Sie lokalisierten diese im Entscheidungsprozess für die Einbürgerung oder empfanden sie während des Verwaltungsverfahrens selbst. Frau G zum Beispiel stammt aus dem Libanon und kam vor 15 Jahren auf der Flucht vor dem Bürgerkrieg nach Deutschland. Sie ist verheiratet, Hausfrau und hat drei Kinder. Laut ihrer Erzählung waren sie und ihre Kinder die treibende Kraft in der Familie für eine Einbürgerung und überzeugten letztendlich den Vater zu diesem Schritt. Zentrales Motiv war für sie die Zukunft ihrer Kinder in Deutschland. Trotz dieses starken mütterlichen Wunsches und des starken Drängens der Kinder hat sie lange gezögert, den Einbürgerungsantrag zu stellen. Neben dem Widerstand des Vaters wird im Verlauf des Interviews deutlich, dass massive Prüfungsängste vor dem Sprachtest für sie und ihren Mann das Haupthindernis für eine Antragstellung darstellten:

> „Am Anfang... ähm, mein Mann hat gesagt, das is so schwer für uns, zum Beispiel dass es die Deutschtest hier, dass es eine neue Gesetz hier in Deutschland, (verbessert sich) in Bayern. Hat gesagt, wir schaffen das nicht, und, nein, reicht wenn äh... Erst selber erst macht, die Kinder." (Z. 185-188); „ ...und das mit dem Test nicht schaffen ... das war unser größtes Problem. Das ... weil, es is so: mit Sprache is keine, keine große Problem, man kann irgendwie schaffen. Und mit Lesen auch, aber mit (betont) Schreiben, weil unsere äh Sprache ganz anders..." (Z. 195-198).

Frau G setzt in den folgenden Zeilen ihre Argumentation damit fort, dass sie in Deutschland nie die Schule oder Kurse besucht hätten, sondern sich die Sprache selbst beigebracht hätten. Mit Unterbrechungen, in denen sie seufzt und tief durchatmet, erzählt sie, wie ihr Mann immer wieder betont hat, dass diese Prüfung für sie zu schwer und nicht zu schaffen sei. Sie macht damit eindrucksvoll die Zweifel in der Familie deutlich. Als sie dann zu dem Punkt in ihrer Erzählung kommt, der vom Erfolg bei der Prüfung erzählt, beginnt sie zu lachen und resümiert mit erfreuter und stolzer Stimme: „Und es wirklich hat's geklappt!" Auf Nachfrage der Interviewerin hin, ob sich Frau G noch an die Situation des Sprachtests erinnern könne, folgt eine lange narrative Passage mit einer sehr ausführlichen Schilderung, die mit „Ja, das vergess' ich nicht so schnell!" eingeleitet wird:

> „Das war ... wie eine... das es war wirklich wie ein Jugendlicher, der ...eine Prüfung wirklich macht. (...) Ja, (lacht), (erzählt aufgeregt) wir hatten Angst, ich hab ...gesagt: „Ich hab Angst". Mein Herz hat so, hat mich aufge..., die Rhythmus von mein Herz hat wirklich durcheinander gespielt, und..., ich konnte kaum abwarten die Ergebnis. Das, ich, wir müssen ein Woche lang warten und diese ganze Woche ich hatte nichs anders in Kopf. Tag und Nacht ich hab's immer im Kopf. Ich hab's nur äh... an diese Sache gedacht... Was, wann wir nich schafft und (lauter): Was, wenn wir schaffen! ... Ich hab's alles... in mein Kopf gespielt, und es (hörbares Einatmen) war sehr sehr schönes Gefühl, wann wir die Ergebnisse gehabt... (ganz bedacht): Ich war überglücklich. ...Wie ein Kind, sag ich jetzt, wie ein Kind, weil man (hörbares Einatmen) ...irgendwas (hörbares Ausatmen) ...sehr gern will und hat." (Z. 210-219)

148

Sowohl inhaltlich wie auch an parasprachlichen Elementen, Intonation und Wortwahl wird deutlich, wie stark der Sprachtest das Empfinden des gesamtes Einbürgerungsprozesses dominiert hat und welch hohe individuelle Relevanz dieses Empfinden hatte.

Bei einer anderen Befragten lagen zwar keine Ängste in dieser Intensität vor, doch herrschte eine gewisse Unsicherheit, die auf Unkenntnis der formalen Anforderungen und des bürokratischen Verfahrens begründete:

> „... da bin ich ein paar Mal da ins Rathaus ... (...) und da bin ich immer wieder weg. (...) Ich bin wirklich ein paar Mal, kann jetzt nicht sagen, wie oft, aber bestimmt zwei oder drei Mal, äh, wo ich am Ende weggegangen bin. Äh äh ich weiß, da war der Wunsch, aber auch die Angst ..., den Schritt zu machen.(...) Das war wahrscheinlich auch die Angst auch vor ... Leute zu treten, dich ich nicht kannte. Äh, ich habe ... wahrscheinlich gedacht: Wer weiß, was die haben wollen! Oder was die verlangen, oder was ahh ... oder was notwendig is, also das sind, ... ein Komplex von Sachen." (Frau H)

Frau A berichtete ebenfalls von einer gewissen Nervosität im Einbürgerungsverfahren, die sich auf die Anforderung konzentrierte, während des Verfahrens nicht in den Konflikt mit Gesetz und Staat zu geraten und damit die Einbürgerung nicht zu gefährden. Frau A erzählte sehr lebendig eine Situation, in der sie versehentlich fast einen Ladendiebstahl beging: Sie hatte in Gedanken einen Laden verlassen, um den Bus noch zu erreichen und merkte erst vor der Tür, dass sie noch unbezahlte Ware in der Hand hatte. Beim Zurückrennen in den Laden war ihr erster Gedanke, dass sie nun nicht eingebürgert würde.

In einem anderen Fall schließlich waren die Ängste und Befürchtungen auf die gesetzlichen Grundlagen zur Einbürgerung gerichtet. Der erste Antrag der Interviewpartnerin war abgelehnt worden, weil die notwendige Aufenthaltszeit noch nicht erreicht war. Sie trieb dennoch energisch einen erneuten Antrag voran, weil sie befürchtete, die Einbürgerungsvoraussetzungen könnten zwischenzeitlich verschärft werden.

Wie später noch ausführlicher darzustellen sein wird (Kapitel 5.4) gab es Personen, die sehr starke emotionale Regungen beim Vollzug der Einbürgerung zeigten. Wir begegnen hier wieder Frau G und Frau A. Beide empfanden den formalen Abschluss der Einbürgerung als Erfüllung eines langgehegten Wunsches, fühlten sich „wie an Weihnachten" und waren „überglücklich". Mit dem Wissen, dass sie vorher im Verfahren sehr nervös und besorgt waren, die formalen Einbürgerungskriterien zu erfüllen, ist dieses Empfinden durchaus nachvollziehbar. Unter den Personen, die dezidiert von sehr positiven Gefühlen beim Vollzug der Einbürgerung erzählten, sind auch welche, die uns vorher im Verfahren nicht durch Erzählungen zu Emotionen während der Entscheidung oder des Verfahrens aufgefallen sind. Es gilt demnach der Frage nachzugehen, ob neben expliziten Äußerungen zu Ängsten und Befürchtungen im Einbürgerungsverfahren sich auch indirekte Hinweise darauf in den Interviews finden lassen.

Herr P zum Beispiel erzählte uns von Gefühlen der Befreiung beim Erhalt seinen Passes: „...ich wollte einfach Klarheit haben, das heißt eine Entscheidung treffen." Sehen wir uns den biografischen Hintergrund und einzelne narrative Passagen des Gesamtinterviews näher an. Herr P ist von seiner ethnischen Herkunft her Palästinenser, in der Westbank geboren, unter israelischer Besatzung aufgewachsen und hatte bis zur Einbürgerung die jordanische Staatsangehörigkeit. Aufgrund dieser ungeklärten Zugehörigkeit war sein Leben geprägt von Gefühlen der Zerrissenheit und einer Sehnsucht, irgendwo dazu zu gehören. Ein zentrales Leitmotiv im Interview mit ihm war die bürokratische Struktur und staatliche Ordnung in Deutschland im Vergleich zu administrativem „Chaos" in seinem Herkunftsland, das geprägt war von willkürlichen Entscheidungen Einzelner, die er als „menschenunwürdig" bezeichnet. Bei der Erzählung seines Einbürgerungsverfahrens und den Kontakten mit den Behörden schwankt er zwischen positiver Euphorie über die deutsche Seite und wütenden Bemerkungen über die Behörden seines Herkunftslandes:

„Verstehen Sie, das ist wenn ich...ins Rathaus gehe und...und in - ich brauche Geburtsurkunde...dann weiß ich, ich hab' Recht drauf. Da kann mir keiner irgendwo was dareinreden. Ne? Und das ist klar schriftlich festgelegt. (lacht). Ja, wissen Sie, das ist diese Gewissheit, ne?" (Z. 162-165). „...das war halt so...ich kannte ja die Vorschriften, ne? Die Vorschriften war's ja, man musste erst mal verheiratet sein – fünf Jahre lang verheiratet sein und mindestens zehn Jahre Aufenthalts- äh -dauer haben. Insgesamt, ne? Zusammengezogen praktisch, ne? Und ja, so knapp davor...vielleicht ein Jahr davor oder so was, bevor ich diese zehn Jahre erfüllt hab', ne...bin ich zum äh...in's...in's Rathaus gegangen, hab' nachgefragt, wer für die Einbürgerung zuständig ist, ne...und äh natürlich zu meiner sehr angenehmen Überraschung war's der (Name des für die Einbürgerung zuständigen Beamten) ...ne... das ist ein sehr angenehmer Mensch. Also das ist... korrekt, ordentlich...also immer. Na ja, und wir haben erst mal die ganze Geschichte durchgesprochen, ne...also besprochen und...und alles dargelegt und hat er mir dann... alle Papiere halt äh genannt, die ich brauche, alle Anträge auch gezeigt und gegeben, die ich brauche und so weiter und so fort. Und na-...dann hat er gemeint, das ist jetzt noch ein Jahr haben wir noch Zeit, ne...und wenn ma das jetzt machen das braucht sowieso auch ein Jahr, bis das alles durchgemacht ist, dann ist das schon erfüllt diese Bedingungen, das ist ja kein Problem. Also wir können's ruhig jetzt schon stellen, den Antrag. Das haben wir also auch gemacht...Jo, das hat seinen...Lauf genommen." (...) Also äh...auf der deutschen Seite war's ja so fast ein Jahr und das ist ja die übliche Laufzeit, ne? Und dann war die Bescheinigung schon da...natürlich mit der Bedingung verknüpft, die andere Staatsbürgerschaft aufzugeben. Ne? Und das war eben...und da haben wir ein Minichaos in Bonn gehabt, das ist die jordanische Botschaft...das ist in Bonn. Es gibt ja jordanische Botschaft, gab's damals. Jetzt ist in Berlin glaub' ich. Und das ist ja Klein-Jordanien, das heißt Klein-Chaos. Mitten in Deutschland. Ja? Verstehen Sie? Ja, und da ging's los. Ne? Und natürlich erst – also ich sag das klipp und klar und offen, also da gibt's nicht...dafür muss man bezahlen...und da wurde auch bezahlt, also...anders ging's nicht." (...) „Und das war natürlich für mich die allerletzte Bestätigung...in meinen alten...Vorurteil, was der - was Jordanien angeht, ne? Das war ein Klein-Chaos, ne...war das nicht...Da sitzt ein Konsul da und er weiß überhaupt nicht, was los ist. Gar nichts!...Hat nur auf Geld abgesehen. Nur! Wer bezahlt, der bekommt, wer nicht: zack aus...sag' mal...Ja, er...er denkt sich der ist Privatmann und kein...kein Staatsbeamte. Ja... (lacht) ne? Wenn er was tut dann muss er was da-dafür haben, ne? Nach dem Motto läuft das, ne? Ja, wenn ich für die Leut' was tun muss, dann müssen sie bezahlen, also betrachtet sich nicht als...als Staatsbeamte...der vom Staat bezahlt wird, sondern als Privatmann. Der den Leuten irgendeinen Gefallen tut. Ne, am Ende. Ja, und das war eben meine letzte Bestätigung, wo…und mein allerletzter Abbruch mit dem Land. Ne? Allerletzter Abbruch war das. Also…ich hab' ihm dann den Pass auf den Tisch gehaut und bin weg." (Z. 197-244, mit Auslassungen).

Die Erzählung der behördlichen Kontakte formulierte Herr P mit sehr starkem Nachdruck. Er wechselte zwischen den Textsorten Erzählung und Argumentation, wiederholte die zentralen Punkte mehrfach und äußerte Lob wie Kritik in äußerst deutlichen Worten. Die gewählte syntaktische Struktur unterstreicht die Nachdrücklichkeit des Arguments durch kurze prägnante Sätze, zahlreiche Exklamationen und rhetorische Fragen. Aus seinen inhaltlichen Äußerungen lässt sich schließen, dass seine distanzierte Einstellung zum Herkunftsland durch die Begegnung mit dessen Institutionen und mehrfache Frustrationserlebnisse noch verstärkt wurde: Er empfand Wut und Empörung über Verfahren und Mentalität und brachte diese durch (lautstarkes) Zurücklassen seines Passes zum Ausdruck.

Emotionales Empfindungen wie Ärger, Wut und Empörung wurde auch von anderen Befragten erzählt. So zeigten sich zum Beispiel Frau W und Herr M sehr erleichtert über den Abschluss des Verfahrens, da das Verfahren selbst sehr zeitraubend oder mit besonderen Anstrengungen verbunden war (siehe weiter oben).

5.3.4 Fazit

Im Verwaltungsverfahren haben die Einbürgerungskandidaten einerseits Kontakt mit der deutschen Behörde, andererseits mit Behörden des Herkunftslandes (außer denjenigen, die aufgrund ihres Rechtsstatus keine Ausbürgerungsbemühungen nachweisen müssen). Der Kontakt mit der deutschen Behörde ist größtenteils für die Befragten positiv verlaufen, sie empfanden die jeweiligen Beamten als freundlich und korrekt im Umgang. Im Falle der Behörden des Herkunftslandes, also zumeist des Konsulates, wurden hingegen besonders von türkischen Befragten des öfteren negative Erfahrungen geschildert.

Die Abgabe des alten Passes hat meist kein emotionales Problem dargestellt, wahrscheinlich auch deshalb, weil sie diese Frage schon im Entscheidungsprozess mit sich ausgemacht hatten. Eine kleinere Gruppe hatte aber auch negative Gefühle von „Verrat" bzw. Wehmut beim Verlust ihres alten Passes; dass diese Gefühle teilweise in großer Intensität vorhanden waren, zeigte die vertiefte Analyse narrativer Passagen. Andererseits gab es Befragte aus ehemals sozialistischen Herkunftsländern, die geradezu froh waren, ihre alte Staatsangehörigkeit loszuwerden. Bei einigen Personen war das Einbürgerungsverfahren begleitet von Emotionen: Einerseits gab es Ängste und Befürchtungen, die formalen Einbürgerungsvoraussetzungen nicht zu erfüllen, andererseits gab es Wut und Enttäuschung über die Verfahrensdauer oder bei Kontakten mit

Behörden des Herkunftslandes. Ähnliche Ergebnisse finden sich auch in anderen Untersuchungen. Bei den drei Befragten von Schmidt-Hornstein (1995) zum Beispiel nahmen emotionale Aspekte in der Entscheidung für die Einbürgerung bei den Befragten einen unterschiedlichen Stellenwert ein, der von dem Gefühl einer mehrfachen Zugehörigkeit bis hin zum Selbstvorwurf der Abtrünnigkeit und Illoyalität gegenüber dem Herkunftsland reichte.

5.4 Emotionales Empfinden beim Vollzug der Einbürgerung

In Anlehnung an den chronologischen Ablauf des Einbürgerungsprozesses beinhaltet der Code „Emotionales Empfinden beim Vollzug der Einbürgerung und (unmittelbar) danach" Aussagen der Interviewpartner darüber, wie sie den Vollzug der Einbürgerung erleben, d.h. die Aushändigung der Einbürgerungsurkunde und das meist unmittelbar folgende Beantragen eines deutschen Personalausweises und eines deutschen Reisepasses. Zu diesem Erlebnis gehört auch, ob und in welchem Ausmaß die Eingebürgerten ihren Familien, Freunden und Kollegen von ihrer nun deutschen Staatsangehörigkeit berichten. Im Vorhandensein eines solchen Mitteilungsbedürfnisses und in den darauf folgenden Reaktionen und Aktionen (z.B. Organisation von Feiern) wird die Gefühlslage der Interviewpartner reflektiert.

Tabelle 6: Die Codefamilie Einbürgerungsvollzug

Codefamilie	Subkategorien	Codes
AKT Einbürgerungsvollzug	AKT1 Emotionales Empfinden beim Vollzug der Einbürgerung und (unmittelbar) danach	**AKT1a** spontane positive Gefühle (lang gehegter Wunsch ist in Erfüllung gegangen/Hochgefühl/ Aufgeregtheit/Stolz/Grund zu feiern) **AKT1b** nachhaltig positive Gefühle (Dankbarkeit/ Gefühl der Befreiung von Zweifeln/Erleichterung, etwas abgeschlossen zu haben/Gefühl, dazu zu gehören (Akzeptanz)/noch mehr Respekt für den Staat/endlich Klarheit) **AKT1c** emotional neutral / nichts Besonderes **AKT1d** spontane negative Gefühle (Enttäuschung über unfeierlichen Verlauf, „Zugehörigkeitskonflikt") **AKT1e** nachhaltig negative Gefühle (Unsicherheit über neue Rechte und Pflichten, Verbitterung über Verfahrensablauf)

5.4.1 Emotionen beim administrativen Vollzug der Einbürgerung

Die Befragten ließen sich bezüglich ihrer Emotionen während des bürokratischen Akts der Einbürgerung in vier Gruppen gliedern, die im Folgenden näher beschrieben werden.

Eine Reihe der Interviewpartner hat den Einbürgerungsvollzug **spontan**, also in der Situation selbst, und/oder **nachhaltig positiv** empfunden. Bei einigen drückte sich dies als Freude über die Erfüllung eines intensiv gehegten Wunsches aus:

„Ich mein', es ist schon wirklich 'n schönes Gefühl. Man sagt einfach: Mensch, das, was du dir gewünscht hast oder so was, das ist in Erfüllung gegangen. Das ist vielleicht für jeden … jeder erlebt's anders. Also für mich war's halt ein bisschen so wie Weihnachten oder so." (Frau A, Z. 530-533)

„ … aber ich liebe dieses Land, ich liebe diese Menschen, (hörbares Einatmen), ich wollte … äh … dazugehören. Und wann's nur auf das Papier. Und mein Wunsch war erfüllt. Ich war überglücklich." (Frau G, Z. 227-229)

Andere beschrieben ein allgemeines „Hochgefühl", „Aufgeregtheit" und Empfindungen von Stolz und Dankbarkeit, weil sie die Einbürgerung als ein Zeichen der Akzeptanz seitens der Aufnahmegesellschaft empfanden und nun das Gefühl haben, dazu zu gehören:

„Ich war auch glücklich, also diese (betont) ersten paar Tage war ich echt, so äh bisschen … aufgeregt (…) dann äh diese Gedanke kommt: Schau mal, die, des is echt schön…äh, äh, diese Gelegenheit, diese Staat, also dann hab ich noch mehr, also dann kriegst plötzlich noch mehr Respekt für diese Staat." (Herr E, Z. 463-466)

„Natürlich ist auch eine äh Stolz auch dabei. Stolz, dass man irgendwie äh … diese Akzeptanz äh äh zu haben. Natürlich das ist der Ausweis – mein A-Ausweis … deutsche Ausweis ist praktisch nur ein Dokument, aber äh trotzdem ist irgendwie ein Beweis, dass man irgendwie anerkannt ist, dass man irgendwie akzeptiert ist." (Herr B, Z. 365-367)

Ebenfalls genannt wurde ein „Befreiungsgefühl", und zwar von zwei Befragten, die aus (post)sozialistischen Gesellschaften kommen (Rumänien und Kuba). Herr I ist Arbeiter und als Asylbewerber wegen der politischen Verhältnisse in seinem Heimatland Kuba nach Deutschland gekommen. Er verbindet mit dem Erwerb des deutschen Passes ein Gefühl der Freiheit, was sicher mit dem geschilderten Migrationshintergrund zu tun hat: Man ist dem Herkunftsland quasi entkommen und nun ein „normaler Bürger, wie andere Deutsche":

„Also, das Gefühl ist, da ich, fühle mich wie, …, ein Deutsche! Normale Bürger, wie andere Deutsche, ner? Ein Bürger. Weil ich habe meine Freiheit, in Deutschland, ich fühle mich frei! Hier in diese Land, so." (Herr I, Z. 123-125)

Eine nicht unwichtige Rolle spielte auch die Erleichterung, etwas abgeschlossen zu haben. Dies trifft vor allem auf diejenigen zu, bei denen sich das Verfahren aus verschiedenen Gründen länger hingezogen hat oder mit besonderen Anstrengungen verbunden war, zum Beispiel mit Reisen in die Herkunftsländer, um die Entlassung aus der dortigen Staatsangehörigkeit zu beschleunigen.

> „Na ja, war schon froh gewesen, weil des war ja schon lang, und ... des war ja auch scho a Kampf gewesen" (Herr V, Z. 126)

> „Eigentlich öh das war für mich ... ein Sieg, über diese ganze, Schlamassel was hab ich erlebt. Na? Du hast durchgehalten, und du hast jetzt das. Und meine ich, die ganze ... Freunde kann ich sie nennen, aus der Landratsamt, und aus der Rathaus, die ham sich alle (betont:) wahnsinnig mit mir gefreut. Wenn haben sie gewusst, alle, die ganze Dokuma- Dokumentation haben sie gehabt, und wie hab ich gekämpft und ... „ (Frau W, Z. 423-427)

Für andere Befragte bedeutete die vollzogene Einbürgerung auch die Befreiung von Zweifeln über den eingeschlagenen Weg, die sie während des Verfahrens wieder befallen hatten:

> „Jetzt ist okay, jetzt is vorbei, hab ich gemacht, jetzt, jetzt hab ich es bekommen, jetzt ist Schluss, zumindest mit diese ... langen Hin und Her und ‚Soll ich oder soll ich nicht? Vielleicht kann man noch zurück, oder vielleicht noch verzögern, vielleicht doch doppelte Staatsbürgerung, -bürger-, Staatsbürgerschaft', und, ach was soll's, ja." (Herr O, Z. 1111-1113)

> „Öh, ich sach ma mal, vom Gefühl her ... es war schon eigenartig. Also es war nich, nich zu beschreiben. Es war ... die Frage: Richtig oder falsch, ner? (...) Wobei der Verstand in dem Moment sacht: Kein Thema. Es war richtig." (Herr X, Z. 539-543, mit Auslassungen)

Neben einem Gefühl der Befreiung wurde auch die Schaffung von Klarheit als Emotion während des Vollzugs der Einbürgerung genannt:

> „Für mich war innerlich eine Ordnung da wieder. Eine Ruhe, ne? [...] Ja, und...ich...ich wollte einfach Klarheit haben, das heißt eine Entscheidung treffen. Entweder ich bin hier oder ich bin dort. Ne?" (Herr P, Z. 246-259, mit Auslassungen)

Bei einigen Interviewpartnern wurden anschließend Familie, Freunde und Kollegen informiert, es gab Gratulationen und kleine Feiern.

> „Ja, ich möchte mit mein Mann feiern. Wir gehen essen, ja. Und hab ich angerufen, zuhause, hab ich erzählen, dass is einbürger ... Einbürgerung is schon gehabt und jetzt bin ich Deutsche, also mei Vater und meine Tante, also mei family freuen sich auch, des is, ja des is auch eine besonders Tag für mich auch." (Frau S, Z. 262-265)

> „Ja, es war so: Meine Frau hat ein Einbürgerungsfest gemacht. Und zwar...also ich wusste nix davon...das war sehr überraschend für mich. Ich sitz daheim mit meinem Hausanzug, praktisch noch im Schlafanzug, und plötzlich kommt der eine nach dem anderen. (lacht) Plötzlich läutet's ständig an der Tür. Das Wohnzimmer war voll! (lacht) [...] Also...hat mich sehr gefreut, dass sie's

gemacht haben. Der eine Bekannte von mir hat mir…hm (räuspern) also alle bayerischen Biere, die es gibt, jeweils eine Flasche mitgebracht. […] Und andere haben mir…daheim so ein Einbürgerungstest gemacht. Ne? Das heißt, sie haben halt gefragt: Ja, wie heißt der Bundeskanzler? Ne? […] Und ja, wie heißt der hh… ähh…Dings - Nationaltrainer … Fußballnationaltrainer? Und… und wie heißt der bayerische Ministerpräsident? Und…und so weiter. Wie heißt der Innenminister glaub' ich, und dann der Außenminister und…solche Geschichten. Ja, und wer ist der berühmteste Sänger im Moment? Also der deutsche Schlagersänger und so weiter, ne? Ja, ich hab' den Test sehr gut bestanden." (Herr P, Z. 345-370, mit Auslassungen)

Die zweit größte Gruppe sind diejenigen, die den Einbürgerungsvollzug als neutral oder. „nichts Besonderes" empfunden haben.

„Ja … also … des ist jetzt net so, dass das da jetzt irgendwie so ein emotionaler Moment war, ne? Das war ganz einfach … formell eigentlich, ne? Da hab' ich halt unterschrieben … damit hat sich die Sache erledigt gehabt, ne? … Das war jetzt ka großer Augenblick irgendwie so muss ich sagen, ne? […] War jetzt ka großer Grund zum Feiern. Das war ja net jetzt,dass ma jetzt so … zu a Haufen Geld kommen ist oder so. (Lachen)" (Herr T, Z. 135-144, mit Auslassungen)

„Es war nichts Aufregendes, (lacht) wenn Sie das meinen. … Ganz ganz äh … äh prosaisch sozusagen hingegangen (lachen), und einfach die Pässe geholt, und so weiter. Das war … äh, nicht, nicht äh etwas Besonderes. Ich meine, weil das ja so lange gedauert hatte, und die Formalitäten, bis man den bekommen, nachdem man, sagen wir, die Zusicherung bekommen hat, bekommt man dann den Pass bekommt, das ist, das dauert auch etwa so zwei Monate, da sind die (amüsiert) ganzen Gefühlsmäßigkeit geht verloren! „ (Herr Z, Z. 418-422)

„Ja, dann bin ich einfach runter, zum Rathaus. Hab's ja gewusst, dass ich's heut bekomm Und dann, hab ich's g'habt." (Herr V, Z. 124-125)

Damit ist dann auch häufig verbunden, dass das Mitteilungsbedürfnis gegenüber dem Umfeld eher gering ist, weil man den erfolgten Schritt als uninteressant bewertet oder keinen Anlass sieht, mit dem deutschen Pass anzugeben.

Negative Empfindungen beim Einbürgerungsvollzug beschrieben nur drei Interviewpartner. Sie äußerten Enttäuschung über den unfeierlichen Verlauf der Einbürgerung, der nach ihrer Meinung dem Charakter des Ereignisses nicht gerecht wird[76]. Eine Befragte zog dazu Vergleiche mit den USA, wo ihre Schwester eingebürgert wurde, und der Vereidigung ihres wehrpflichtigen Sohnes, um zu verdeutlichen, dass ein „öffentliches Bekenntnis" zur Einbürgerung gehören sollte:

---

[76] Bis Anfang der 90er Jahre führte die Stadt Bamberg eine kleine Einbürgerungsfeier bei der Übergabe der Einbürgerungsurkunde durch, die allerdings aufgrund der starken Zunahme der Einbürgerungszahlen eingestellt wurde. Seit dem Jahr 2000 gibt es eine Neuauflage dieser Feiern in veränderter Form (siehe dazu Kapitel 5.4.2).

„… ich war leicht (betont) enttäuscht, das is äh, äh sagen wir, so unformell geschehen is. Oder geschah, sagen wir. Weil äh ich von-äh, äh, ich habe eine Schwester, die in Amerika lebte, die ist mit einem Amerikaner verheiratet, und äh, meine Schwester hat die äh, amerikanische Staatsangehörigkeit angenommen … Und sie hat mir erzählt, dass damals eine, eine, sagen wir, das ist eine feierliche (betont) Angelegenheit. Und da fand ich hier, da war ich fast enttäuscht, dass es hier so unformell gelaufen is (…) Ich finde schon, dass man sich i-…, irgendwie w-, w-, wenn man heiratet, du bekennst dich zu irgend jemand, und das bekennst du öffentlich, das is auch in dem Fall öffentlich geschehen sollte. Und das, das hab ich vermisst (lacht)." (Frau H, Z. 619-645, mit Auslassungen)

Mangels einer feierlichen Komponente bei der Überreichung der Einbürgerungsurkunde durch die Behörde blieb einigen Befragten der Tag der Einbürgerung nicht sonderlich in Erinnerung. Sie empfanden ihn als „wenig feierlich" oder nicht außergewöhnlich:

„Also gefeiert haben wir das nie so, aber ich meine, (belustigt:) ich könnt mich auch nicht mehr erinnern, was ich an dem Abend gegessen habe oder so (lacht)" (Herr R, Z. 727-728).

„Aber irgendwie … dass das was Besonderes oder mit feierlicher äh Laune oder so was äh … kann ich nicht sagen. Dass das irgendwie damit verbunden war. [...] … in den ziemlich nüchternen äh Räumlichkeiten von äh … weiß nicht wo das … Kreisverwaltungsamt oder so was in [Name der Stadt] äh … da die Gänge und das ganze … da kommen Sie sich wie beim Zahnarzt vor irgendwie (lachen). Also nicht besonders feierlich … und … also da kann ich … äh weiß ich nicht allzu viel … wie ich das gekriegt hab' und … und … also es war sicher nix besonders Feierliches, sonst hätte ich mir das irgendwie vielleicht irgendwie gemerkt. Aber äh … wahrscheinlich hab' ich da irgendwie die Urkunde äh … äh gekriegt äh … mit der Urkunde musste ich da n n bei der Gemeinde dann den Reisepass beantragen. Und jetzt weiß ich nicht, ob ich die überhaupt in die Hand gekriegt hatte oder ob ich die zugeschickt bekommen hab'. Ich weiß es jetzt nicht mehr." (Frau U, Z. 312-329)

Bei der Analyse der Interviews fiel auf, dass manche Personen in ihren Erzählungen zum Vollzug der Einbürgerung **sowohl negative als auch positive Gefühle** schilderten, also eine ambivalente Gefühlslage hatten. Hier mischten sich in die positive Grundstimmung bei der Verleihung der deutschen Staatsangehörigkeit auch andere Gefühle. Eine aus der Ukraine stammende Familie zum Beispiel war sich im Moment des Vollzugs noch unsicher über die entstandenen Rechte und Pflichten:

„… weil wir müssen bisschen auch sag ich ehrlich auch aufpassen, weil…wir haben – wir wissen noch nicht alle Rechte, wir wissen noch nicht alle … alles, was wissen deutsche Leute welche hier gewachsen wurden und wir müssen die alle Sachen mitbekommen noch." (Herr F, Z. 380-383)

Ein Befragter ehemals portugiesischer Staatsangehörigkeit erlebte während des Vollzugs noch einmal kurzfristig Gefühle des „Verrates" an der eigenen ethnischen Gruppe und einen „Zugehörigkeitskonflikt":

„Ich hab mich einerseits g'freut, einerseits äh irgendwie a weng Wehmut. Man hat trotzdem diesen Gedanken, nä, hast dei ... ich sag a mal krass, dei Vaterland verraten, nä, sag a mal krass jetzt ja. Im Hintergedanken äh hast des dann äh scho ... scho im Kopf g'habt, nä (...) aber des hat sich dann schnell verloren." (Herr M, Z. 242-245)

Bei einer anderen Befragten spielten neben Gefühlen der Erleichterung auch Bitterkeit über das lange, komplizierte Verfahren eine Rolle (Frau W) oder es mischte sich unter die Freude die Angst, Bindungen an die Herkunftskultur zu verlieren, obwohl die Entscheidung „verstandesmäßig" ganz klar war (Herr F).

5.4.2 Die Bewertung von kommunalen Einbürgerungsfeiern

Wie weiter oben dargestellt, gab es unter den Interviewpartnern einige Personen, die sich enttäuscht über den unfeierlichen Verlauf des Einbürgerungsvollzugs zeigten. Andere, die noch in den 80er oder frühen 90er Jahren eingebürgert wurden, haben kleinere Feierstunden der Stadt Bamberg miterlebt.

Kommunale Einbürgerungsfeiern werden in Deutschland erst seit den letzten Jahren in ausgewählten Städten durchgeführt. Nicht zuletzt im Zuge des seit 1.1.2000 geltenden neuen Staatsangehörigkeitsrechtes wird man zunehmend auf die Bedeutung solcher Feiern als Teil einer Einbürgerungs- und Integrationskultur aufmerksam. In soziologischer und integrationstheoretischer Hinsicht stellen sie eine wichtige integrationsfördernde Maßnahme dar. Was der gesellschaftliche Sinn von Einbürgerungsfeiern sein kann und welche gesellschaftlichen Wirkungen von Feiern und Riten sich sozialwissenschaftlich identifizieren lassen, stellte Friedrich Heckmann in einem Vortrag anlässlich des Workshops „Staatsangehörigkeit und Einbürgerungskultur"[77] dar, indem er auf ein Zitat Emile Durkheims rekurrierte:

„Rituale in unterschiedlicher Form binden die Menschen in gemeinsamer Solidarität aneinander. Religiöse und politische Zeremonien haben diese Wirkung ... Rituale binden die Menschen an gemeinsame Gruppenideen, Bilder und Normen und erzeugen so gemeinsames Denken, gemeinsame Ziele und gemeinsame Interessen. Rituale sorgen für die stabilen Elemente, die von den Menschen geteilt werden, sei es in Prozessen des Denkens und des Gesprächs, bei der Befriedigung von Bedürfnissen und im Austausch oder bei der Verfolgung von Zielen und im Konflikt." Feiern und Riten lassen sich im gesellschaftlichen Leben als eine Form von Symbolen und Gesten interpretieren. Symbole repräsentieren bestimmte Konzepte, Werte, Normen und Standards. Der Begriff der Geste impliziert zusätzlich, dass die Bedeutungen von Symbolen bestimmte Adressaten haben, denen etwas gesagt werden soll. Darauf beruht auch zentral ihre gesellschaftliche Wirkung.

---

[77]   F. Heckmann „Die symbolische Seite der Einbürgerung: Einbürgerungsfeiern". Vortrag bei der Tagung „Staatsangehörigkeit und Einbürgerungskultur" am 7. und 8. Juli in der Bayerischen Landesvertretung in Berlin. Unveröffentlichtes Manuskript, sowie der Bericht zur Tagung „Staatangehörigkeit und Einbürgerungskultur" am unter http://www.uni-bamberg.de.

Einbürgerungsfeiern sprechen somit einerseits jüngst eingebürgerte Personen, andererseits alle Migranten an, die prinzipiell eingebürgert werden wollen und können. Durch eine Feier wird verdeutlicht, dass etwas bedeutsames mit diesem Schritt verbunden ist: die volle rechtliche Gleichstellung und grundlegende Mitgliedschaftsrechte in der politisch-staatlichen Gemeinschaft, volle politische Partizipation und existentieller Schutz durch die staatlichen Institutionen im Inland und Ausland. Andererseits symbolisiert eine Feier die Offenheit der Aufnahmegesellschaft: Man kann Deutscher werden und sein, ohne deutsche Eltern zu haben oder in Deutschland geboren zu sein. Als Symbol und Geste wendet sich die Feier aber auch an die einheimische Bürgerschaft, indem sie ihr die Veränderung der Zusammensetzung der Gesellschaft deutlich macht[78].

Nach dem Vorbild der Stadt Frankfurt am Main wurden auch in Bayern in den letzten Jahren Einbürgerungsfeiern verstärkt initiiert. Die Stadt Bamberg nahm hier eine gewisse Pionierfunktion ein, es folgten Erlangen, Nürnberg und weitere Städte. Auch wenn sie jeweils anders umgesetzt werden[79], besteht der gemeinsame Ansatz der Einbürgerungsfeiern darin, dass eine größere Zahl von Eingebürgerten zu einer Feierstunde eingeladen wird, die in entsprechend festlichem Rahmen durchgeführt wird. Vertreter der jeweiligen Kommune – oft der Oberbürgermeister – begrüßen dabei offiziell die neuen Staatsbürger, gelegentlich werden auch kleine Geschenke überreicht, es gibt Musik und einen Imbiss mit Getränken.

Im Laufe der Interviews, aber auch schon in der vorbereitenden Gruppendiskussion haben sich einige Eingebürgerte dazu geäußert, wie sie solche Feiern sehen – teilweise in hypothetischer Formulierung, teilweise aufgrund eigener Erfahrung als Teilnehmer. Eine sah keinen Grund zum Feiern (eine philippinisch-stämmige Frau, die sehr lange für die Entscheidung zur Einbürgerung gebraucht hatte, aber auch danach nicht sehr glücklich mit dem deutschen Pass war) oder hätte bei einer solchen Feier das Gefühl, nun ganz als Deutsche „vereinnahmt" zu werden, was aber nicht ihrem Selbstverständnis entspricht (eine junge türkische Frau der zweiten Generation). Auch eine dritte Gruppendiskussionsteilnehmerin äußerte sich skeptisch, da sie in der Wahrnehmung der Umgebung trotz solcher offizieller Feiern weiter Ausländerin bliebe (siehe dazu auch Kapitel 5.5.1.1).

---

[78] Tanja Wunderlich: „Der Wechsel der Staatsangehörigkeit aus der Sicht von Eingebürgerten. Ergebnisse aus der Forschung." Ansprache anlässlich der Einbürgerungsfeier der Stadt Bamberg am 28.5.2003. Unveröffentlichtes Manuskript

[79] Während Bamberg Eingebürgerte aus den letzten Monaten ein mal jährlich einlädt, veranstalten andere Städte mehrere Veranstaltungen im Jahr.

Die Interviewpartner, die eine Feier miterlebt haben, schilderten dies überwiegend positiv. Die Ausnahme war hier ein ehemals iranischer Staatsangehöriger, der an einer Bamberger Feier jüngeren Datums teilgenommen hatte und sie als „Show" empfand. Er erkannte zwar prinzipiell die positive Intention der Feier an, empfand sie aber als „nicht natürlich": wenn man den Kontakt zwischen Ausländern und Deutschen verbessern wolle, wären informelle Gelegenheiten des Zusammentreffens viel wichtiger. Andere Interviewpartner hatten zwar keine eigenen Erfahrungen, beurteilten Einbürgerungsfeiern aber grundsätzlich positiv: so etwas wäre „echt nicht schlecht" (Frau U), die Eingebürgerten werden sich „dann mehr freuen" (Frau L), oder man stellt sich die Feier interessant vor, weil es der erste offizielle Kontakt mit der Umgebung als deutscher Staatsbürger wäre, oder weil man dort andere Eingebürgerte treffen könnte. In einem Fall (Frau H, siehe oben) wurde sogar lebhaftes Interesse geäußert, an einer Feier teilzunehmen, obwohl die eigene Einbürgerung schon länger zurücklag.

Diese überwiegend positiven Bewertungen entsprechen auch persönlichen Eindrücken der Autorin bei Planung und Organisation der Bamberger Einbürgerungsfeiern, die seit 1999 nun jedes Jahr durchgeführt werden. Organisatoren wie auch die eingebürgerten Personen äußerten sich sehr angetan über diese Veranstaltungen. Der Ablauf der Feier war in Zusammenarbeit mit der Einbürgerungsbehörde und dem Oberbürgermeister konzipiert worden und die Veranstaltung in einem Rahmen durchgeführt worden, der es der Stadt möglich machte, sie in den kommunalen Alltag zu integrieren. Bei der Planung des Programms und der Einladung von Teilnehmern wurde darauf Wert gelegt, der Veranstaltung einen offiziellen Rahmen zu geben, dennoch aber die Zielgruppe in den Mittelpunkt zu stellen. Redebeiträge von Personen des öffentlichen Lebens wurden einerseits ergänzt durch einen wissenschaftlichen Beitrag, andererseits durch einen Beitrag eines Eingebürgerten. Den Höhepunkt der Veranstaltung bildete die Überreichung eines Präsentes an die eingebürgerten Personen oder Familien durch den Oberbürgermeister. Dabei wurde Name und ehemalige Nationalität der Personen benannt.

Über die Einbürgerungsfeier als Beispiel aktiver Integrationsförderung auf kommunaler Ebene ist ausführlich in der regionalen und überregionalen Presse und im Fernsehen berichtet worden[80]. Durch die Einladung und Information von Mitarbeitern von Einbürgerungsbehörden anderer Städte, wie zum Beispiel Erlangen oder Nürnberg, wurde das Bamberger Konzept überregional bekannt und hat bereits weitere Städte zur Nachahmung angeregt[81].

---

[80] Ein kurzer Fernsehbericht von Oberfranken TV und das Programm findet sich unter http://www.uni-bamberg.de.

[81] Ein Fest zum Willkommen? Vorschlag für Staatsbürgerschafts-Feier stößt auf Zustimmung, Nürnberger Nachrichten, 17.8.2000

5.4.3 Fazit

Bei der Mehrheit der befragten Personen verlief der Vollzug der Einbürgerung im Rahmen des üblichen bürokratischen Aktes in der Einbürgerungsbehörde, also ohne besondere Feierlichkeiten. Mehrere Interviewpartner schilderten den Vollzug der Einbürgerung als emotional positiv besetzt: Sie empfanden Freude, Stolz oder sogar Gefühle „wie Weihnachten" und feierten teilweise das Ereignis anschließend im Familienkreis oder mit Freunden. Nur wenige brachten den Einbürgerungsvollzug mit negativen Gefühlen in Verbindung und waren vor allem enttäuscht über den unfeierlichen Verlauf des Einbürgerungsaktes. Es gab auch Personen, die beim Einbürgerungsvollzug ambivalente Gefühle hatten: Sie freuten sich einerseits, das Verfahren abgeschlossen und den Schritt endgültig vollzogen zu haben, unter die Freude mischten sich allerdings auch negative Gefühle unterschiedlicher Art (Zweifel, Gedanken an Verrat am Herkunftsland oder Unsicherheit über neu entstandene Pflichten).

Es gab auch Befragte, die erzählten, den Einbürgerungsvollzug als nichts Besonderes empfunden zu haben. Auch in einer Untersuchung von Swiatkowski mit vormals polnischen Migranten konnte dieses „neutrale" Empfinden festgestellt werden (Swiatkowski 2001). Kommunale Einbürgerungsfeiern werden aber entweder aus eigener Erfahrung als Teilnehmer oder allgemein als überwiegend positiv beurteilt.

5.5 Wahrgenommene Wirkungen der Einbürgerung

Die Verlaufsphase „Wirkungen" bezieht sich auf Konsequenzen der Einbürgerung und Prozesse, die nach dem Vollzug des rechtlichen Aktes stattfanden oder auch nicht. Der Zeitpunkt der Einbürgerung lag bei den Befragten unterschiedlich lang zurück (zwischen wenigen Monaten und über 20 Jahren) und es konnten somit in den Interviews sowohl langjährige Erfahrungen als auch sehr kurzfristige erste Eindrücke als wahrgenommene Wirkungen der Einbürgerung von den Befragten reflektiert werden. Teilweise wurden Veränderungen der eigenen Person festgestellt, teilweise fiel es manchen Befragten leichter, über Veränderungen anderer Eingebürgerter, wie zum Beispiel der Eltern, zu berichten als über sich selbst.

Tabelle 7: Die Codefamilie Wahrgenommene Wirkungen der Einbürgerung

Codefamilie	Subkategorien	Codes
WIR **Wahrgenommene Wirkungen der Einbürgerung**	**WIR1** Wirkungen der Einbürgerung auf die strukturelle Integration: Reisen, Bürokratie	**WIR1a** Erleichterung beim Reisen, Erleichterung beim Kontakt mit Behörden, weniger Bürokratie
	WIR2 Wirkungen der Einbürgerung auf die strukturelle Integration: berufliche Chancen	**WIR2a** Verbesserung beruflicher Chancen, Erleichterung bei Arbeitssuche **WIR2b** keine (positiven) Veränderungen im Berufsleben
	WIR3 Wirkungen der Einbürgerung auf die strukturelle Integration: Wahlrecht und politisches Interesse	**WIR3a** aktive politische Partizipation, gesteigertes politisches Interesse, mehr Bedürfnis nach Information **WIR3b** kein gesteigertes politisches Interesse
	WIR4 Wirkungen der Einbürgerung auf die strukturelle Integration: Aufenthaltssicherheit, konsularischer Schutz	**WIR4a** gesteigertes Gefühl der Sicherheit allgemein, Aufenthaltssicherheit, konsularischer Schutz **WIR4b** kein gesteigertes Gefühl der Sicherheit
	WIR5 Wirkungen der Einbürgerung auf die kulturelle Integration	**WIR5a** keine oder nur geringe Veränderungen im Alltagsleben **WIR5b** verstärkte Pflege der Herkunftskultur
	WIR6 Wirkungen der Einbürgerung auf die soziale Integration: Zusammensetzung der soziale Verkehrkreise	**WIR6a** keine oder nur geringe Veränderung der sozialen Verkehrkreise **WIR6b:** erweiterte Verkehrskreise
	WIR7 Wirkungen der Einbürgerung auf die soziale Integration: Reaktionen der vorhandenen Referenzgruppen	**WIR7a** positive Reaktionen von Referenzgruppen und ethnischer Community in Deutschland **WIR7b** positive Reaktionen von Familie und Freunden in Deutschland **WIR7c** neutrale bis positive Reaktionen der Familie im Herkunftsland **WIR7d** neutrale bis negative Reaktionen von Referenzgruppen und ethnischer Community in Deutschland **WIR7e** negative Reaktionen der Familie/ Referenzgruppen im Herkunftsland
	WIR8 Wirkungen der Einbürgerung auf die soziale Integration: gesellschaftliche Akzeptanz	**WIR8a** keine gesteigertes Akzeptanzempfinden, nach wie vor „Ausländer"

161

Codefamilie	Subkategorien	Codes
	WIR9 Wirkungen der Einbürgerung auf die soziale Integration: familienbezogen	**WIR9a** gesteigertes Einbürgerungsinteresse bei Familienmitgliedern
		WIR9b kein gesteigertes Einbürgerungsinteresse bei Familienmitgliedern
	WIR10 Wirkungen der Einbürgerung auf die identifikative Integration	**WIR10a** Zugehörigkeitsgefühl zu Deutschland verfestigt oder verstärkt
		WIR10b keine eindeutige Identifikation mit Deutschland / Zugehörigkeit zum Herkunftsland bleibt trotzdem erhalten
		WIR10c Zugehörigkeit entkoppelt vom Pass

5.5.1 Wirkungen zur strukturellen, sozialen und kulturellen Integration

In Kapitel 5.1 war festgestellt worden, dass die Motive **Reiseerleichterungen** und **weniger Bürokratie** für viele Befragte eine Rolle bei der Einbürgerungsentscheidung spielten. Nicht überraschend wurden diese pragmatischen Vorteile des deutschen Passes dann auch von einer großen Zahl der Befragten als positive Wirkung der Einbürgerung in ihrem Leben genannt. So schilderten die Befragten unter anderem, dass der Erhalt des deutschen Passes ihnen „viel mehr Erleichterung" (Frau C) gebracht hat, dass manches „vereinfacht" (Herr X) wurde, sich somit ihre „Lebensqualität verbessert" hätte (Frau G) und alles wesentlicher „praktischer" (Frau C, Frau U) geworden sei. Man könne jetzt „viel spontaner" (Frau C) verreisen, da die zeitraubende Visumbeschaffung entfällt. Bei einigen Befragten zeigte sich die Bedeutung dieses Aspektes durch eine sehr lebhafte Schilderung von Situationen, in denen sie diese Erleichterungen intensiv erfahren hatten. So wurde erfreut zur Kenntnis genommen, dass bei Ausweiskontrollen an der Grenze alles unkomplizierter und schneller verläuft:

„… durch die Kontroll- … durch die Passkontrolle: Europäer, Nicht-Europäer. Lange Schlange bei den Nicht-Europäern (lacht), so gut wie keine bei …, und man holt den Personalausweis raus, und kaum seh'n sie die des (…) winken die einen durch." (Frau D, Z. 283-285)

„Mit dem deutsche Ausweis ist wie Bus fahren. Läufst da vorbei an dem Schalter, (…) das is alles." (Bruder von Frau L, Z. 5)

Im Falle des Herrn P waren seit der Einbürgerung Reisen in das Herkunftsland Jordanien nicht nur leichter, sondern überhaupt erst ermöglicht worden:

„Nee, also es … Sie sehen ja selber, mit dem deutschen Pass konnt' ich zu meiner Mutter – zu meinem Land! Mit dem deutschen Pass! Stellen Sie sich mal vor, die…die Ironie! Ne? Mit einem deutschen Pass konnt' ich zu meinem alten Land hingehen – zu meiner Heimat praktisch! – hingehen…sehr einfach!" (Herr P, Z. 311-315)

Eine weitere positiv empfundene Erleichterung ist, dass man nicht länger die Aufenthaltserlaubnis beantragen und nicht mehr das Konsulat des Herkunftslandes kontaktieren muss:

> „Ich hab ne Last weniger, ich muss jetzt nimmer so ins Konsulat und so, nä? Und was weiß ich … Pass verlängern, Wehrdienst verlängern, nä? Des war schon eine Entlastung also…" (Herr T, Z. 155-157)

Auch im Falle von Kontakten mit deutschen Behörden wurde von wesentlichen Erleichterungen erzählt: „in vielen Ämtern hat man den Vorrang" (Frau Y), alles würde einfacher, schneller und unkomplizierter verlaufen.

Mehrere Befragten thematisierten in den Interviews ihr **politisches Interesse** oder ihre (Nicht)Bereitschaft zu **politischer Partizipation** nach der Einbürgerung. Einige Interviewpartner berichteten davon, dass sie in der Folge der Einbürgerung ein verstärktes politisches Interesse entwickelt hätten und/oder aktiv von den Möglichkeiten der politischen Partizipation Gebrauch machen würden. Sie berichteten unter anderem von dem Gefühl, mehr staatsbürgerliche Verantwortung zu tragen und deshalb sich vor Wahlen besser zu informieren. Herr T meinte, „man schaut genauer hin", man sei „a weng vorsichtiger" und „man ist schon mehr interessiert (…) welche politische Parteien welche Interessen vertreten". Auch Frau D beschrieb, dass sich durch die Einbürgerung ihre vorherige „Ich kann ja eh nix ändern"-Einstellung verändert hat: „Aber allein scho dadurch, dass man die Möglichkeit hat, is es was anderes, ja. Macht ma sich scho mehr Gedanken, befasst sich dann schon damit." Herr F, der aus einem bis dato nur formal demokratischen Land (Ukraine) zugewandert ist, hat das Gefühl, jetzt den Staat besser beeinflussen zu können:

> „… Bei uns war scheißegal: Komm ich zur die Kommunalwahl oder komm ich nicht zur Kommunalwahl. Ich weiß genau. Es wird schon diese Mann als Präsident und Schluss, Punkt. Das ist wirklich egal. Komm ich oder komm ich nicht. Und wo ist die demokratische Land, gibt's die Möglichkeit zum Beispiel mit einen Stimmen … entweder Bau - Abbau oder Aufbau." (Herr F, Z. 630-634)

Frau C erzählte in einer längeren Passage, wie sie gebannt die Hochrechnungen des Wahlergebnisses im Fernsehen verfolgte, nachdem sie sich in den Jahren ohne Wahlrecht nie dafür interessiert hatte:

> „Also nachdem ich gewählt hatte da hab' ich äh – also sonst immer, wenn so im Fernsehen die ganze Zeit um Wahlen ging: Ähh, kommt denn irgendwo 'n Film? (lachen) Da hab' ich mich total gelangweilt! Und nachdem ich dann endlich gewählt hatte, dann war's so, dass ich schon auch abends daheim gesagt hab': Hähähä, was kommt denn jetzt und…also da hat's mich richtig gefreut und da hab' ich das dann mit verfolgt und so. Oder mich vorab so informiert, was ich vorher irgendwie… hatt' ich kein großes politisches Interesse oder für die Parteien so äh… intensives Interesse gezeigt. Und bei meinen Eltern hab' ich das eben auch bemerkt. Also…nachdem sie die Staatsbürgerschaft hatten, dass sie jetzt – das mein Vater jetzt äh viel häufiger deutsche Nachrichten anguckt. Also nicht nur die türkischen Sender, sonder äh…also für die

Politik hier ist das schon mehr. Oder so über Wahlen sich mehr Gedanken machen. Also ... oder die Wahlen eben genauso mit anschauen. Das hab' ich bei denen jetzt auch gemerkt....Oder dass sie sich einfach informieren – mehr informieren, ja." (Frau C, Z. 795-807)

Die Bandbreite des Informationsbedarfs und Partizipationswunsches reichte von passiver Genugtuung, das Recht zur Partizipation zu besitzen, auch wenn man davon nicht unbedingt Gebrauch machen will (Frau A), bis hin zu Emotionen bei der Abgabe des Stimmzettels, die „einfach toll" waren (Herr X):

„Und, und ich, das war für mich auch eine, ein wahnsinnige, des war ja Kommunalwahl. Ich kannte ja das nicht. Ich ... das war für mich toll! Das war für mich einfach toll zu sagen: Mein Gott, ich will jetzt meine Sch-, meine Stimme abgeben, und ich will den und den und den meine Stimme abgeben: Dieses Gefühl, ich hab ja erschte Mal wählen dürfen, Bundestagswahlen, wo die äh ... SPD und Grüne an die Regierung gekommen sind. Ja ja, da sagen mir immer die Freunde: Wegen mir sind die Grüne gekommen (beide lachen). Aber, äh mh, des war die erschte Wahlgeschichte von mir. Und des is für mich ja ... ich, wie für ein kleines Kind vor Weihnachten gewesen." (Herr X, Z. 569-576)

Drei der Befragten erzählten von sich, dass sie seit der Einbürgerung kein gesteigertes Interesse an politischen Informationen oder politischer Partizipation in Deutschland haben. Dies lag zum einen an einem allgemeinen Desinteresse an politischen Fragen (Herr I, Frau L) oder an Politikverdrossenheit und Misstrauen gegenüber deutschen Politikern.Einzelne Befragte erzählten in den Interviews, dass sich für sie in der Folge der Einbürgerung **Erleichterungen bei der Arbeitssuche** eingestellt hätten und sie ihre **beruflichen Chancen** subjektiv als **verbessert** einschätzten. Größtenteils war dies bereits ein Motiv für die Antragstellung gewesen. So haben sich Frau A und Frau D durch den Erwerb der deutschen Staatsangehörigkeit die Möglichkeit geschaffen, nach Abschluss ihres Studiums als Lehrerinnen im Beamtenstatus tätig zu werden. Frau L hatte durch die Einbürgerung bezweckt und auch erreicht, keinen Unannehmlichkeiten mit dem Arbeitsamt bezüglich der Ausstellung einer Arbeitserlaubnis mehr ausgesetzt zu sein und ohne bürokratische Hindernisse ihre Berufsausbildung abschließen zu können. Frau N konnte nach Erhalt der deutschen Staatsangehörigkeit ihre Approbation erlangen und sich als Zahnärztin niederlassen. Frau Q hatte mit der Einbürgerung die in ihren Pass gestempelte Auflage „Arbeitsaufnahme und Gewerbeausübung nicht gestattet" hinfällig gemacht und konnte nun als Übersetzerin tätig werden. Herr X legte nach der Einbürgerung seine Meisterprüfung als Schreinermeister ab und machte sich selbständig. Frau S berichtete von Erleichterungen bei der Arbeitssuche und mehr Aufgeschlossenheit potentieller Arbeitgeber nach der Einbürgerung, was ihr eine Verbesserung ihrer Arbeitssituation ermöglichte.

Andere Personen berichteten von keinen oder negative Veränderungen ihres Berufslebens nach der Einbürgerung. Zum einen waren solche Veränderungen nicht erwartet worden, da sich die betreffenden Interviewpartner in einem festen Arbeitsverhältnis befanden und keine beruflichen Veränderungen planten. In anderen Fällen trat eine berufliche Verschlechterung ein, die aufgrund arbeitsmarktspezifischer unglücklicher Umstände eher zufällig zu einem Zeitpunkt eintrat, der zeitlich in der Folge der Einbürgerung lag (Herr M verlor, obwohl er nach der Einbürgerung den Meistertitel abgeschlossen hatte, seinen Arbeitsplatz in der Textilindustrie, Herr B wurde als Übersetzer arbeitslos).

Einzelne Befragte erzählten von sich, dass sie seit der Einbürgerung ein **gesteigertes Sicherheitsempfinden** haben und sie die Tatsache schätzen, bei Reisen im Ausland auf den konsularischen Schutz durch Deutschland zählen zu können. In dieser Gruppe befinden sich unter anderem Personen aus eher unsichereren Herkunftsländern (Libanon und Äthiopien), aus osteuropäischen Herkunftsländern (Polen und Rumänien), aus Tunesien und Vietnam und aus der Türkei.

> „Das heißt, naja, n-natürlich mit größerer Sicherheit reis ich nach, auch nach Polen jetzt, weil ich weiß, notfalls krieg ich –nehm ich an, ich weiß es nicht (lacht) – aber, nehm ich an ich kriege bessere Unterstützung als deutscher Staatsbürger, falls mir etwas passiert, als, als polnischer Staatsbürger. (…) Konschu- Konsularischen Schutz habe ich, ja. Natürlich, das steht nicht auf der Stirn geschrieben, dass ich ein Deutscher bin und natürlich kann ich genauso auch überfallen werden und beraubt werden wie jede Pole, weil … akzentmäßig äh hat sich meine Aussprache nicht verändert, gar nicht, ja? Kann keiner mir sagen, dass ich äh nich in Polen lebe, wenn ich schon da bin. (Durchatmen) Also, so gesehen, aber irgendwie, sozu- in der Tasche hab ich ja, mein Pass, mein Auto und meine … eben Sicherheit auf diese Weise…" (Herr O, Z. 1172- 1183)

> „…von der Seite is es natürlich der Adler [gemeint ist der Bundesadler] sehr sehr … positiv, ner? Da gehst an die Grenze hin und die gucken erscht a mal, (belustigt) von oben bis unten an, aber, im Endeffekt können sie da nix anhaben." (Herr X, Z. 135-137)

Bei einer polnischen Befragten spielte das Gefühl mangelnder Aufenthaltssicherheit eine zentrale Rolle bei der Antragstellung. Ähnlich wie bei den Reiseerleichterungen spiegelt sich dieses Motiv in den wahrgenommenen Wirkungen der Einbürgerung:

> „… diese große Sorge, dieses Unsicherheitsgefühl ist von mir abgefallen mit der Einbürgerung." (Frau Q, Z. 482)

Im Fall von Frau S lag auch ein ambivalenter Fall vor: Sie hatte bezüglich Aufenthaltssicherheit und konsularischem Schutz von gesteigertem Sicherheitsempfinden erzählt, betonte aber gleichzeitig, dass sie sich im allgemeinen nicht sicherer fühle (z.B. vor Diskriminierung von Ausländern) (vgl. dazu auch Kapitel 5.5.2). Die anderen Befragten haben das Thema Sicherheit entweder nicht angesprochen oder von keinem erhöhten Sicherheitsempfinden berichtet.

Bezüglich potentieller **Veränderungen in der Alltagskultur**, die sich in Folge der Einbürgerung eingestellt hätten, herrschte bei den befragten Personen große Einigkeit: Fast alle Befragten sprachen das Thema entweder gar nicht an oder erzählten, dass sich seit der Einbürgerung in ihrem alltäglichen Umgang und ihrem Privatleben überhaupt nichts verändert hätte (ähnlich war der Tenor in der den Interviews vorangegangenen Gruppendiskussion). Die Interviewpartner berichteten, es sei „alles wie vorhin" (Frau G), da die Einbürgerung „nur eine formelle Sache" (Frau H) gewesen sei und „alles nur auf'm Papier" stattgefunden hat (Frau J); das Leben sei „normal, wie vorher" (Herr I), „gar nix" (Herr P) hätte sich verändert, denn „merken tut man das eigentlich net im Alltag" (Herr T). Frau U meinte, „ich hab mich nicht geändert, die Welt hat sich nicht geändert" und bei Frau W stieß die Nachfrage auf völliges Unverständnis: „Was meinen Sie? Was soll sich ändern? Überhaupt nicht!". Auch Herr Z betonte, dass der Wechsel der Staatsangehörigkeit keinen Einfluss auf seinen Alltag hatte:

> „Aber sonst sag ich, ja praktisch, im praktischen Leben, im alltäglichen Leben spielt das keine Rolle. Es ist nicht so, dass ich jetzt sagen würde, wenn ich im Auto bin, dass ich irgendwie... mehr Vertrauen habe oder mehr Zuversicht habe, dass jetzt alles in Ordnung ist, weil ich den Pass habe." (Herr Z, Z. 364-367)

Lediglich zwei der Befragten schilderten explizit, dass sie an sich seit der Einbürgerung eine Rückbesinnung auf kulturelle Aspekte des Herkunftslandes beobachteten. Ein ehemals polnischer Befragter erzählte, dass er durch den Abbruch der rechtlichen Zugehörigkeit zum Herkunftsland – sozusagen als Kompensation – ein verstärktes Bedürfnis zur Pflege kultureller Gepflogenheiten des Herkunftslandes entwickelt hätte:

> „Also, dieser Alltag so gesehen, ist auch ... ein bisschen äh, oder mein, oder unsere Alltag is ein bisschen unter diesem äh ja...pffh, unter, hat, hat diesen Aspekt noch polnischen Aspekt. Das is nich nur ... ich musste polnische Staatsangehörigkeit abgeben, und äh also ... verzichten, äh und ... sozusagen ist, ist Faden gebroch-, ge-ge, durchtrennt? (...) Alltag, na ja, dann Alltag ist auch ...Polnisch sprechen mit den Kindern, polnische Geschichten am Abend lesen, und äh vielleicht Gute- Nacht-Geschichte auch auf Polnisch, in Fernseh schauen (räuspern), häufig nach Polen telefonieren, und dass die Kinder auch der Oma hallo sagen, und so weiter und so. Ein bisschen ... pflegen und äh sich bemühen, dass vielleicht ein Teil ... des Tages, oder ... dieser Kultur von, von äh, von mir und meinem Land, äh sozusagen ... in das neue Gefäß auch reindringt und auch reingegossen wird, ja? Also sich Austausch mischt, einfach mischt, ja, genau. Ich finde, Mischung ist ... erweitert auch, Horizont und einfach, erweitert die ... den Menschen, also im Inneren und das ist, finde ich sehr positiv. Also so gesehen, ändert sich ... es is, es is eine Änderung, äh im Alltag." (Herr O, Z. 1265-1280)

Herr X erzählte, dass er sich mehr und mehr auf seine türkischen Wurzeln besinne, indem er vorwiegend türkische Musik höre; im Gegensatz zu Herrn O allerdings brachte er diesen Sachverhalt nicht direkt mit der Einbürgerung in Verbindung.

Bezüglich der **Reaktionen von Referenzgruppen auf die Einbürgerung** berichteten Befragte, dass sie von Seiten der Familie und Freunden in Deutschland und/oder von Seiten anderer Referenzgruppen wie zum Beispiel der ethnischen Community eher positive Reaktionen auf die Einbürgerung erlebt haben. Eltern, Geschwister, Ehepartner und Freunde freuten sich für die eingebürgerten

Personen, teilweise organisierten die Familien eine Feier oder gingen am Tag der Einbürgerung zusammen aus. Frau A beispielsweise erzählte von einer positiven Reaktion ihrer Freunde: „... freut mich für dich, dass dir jetzt das, was du dir jahrelang gewünscht hast, dass das jetzt in Erfüllung... dass dein Wunsch in Erfüllung gegangen ist". Familie und Freunde beglückwünschten die Eingebürgerten („Ja, ... ja viel waren sehr ... glücklich darüber, ja", Frau G) oder „fanden es okay" (Herr T) oder reagierten „ganz normal" (Herr V). Teilweise bestärkten sie die Eingebürgerten noch einmal in ihrer Entscheidung („Als Ergebnis: Ich hab richtig gemacht", Herr F). Auch Arbeitskollegen reagierten überwiegend positiv, wenn auch manchmal in ungewöhnlicher Form, wie bei Frau J:

> „Also seitdem sind wir Deutsche geworden (lacht), ja doch manchmal in der Arbeit, nä. Halt Spaß, die nennen mich auch so Kartoffel, nä. Die Deutschen sagen sie immer Kartoffel und die ausländische sagen sie Kanakmen oder so, nä. Also nur so Spaß halt, nä. Ja sag ich, also ich bin auch jetzt eine Kartoffel geworden und so nä. (...) Die ham die Türken genannt also, daß sie Kanakmen ist nä und äh naja, wenn wir Kanakmen ist, äh ihr seid Kartoffel und so nä ham wir immer so Spaß gemacht. Und jetzt sind wir auch richtig Kartoffel geworden (lacht)." (Frau J, Z. 353-363, mit Auslassungen)

Herr F stellte ebenfalls bei seinen Arbeitskollegen fest, dass sie ihn seit der Einbürgerung mehr anerkennen würden:

> „...hab' ich schon das Gefühl bekommen, die Leute ein bisschen schon zu ein bisschen schon... war bisschen die netter wie vorher...auch, weil manche Leute betrachten die Sachen zum Ausländer. Okay, er heute hier, morgen ist schon weg. Und äh kann sein, dass äh wir müssen aufpassen, er weiß nicht was macht die...die eine schlecht – schlechte Sachen und dann die werden nicht wissen, was... wie korrigieren und dann...ja, und wenn jemand schon als Ausländer, aber ist schon eingebürgert, ist ein bisschen...bisschen anderes. (...)...in kurzer Zeit nach dem Einbürgerung äh ...in Kantine haben wir schon zusammen am Tisch gesessen, ja, und wir blablabla und plötzlich hab' ich gesagt: Heute hab' ich schon meine Einbürgerungsurkunde bekommen. Das ist, war schon die...die Gratulation und ja, ist okay, das ist schon gut, wirklich, aber seit diese Zeit...diese Zeit ich habe so Gefühl gekriegt, dass Leute bisschen...netter zu mir (lacht), ja, dass bisschen schon netter zu mir. Wenn ich stelle irgendwelche Fragen und ich bekomme bisschen mehr Information und verbreitere Information. Und wenn ich finde irgendwelche Fehler, welche muss von andere Leute korrigieren, dass keine Stoß, keine...keine Flüssigkeiten, ja, das ist einfach so menschliche äh...äh ...Situation, ja, das als...als...als Arbeitskollege, egal. Mit Ausländer, nicht Ausländer, ist egal. (...) Das ist einfach so die freundlich, versuchen, mich korrigieren...einfach so. Vorher war schon bisschen...ja, bisschen hart." (Herr F, Z. 539-579)

Nur zwei der Befragten (Frau U und Herr V) schilderten ausschließlich negative Reaktionen von Referenzgruppen auf ihre Einbürgerung, nämlich durch tschechische Freunde bzw. türkische Jugendliche. Andere waren in ihrem sozialen Umfeld auf ambivalente Reaktionen auf die Einbürgerung getroffen: Einerseits herrschte Freude und Zustimmung, andererseits wurde auch Kritik an der Entscheidung laut. So schilderte Herr M, dass seine Entscheidung in seiner Familie Unterstützung fand, einzelne Personen in der ethnischen Community aber Bedenken hatten:

„Und da ham manche ... manche Portugiesen ham scho g'sagt, äh, ob des richtig is und äh praktisch ich wär ... ich hätt mei Land äh verkauft und äh meine Heimat." (Herr M, Z.127)

Im Zusammenhang mit den Reaktionen im Familien- und Bekanntenkreis ist das Phänomen interessant, dass man als **Ketteneinbürgerung** bezeichnen könnte und das in der Darstellung von Frau A's Einbürgerungsgeschichte schon ausführlich dargestellt worden ist: Mehrere Interviewpartner berichteten, dass ihre Einbürgerung ein verstärktes Einbürgerungsinteresse bei Familienmitgliedern hervorgerufen habe. Nachdem die Befragten sozusagen die Pionierarbeit geleistet hatten, löste dieser Schritt bei den anderen Familienmitgliedern, meist bei Eltern und Geschwistern, Bewusstwerdungsprozesse und Diskussionen aus. Teilweise waren zum Zeitpunkt der Interviews schon konkrete Schritte in Folge dieser Prozesse umgesetzt worden, wie zum Beispiel bei Herrn E (beide Brüder haben sich nach ihm einbürgern lassen) und bei Frau Y (Einbürgerung ihrer Schwester sowie zwei ihrer Freundinnen). Eine Interviewpartnerin berichtete sowohl von einem Fall gesteigerten Interesses (bei ihrer Schwester) als auch von einem Fall nicht gesteigerten Interesses (bei ihrem Ehemann, der mit seiner ablehnenden Haltung letztlich eine Einbürgerung der restlichen Familie verhinderte).

Beim Thema **Zusammensetzung der sozialen Verkehrskreise** waren sich fast alle Befragten einig: Seit der Einbürgerung haben sich ihre sozialen Verkehrkreise keineswegs verändert. Wurde in den narrativen Sequenzen dieses Thema nicht erwähnt, stieß die konkrete Nachfrage durch die Interviewerinnen durchweg auf Kopfschütteln: Es herrschte Konsens, dass durch die Einbürgerung keine Veränderungen der ethnischen Zusammensetzung des Freundeskreises oder etwa neue Vereinsmitgliedschaften entstanden sind. Die Zusammensetzung von Freundeskreis und Referenzgruppen war vielmehr durch den fortschreitenden Akkulturationsprozess bestimmt:

„Ich habe äh nach wie vor auch deutsche Freunde, ich hab' auch tunesische Freunde. (...) äh...ich glaube nicht, dass mein Leben hat sich äh in der Beziehung verändert, dass ich äh dadurch mehr deutsche Freunde irgendwie äh habe oder so." (Herr B, Z. 491-494)

„Wir haben unsere Freunden, wir treffen mit unsere Freunden – egal Deutsche oder Russische genau so wie vorher..." (Herr F, Z. 523)

„Ich glaube das nickt, des glaub ich nickt, mit äh die äh Eibürgerung zu tun, wenn Freudin oder Freude oder so, des kommt von Menschen mit Menschen..." (Frau S, Z. 277-278)

Eine Ausnahme bei diesem Aspekt stellt Frau Q dar, die schilderte, dass sich ihre vorhandenen Kontakte zu Deutschen nach der Einbürgerung tatsächlich erweitert und vertieft haben. Sie brachte dies damit in Zusammenhang, dass sie selbst „freier" sei und sich viel stärker sozialen Kontakten und dem Leben in Deutschland widmen konnte, nachdem durch die Einbürgerung die dauernde Belastung der Aufenthaltsunsicherheit wegfiel (siehe oben). Dieses Beispiel zeigt, dass die Veränderung des rechtlichen Status durch die Einbürgerung zumindest indirekt auch einen Einfluss auf die sozialen Verkehrskreise haben kann, auch wenn die Wahl von Freunden und Partnern sich prinzipiell nicht am Pass zu orientieren scheint.

Ein Aspekt, der von Seiten der Literatur und von Experten berichtet wird[82], ist, dass teilweise die Einbürgerung als Steigerung des sozialen Kapitals erachtet wird, da sie ermöglicht, Verwandte oder potentielle Heiratspartner aus dem Herkunftsland nachzuholen. Dieser Aspekt trat in der vorliegenden Untersuchung nicht auf.

5.5.2 Einbürgerung und allgemeine gesellschaftliche Akzeptanz: „Auch wenn du 100 Pässe hast, trotzdem bist Ausländer"

Unabhängig von Wirkungen im eigenen sozialen Umfeld haben einige Befragte auch das Thema **Wirkungen der Einbürgerung auf die (allgemeine) gesellschaftliche Akzeptanz** aufgegriffen, und zwar fast durchgehend mit negativem Tenor. So hatte z.B. Herr F zwar von dem verbesserten Verhältnis zu seinen Arbeitskollegen berichtet (siehe weiter oben), gleichzeitig aber angemerkt, dass er im breiteren gesellschaftlichen Umfeld keine gesteigerte Akzeptanz empfinden würde. Man würde nach wie vor als „Ausländer" wahrgenommen. Ähnliches berichteten Herr B, Frau L, Herr R und Frau S. Wie bedeutend dieses Thema für die jeweiligen Befragten sein kann, zeigte sich in den längeren narrativen Passagen.

Herr B wurde in Tunesien geboren und kam vor 12 Jahren im Alter von 25 Jahren nach Deutschland. Er studierte Germanistik, ist Übersetzer und arbeitet aber momentan als Ausfahrer. Er ist mit einer Deutschen verheiratet und hat einen deutschen Sohn. Er sagt von sich selbst, dass er sich integriert fühle. Sein zentrales Motiv für die Einbürgerung war der Wunsch nach Akzeptanz in der Aufnahmegesellschaft gewesen: Trotz seines langen Aufenthaltes in Deutschland, seiner Deutschkenntnisse und seiner deutschen Frau fühlte er sich nicht in Deutschland akzeptiert und vollzog aus diesem Grund den Schritt zur Einbürgerung. Trotzdem hatte die Einbürgerung nicht die erhoffte Wirkung, was er auf die allgemeine gesellschaftliche Wahrnehmung von Ausländern in Deutschland schob:

---

[82] Siehe dazu Diehl 2002. Des weiteren wurde dieser Fall bei einer Tagung von der ehemaligen Ausländerbeauftragten von Berlin berichtet, die mehrfach Fälle beobachten konnte, in denen eingebürgerte Personen durch Heiratsmigration oder Verwandtschaftsbeziehungen Migranten nachholten.

„Äh, jetzt bin ich – bin ich mittlerweile also deutsch…Staatsbürger. Ja, also (entschiedener Ton) das ist auf'm Papier… auf Papier. Natürlich gibt's die andere Seite. (…) Äh, die andere Seite: Man muss irgendwie auch diese Akzeptanz unter den deutschen Mitbürgern äh… Spüren oder merken" (Herr B, Z. 148-152).

Herr B war aufgefallen, dass sich in deutschen Medien, zum Beispiel in der politischen Berichterstattung oder beim Sport, eingebürgerte Personen mit „ein Syrer mit deutschem Pass" oder „ein Iraker mit deutschem Pass" tituliert werden. Er vergleicht dies mit Frankreich, wo eingebürgerte Personen als „Franzosen", ohne nähere Nennung ihrer Herkunftskultur, bezeichnet würden. Diesen Sachverhalt erachtete er als einen Indikator dafür, dass man als Migrant in Deutschland seine Herkunft schwer abschütteln könne und als Ausländer wahrgenommen wird, auch wenn man den deutschen Pass besitzt:

„Auch wenn Du sagst: Ja, ich bin auch deutsch, ich bin jetzt – ich lebe hier seit einiger Zeit, ich bezahle meine Steuer, ich respektiere äh das deutsche Recht … (…) Äh, man merkt, es ist diese Akzeptanz ist weniger. Man wird akzeptiert als Mensch hier, aber nicht als zum Beispiel ääh Eingebürgerter oder als eine Mitbürger, als ein deutscher Mitbürger" (Z. 168-172).

Diese mangelnde Akzeptanz steht für Herrn B in starkem Widerspruch zu seiner eigenen Wahrnehmung des Passes als „Bestätigung, dass man akzeptiert ist". Frau L stellte das Akzeptanzproblem noch in extremerer Form dar, da sie es sowohl auf Deutschland als auch auf ihr Herkunftsland, die Türkei, bezog. Frau L kam bereits als Zwölfjährige nach Deutschland und empfindet die mangelnde Akzeptanz in Folge der Einbürgerung als doppelt problematisch, da ihr auch das Herkunftsland kein Identifikationsangebot mehr macht:

„Weil in der Türkei sind wir auch Aus… auch Ausländer, wie hier in Deutschland auch, weil wir sind nirgendwo akzeptiert worden. Auch wenn du 100 Pässe hast, trotzdem bist Ausländer. Wenn sie sich in mein Gesicht schauen: Ja, Ausländer! (…) …wenn die dich angucken und dann entweder Italiener, Grieche oder Türke, was anderes fällt denen nicht ein." (Frau L, Z. 83-86 und 194)

Frau L drückt im Verlauf des Gespräches mehrfach den Wunsch nach Entdifferenzierung zwischen Ausländern und Deutschen aus – ein Anliegen, das sie ihrer Tochter bewusst vermittelt:

„Aber so dass wir Ausländer sind oder die sind Deutsche, sag ich ihr nie. Des hab ich ihr auch nie gesagt, weil ich will net, dass sie irgendwann mal kommt und sagt ‚Mama, ein deutsches Kind hat mich geschlagen', sondern soll se sagen ‚Ein Kind hat mich geschlagen'. Ob des deutsch ist oder Ausländer oder Italiener ist, nä, egal, Hauptsache des Ausländerwort darf se net, also net nehmen (…) … Ich will net, dass mein Kind sagt ‚Ausländer'. Das Wort soll sie einfach nicht verwenden." (Z. 348-356, mit Auslassungen).

Herrn R störte, dass er in Deutschland trotz seiner deutschen Staatsangehörigkeit immer wieder auf seine Herkunft angesprochen wird:

„…in vieler Hinsichten gibt's äh… gibt's Mangel an Toleranz (…) …äh, es muss nicht unbedingt äh immer diese Fragen: Woher kommst du? Oder woher stammst du? Was machst du? Wie bist du hier geblieben, und wann gehst du nach Hause?" (Herr R, Z. 458-471, mit Auslassungen)

Auch Frau S erwähnte das Akzeptanzproblem mehrfach im Interview. Sie stammt aus Vietnam und kam 1996 als Heiratsmigrantin nach Deutschland. Trotz des deutschen Passes machte sie Diskriminierungserfahrungen und fühlt sich von der Aufnahmegesellschaft nicht als deutsche Mitbürgerin anerkannt:

„…aber Sicherheit, das fühl ich nicht so, ja. Weil ich also deutsche Staatsbürger, aber im Gesicht bin ich noch ein Ausländer, sieht man doch. Im Leben bin ich kein Deutscher, ja, im Papier schon, aber in Wirklichkeit bin ich immer eine also Asia-Frau, also nicht wie die Deutsche blonde Haare oder blaue Augen, des is anders. Schaut anders aus, ja." (Frau S, Z. 214-218).

Dieses Gefühl der mangelnden Akzeptanz verspürt sie sowohl in Alltagssituationen, wie zum Beispiel beim Einkaufen gehen, aber auch bei der Kontaktaufnahme in sozialen Verkehrskreisen. Hier hat sie den Eindruck, nicht „an die Leute ran" zu kommen:

„… ich gehör dazu, aber manchmal fühle mich nicht soo … ich fühl mich nicht so ganz drin, also ein Gefühl, das is irgendwas auch anders. (…) … ich meine zum Beispiel zusammen sessen [sitzen] oder so und rein oder irgendwas… (…) Aber ich komm nicht ran oder ich, ich merke, dass ich äh ich lernen auch, ich akzeptieren die deutsche Leute, aber manchmal merk ich, so in Wurzel bin ich noch ein Asia-Frau, das is nicht wie europa… Europäische Frau, des is anders." (Frau S. Z. 328-336, mit Auslassungen)

Dieses Thema der „Fremdheit" in Deutschland trotz Einbürgerung war auch ein zentraler Inhalt der im Vorfeld geführten Gruppendiskussion. Dort hatten Teilnehmerinnen zum Beispiel geäußert, man müsste sich wohl „den Pass um den Hals hängen" oder sogar „noch das Blut in den Adern austauschen", um anerkannt zu werden[83]. Auch in der Literatur wird darauf Bezug genommen, wie zum Beispiel in der Untersuchung von Riegler (2000), in der sich eingebürgerte Befragte zur ablehnenden Haltung der Aufnahmegesellschaft äußerten, wobei die diskriminierenden Äußerungen von Mitgliedern der Aufnahmegesellschaft hier wesentlich drastischer ausfielen[84].

---

[83] Diese Ansicht wurde nicht nur als Einzelmeinung geäußert, sondern war auch ein kollektives Produkt innerhalb der Gruppe, das in der Interaktion der Diskussionsteilnehmer durch gegenseitiges Bestätigen und inhaltliche Ergänzungen entstand.

[84] Hier wurde den befragten Eingebürgerten teilweise „Sozialschmarotzertum" vorgeworfen (Riegler 2000, 198).

5.5.3 Wirkungen zur identifikativen Integration

Die Interview- und Auswertungsmethode des Forschungsprojektes ermöglichte es, tiefere Einblicke darüber zu gewinnen, ob und in welcher Hinsicht sich in der Folge der Einbürgerung **Gefühle der Loyalität und Zugehörigkeit** in der subjektiven Wahrnehmung der Befragten entwickelt haben. Eine große Zahl der Befragten hat sich zu diesem Thema in den Interviews geäußert. Diese Personen lassen sich in drei Gruppen einteilen:

Erstens gibt es Personen, bei denen die Einbürgerung **keine eindeutige Identifikation mit Deutschland** hervorgebracht hat. Obwohl sie bis auf einen Fall ihre alte Staatsangehörigkeit aufgeben mussten, haben diese Personen nach wie vor emotionale Bindungen zu ihrem Herkunftsland bzw. dem Herkunftsland der Eltern. Dies schließt keinesfalls aus, dass es solche Bindungen nicht auch zu Deutschland gibt, jedoch existiert eine gewisse Differenz im Vergleich zur Mehrheitsbevölkerung: Man hat „nicht diesen deutschen Stolz", bleibt „innerlich der Portugieser" oder „die Asia-Frau". Das Zugehörigkeitsempfinden ist „irgendwas dazwischen", da weder „das Alte komplett abgelegt" worden ist (Frau C), noch man sich der neuen Staatsangehörigkeit klar zuordnen würde. Zugehörigkeitsempfindungen zu Deutschland sind in diesem Fall auch nicht durch die Einbürgerung verstärkt worden.

Eine zweite Gruppe sieht Fragen der **Zugehörigkeit entkoppelt vom Pass** bzw. der Staatsangehörigkeit. Diese Personen, Herr B (aus Tunesien) und Herr Z (aus dem Iran stammend), kamen als Erwachsene im Rahmen von Studium bzw. Berufstätigkeit nach Deutschland, gehören also der ersten Generation an. „Zugehörigkeit entkoppelt vom Pass" bedeutet für sie, dass sich ihre diesbezüglichen Gefühle (sowohl auf das Herkunftsland als auch auf Deutschland bezogen) nicht an äußerlichen Dingen wie dem Pass festmachen lassen. Vielmehr entwickeln sich nach ihrem Ermessen solche Empfindungen „innerlich" und können damit dem Wechsel der Staatsangehörigkeit vorausgehen, oder aber es können auch, wie bei Herrn Z, Zugehörigkeitsgefühle zum Herkunftsland trotz der Annahme der deutschen Staatsangehörigkeit Bestand haben:

> „Also, vom Gefühl her, das hat doch mit dem Pass eigentlich nichts zu tun. Ja, das sind ja Formalitäten, das sind Papiere, die, denen man irgendetwas äußerliches war. Das hat doch mit dem Gefühl nichts zu tun. (…) Nee, also ich fühle mich, gefühlsmäßig, dem Land, der Sprache und dem Volk, sagen wir den Leuten da, dem einfachen Volk – nicht den Politikern – sehr verbunden, aber dass das mit irgendeinem Papierstück zu tun hat, ah nee." (Herr Z, Z. 175-185, mit Auslassungen)

Drittens gibt es Personen, die ihr **Zugehörigkeitsgefühl zu Deutschland durch die Einbürgerung verfestigt** oder verstärkt sehen. Herr B erzählte, dass ihm vor allem bei Reisen ins Ausland diese verstärkte Zugehörigkeit deutlich wurde:

„…solche Gefühle merkt man, wenn man im Ausland ist. Weil in Deutschland ist vielleicht merkt man das, aber äh äh an…ich mache Urlaub in Frankreich und Amerika oder was weiß ich, ja?! Dann fühl' ich mich irgendwie als Vertreter des Landes. Das klingt irgendwie banal, es…ich leiste keine große Sache, aber äh wenn ich Name – äh ich weiß nicht, vielleicht ist ein bisschen vielleicht übertrieben, aber – so merkt man, dass man äh…zu Deu- Deutschland geh- gehört, ja? (…) auch wenn die anderen irgendwie äh Leute äh äh äh… wahrscheinlich irgendwie äh betrachten es so: äh äh…dass ich aus Deutschland komme und dann indirekt ich vertrete äh das Land. Verstehen Sie, was ich meine? Das ist äh nicht irgendwie so äh offiziell, aber äh äh ich merke – bei mir merke ich das. Wenn ich woanders bin, außerhalb Deutschland, merk' ich, dass die Zugehörigkeit vielleicht äh äh…stärker… „ (Herr B, Z. 447-457, mit Auslassungen)

Ein anderer Befragter, Herr P, bezog sein Zugehörigkeitsgefühl hingegen stärker auf das unmittelbare Wohnumfeld:

„ … ich hab' schon mittlerweile `n gewissen Heimatgefühl entwickelt. Äh von Deu-… aber ich kann nicht sagen, das ist für Deutschland oder für Bamberg direkt. Nicht! Das ist so die Gegend wo ich wohne, die Straße wo ich wohne. Wissen Sie? Ich…wir wohnen ja seitdem eigentlich in dieser Straße. Schon immer. Die ganze Zeit, ne? Und das ist so: Alleine die Straße, wie…die Häuser, dann die Leute, die mich jeden Tag treffen und sehen, ne, diese Kontinuität, die dabei ist, ne? Dann die Freunde, die Nachbarn und…und das ganze, also…das ist so…diese Straße… Straße, kann ich sagen: Das ist meine Heimat. Also das…das kann ich schon sagen. Aber ich kann schwer sagen, das ist Deutschland …" (Herr P, Z. 382-390)

Bei einzelnen Befragten konnte keine eindeutige Zuordnung in eine dieser genannten Gruppen erfolgen: Herr B zum Beispiel sieht einerseits Fragen der Zugehörigkeit in keinem Zusammenhang mit der Staatsangehörigkeit, betont aber andererseits, dass sich sein Zugehörigkeitsgefühl zu Deutschland durch die Einbürgerung verstärkt hat. Herr K, der aus Äthiopien stammt, berichtet sowohl ein Gefühl der Freiheit als auch ein verfestigtes Zugehörigkeitsgefühl durch die Annahme der deutschen Staatsangehörigkeit. Frau G betont, das sie einerseits ein verstärktes Zugehörigkeitsgefühl zu Deutschland empfinde, aber dass sie „nicht 100% deutsch" sei.

5.5.4 Fazit

Die Wirkungen von Einbürgerung sind unter integrationstheoretischen Gesichtspunkten von außerordentlichem Interesse. Zieht man das Integrations-konzept heran, so meint Integration die Eingliederung individueller Mitglieder von ethnischen Gruppen in die verschiedenen Kerninstitutionen und Sphären der Aufnahmegesellschaft, sei es in der Form der Gewährung von Rechten und der Einnahme von Positionen (strukturelle Integration), sei es als Aufnahme interethnischer Kontakte und Beziehungen (soziale Integration) oder die emotionale Identifikation mit dem Aufnahmeland (identifikative Integration). Die besondere Interviewform des Forschungsprojektes machte es möglich, mehr über die subjektive Wahrnehmung des Integrationsprozesses in seinen ver-schiedenen Dimensionen von Seiten der Befragten zu erfahren und wie sie diesen im Zusammenhang mit der Einbürgerung sehen. Es lässt sich dabei festhalten, dass eine Vielzahl von Befragten die praktischen Veränderungen durch die Einbürgerung, nämlich Reiseerleichterungen und weniger Bürokratie im Alltagsleben, erwähnten. Eine große Zahl gibt darüber hinaus auch an, dass sich ihr politisches Interesse durch das nun vorhandene Wahlrecht gesteigert habe bzw. dass sie dieses Recht an sich als positiv empfinden (unabhängig davon, ob sie es auch wahrnehmen). Ebenfalls genannt wurden positive Wirkungen im Berufsleben sowie das beruhigende Gefühl von (Aufenthalts-) Sicherheit und konsularischem Schutz im Ausland, das Befragte als Folge der Einbürgerung empfanden. Wirkungen der strukturellen Integration wurden sehr häufig und meist zusammen mit anderen Wirkungen genannt und zeigen demnach eine hohe Relevanz für die Befragten.

Bezüglich der identifikativen Integration zeigten sich verschiedene Wirkungen: Es gab Befragte, die sich weiterhin eher zum Herkunftsland zugehörig fühlen und andere, die ihre Zugehörigkeitsgefühle überhaupt nicht mit dem Pass in Verbindung brachten. Es gab jedoch auch einzelne Personen, die von sich erzählten, dass sie seit der Einbürgerung ein verstärktes Zugehörigkeitsgefühl zu Deutschland entwickelt hätten. Diese Ergebnisse zeigen, dass die Staatsbürgerschaft als Mitgliedschaft in einer politischen Gemeinschaft, an die von Seiten der aufnehmenden Gesellschaft eine bestimmte Erwartungshaltung in Loyalitäts- und Zugehörigkeitsfragen geknüpft wird, aus subjektiver Perspektive der Eingebürgerten sehr differenziert wahrgenommen wird.

Bei der sozialen und kulturellen Integration ließ sich aus den Erzählungen unserer Befragten erkennen, dass diese Dimension nur wenig in Verbindung mit der Einbürgerung gebracht wurde. Bei einzelnen Befragten erfolgte diese Veränderungen noch dazu in Richtung einer verstärkten Rückbindung an die Kultur des Herkunftslandes. Dies weist darauf hin, dass Prozesse sozialer und kultureller Integration weitgehend unabhängig vom Ereignis „Einbürgerung" verlaufen, bzw. dass solche Prozesse oft schon vor der Einbürgerung stattgefunden haben und die Motivbildung beeinflussen, aber keine Wirkungen sind.

Was die Reaktion von Referenzgruppen aus dem unmittelbaren persönlichen Umfeld angeht, so wurden diese überwiegend positiv oder neutral geschildert. Bei Fällen mit negativen Reaktionen kamen diese vor allem von Mitgliedern der jeweiligen ethnischen Gruppe in Deutschland oder von Familienmitgliedern/ Freunden im Herkunftsland. Bezüglich der Empfindung von gesellschaftlicher Akzeptanz, die sich mehr auf das allgemeine gesellschaftliche Klima bezieht und weniger auf konkrete soziale Kontakte, zeigt sich, dass dieses Thema von einzelnen Befragten negativ angesprochen wurde, nämlich dass sich vorhandene Probleme auch durch die Einbürgerung nicht gelöst hätten.

6. Schlussfolgerungen und Ausblick

Das Thema Einbürgerung spielte lange Zeit eine sehr marginale Rolle in der sozialwissenschaftlichen Forschung und wurde erst Ende der 90er Jahre verstärkt in die Fragestellung sozialwissenschaftlich-empirischer Untersuchungen aufgenommen. Dieses mangelnde Forschungsinteresse steht im starken Widerspruch zur politischen Konjunktur des Themas und dem kontroversen öffentlichen und politischen Diskurs, der sich schon Anfang der 90er Jahre anbahnte und im Jahr 1999 seinen Höhepunkt erreichte.

6.1 Politischer und öffentlicher Diskurs: Einbürgerung aus der Sicht der Aufnahmegesellschaft

Über 80 Jahre lang waren neue Staatsbürger nach dem Reichs- und Staatsangehörigkeitsgesetz (RuStAG) von 1913 eingebürgert worden, ein nach dem ius-sanguinis-Prinzip ausgerichtetes Einbürgerungsrecht, dessen grundlegende Ausrichtung im historischen Rückblick zwar nachvollziehbar ist[85], aber das schon lange als überarbeitungsbedürftig galt. Bereits 1991 vollzog sich dann ein wesentlicher Reformschritt, der auch programmatischen Charakter hatte: Mit dem In Kraft treten des novellierten Ausländergesetzes wurde eine erleichterte Einbürgerung junger Ausländer (§§ 85 AuslG) und von Ausländern mit langem Aufenthalt (§§ 86 AuslG) erreicht. Diese Gruppen wurden somit aus dem Geltungsbereich des RuStAG herausgenommen; die Einbürgerungsregelungen des Ausländergesetzes galten seitdem parallel zum RuStAG. Durch die geschaffenen Einbürgerungserleichterungen stieg zwar die Zahl der Einbürgerungen, eine grundlegende Reform des Staatsangehörigkeitsrechts stellten sie jedoch noch

---

[85] Eine reine territoriale Bindung schien für die durch Industrialisierung zunehmend mobile Bevölkerung nicht mehr angemessen. Deshalb hatte sich bereits das erste Gesetz in Deutschland, das sich ausschließlich der Regelung des Staatsangehörigkeitsrecht widmete (Preußisches Gesetz vom 31. Dezember 1842 „über die Erwerbung und den Verlust der Eigenschaft als preußischer Untertan sowie über den Eintritt in fremden Staatsdienst" (vgl. von Mangoldt 1999, 244)), beim Geburtserwerb ganz für das ius-sanguinis-Prinzip entschieden. Als Ende des 19. Jahrhunderts die deutsche Emigration, vor allem in die Vereinigten Staaten, ihren Höhepunkt hatte, wuchs die Unzufriedenheit über die Tatsache, dass ein fortdauernder Auslandsaufenthalt zwangläufig den Verlust der deutschen Staatsangehörigkeit nach sich zog. In Folge dessen wurde 1913 ein neues Reichs- und Staatsangehörigkeitsgesetz (RuStAG) verabschiedet, welches eben diese Bedingung aufhob und eine unbegrenzte Weitergabe an die nächste Generation ermöglichte, es sei denn, die Entlassung wurde beantragt. In den wesentlichen Grundzügen knüpfte es weitgehend an das Gesetz von 1871 an (Hagedorn 2001, 36). Die Grundsätze des RuStAG sind über 85 Jahre hin mehr oder weniger als zentrale Strukturprinzipien erkennbar geblieben (ius-sanguinis-Prinzip, die Verlustgründe, Prinzip der Vermeidung von Mehrstaatigkeit), auch wenn sie im Lauf der Jahre mehrfach in ihrer Ausgestaltung modifiziert wurden (vgl. Renner 1999, 154f.)

nicht dar[86]. Auch in der 13. Legislaturperiode (1994 bis 1998) wurden nur Randkorrekturen vorgenommen, die bei anderweitigen Reformen als Nebenprodukte entstanden (z.b. bei der Gleichstellung nichtehelicher Kinder durch das Kindschaftsrechtsreformgesetz). Thematisiert wurden jedoch einzelne Aspekte immer wieder von Seiten verschiedener politischer Akteure: So forderte 1994 die Bundesausländerbeauftragte die Aufnahme von ius-soli-Elementen in das Ausländerrecht[87].

Hinter den parlamentarischen Kulissen ging die politische Auseinandersetzung um das Staatsangehörigkeitsrecht weiter. In mehreren Anträgen von Abgeordneter der SPD-Fraktion, wie zum Beispiel dem Antrag auf „Erleichterung der Einbürgerung unter Hinnahme der doppelten Staatsangehörigkeit" vom Januar 1995, „Neuregelung des Staatsangehörigkeitsrechts" vom Oktober 1995, „Keine neuen bürokratischen Hürden für jugendliche Ausländer – Einbürgerung endlich erleichtern" vom Februar 1997 oder dem Antrag der Fraktion Bündnis 90/Die Grünen „Mindestkriterien für eine Reform des Staatsangehörigkeitsrechts" vom Februar 1996[88], wurde die Bundesregierung wegen „jahrelanger Untätigkeit" in Sachen Reform des Staatsangehörigkeitsrechts kritisiert. Zugleich wurden Ergänzungen um das ius soli sowie die stärkere Hinnahme von Mehrstaatigkeit gefordert. Obwohl es rein rechnerisch durch die Sitze der FDP bereits in diesen Jahren der Regierung der christlich-liberalen Koalition eine Bundestagsmehrheit für eine Änderung des Staatsangehörigkeitsrechtes gab, kam eine solche aus Gründen der Koalitionsräson noch nicht zustande. Dies änderte sich im Jahr 1998.

Gleich nach dem Regierungswechsel wurde das Thema Staatsangehörigkeitsrecht erneut auf die politische Agenda gesetzt. In der Koalitionsvereinbarung der Fraktionen von SPD und Bündnis 90/Die Grünen wurde formuliert:

---

[86] Wichtigster Aspekt war die Umwandlung der Ermessenseinbürgerung in einen Rechtsanspruch, was allerdings erst mit dem „Gesetz zur Änderung asylverfahrens-, ausländer- und staatsangehörigkeitsrechtlicher Vorschriften", das am 1. Juli 1993 in Kraft trat, umgesetzt wurde. Bis zu diesem Zeitpunkt wurden Einbürgerungen nach den Paragraphen 85 und 86 AuslG noch zu den Ermessenseinbürgerungen gerechnet, bzw. es gab während des Jahres 1993 Ungenauigkeiten in der statistischen Zuordnung (vgl Lederer 1997, 58). Der Wandel hin zum Rechtsanspruch wurde jedoch teilweise schon als die entscheidende Wende im Staatsangehörigkeitsrecht bewertet, da der deutsche Staat zum ersten Mal seinen im RuStAG festgeschriebenen Ermessensvorbehalt aufgab (vgl. Hagedorn 2001, 58).

[87] Vgl. hierzu eine sehr gute Darstellung der Politik der Ausländerbeauftragten von Bernd Geiß (2001): Die Ausländerbeauftragten der Bundesregierung in der ausländerpolitischen Diskussion, in: Currle / Wunderlich 2001, S. 127-140.

[88] BT-Drs. 13/259, 13/2833, 13/7090, 13/3657

„Wir erkennen an, dass ein unumkehrbarer Zuwanderungsprozess in der Vergangenheit stattgefunden hat und setzen auf die Integration der auf Dauer bei uns lebenden Zuwanderer, die sich
zu unseren Verfassungswerten bekennen. Im Zentrum unserer Integrationspolitik wird die Schaffung eines modernen Staatsangehörigkeitsrechts stehen.(…)" (Koalitionsvereinbarung SPD und
Bündnis 90/Die Grünen, Ziffer IX. 7.)

Das Gesetzesvorhaben setzte einen ausführlichen politischen Willensbil-
dungsprozess wie auch einen breiten öffentlichen Diskurs in Gang. Anhörun-
gen von Sachverständigen, Gesetzentwürfe aller Fraktionen und Kommissionen
prägten den legislativen Prozess. Der erste Entwurf eines Gesetzes zur Reform
des Staatsangehörigkeitsrechts wurde von Abgeordneten der Fraktionen SPD
und Bündnis 90/Die Grünen und FDP vorgelegt[89]. Im Gegenzug dazu präsentierte die Fraktion der CDU/CSU den vom früheren Bildungsminister Jürgen
Rüttgers erstellten Entwurf eines Gesetzes zur Neuregelung des Staatsangehörigkeitsrechts[90], der im wesentlichen mit dem Ziel begründet wurde, den Ausländern, die sich in die deutschen Lebensverhältnisse eingeordnet und sich auf
Dauer für den Lebensmittelpunkt in Deutschland entschieden hätten, die
Einbürgerung zu erleichtern. Hier wurden in der politischen Auseinandersetzung die diametral entgegengesetzten Positionen offengelegt: Während die
Regierung Einbürgerung als Integrationsinstrument erachtete, sah die Union
die Einbürgerung als Ausdruck gelungener Integration und Sozialisation in
Deutschland, unabdingbare Voraussetzung sei dementsprechend die Beherrschung der deutschen Sprache. Am Grundsatz der Vermeidung von Mehrstaatigkeit müsse festgehalten werden: Wer sich einbürgern lassen wolle, müsse sich
für Deutschland entscheiden. Die Beibehaltung der bisherigen Staatsangehörigkeit würde sich integrationshemmend auswirken aufgrund mangelnder ein-
deutiger Hinwendung zum Aufnahmeland (Innenausschuss des Deutschen
Bundestages 1999, 19).

Von Seiten der Fraktion der CDU/CSU wurde hervorgehoben, dass in einer
so grundlegenden Frage wie der der deutschen Staatsangehörigkeit ein breiter
gesellschaftlicher Konsens nötig sei und diese Frage nicht die Bevölkerung
spalten dürfe. Der damalige CDU-Vorsitzende Wolfgang Schäuble betonte, dass
er „kein grundsätzlicher Gegner von Doppelstaatsbürgerschaften" sei, dass es
der CDU aber darum gehe, „das bisherige Verhältnis zwischen Regel und Aus-

---

[89] BT-Drs 14/533. Der Entwurf enthielt wesentliche Elemente des von der FDP am 19. Januar
1999 eingebrachten Entwurfs eines Integrationsförderungsgesetzes, das bereits ius-soli-Ele-
mente und die Optionspflicht vorsah.

[90] BT-Drs 14/535, sowie Antrag „Modernes Ausländerrecht", BT-Drs 14/532 und Antrag „Integration und Toleranz", BT-Drs 14/534.

nahme nicht umzukehren"[91]. Anfang Januar 1999 billigte der Vorstand der CDU auf einer Klausur in Königswinter den Vorschlag, zusammen mit der CSU eine Unterschriftenaktion gegen den Gesetzentwurf der Bundesregierung durchzuführen; der „Kampf um die Pässe" (Der Spiegel 11.1.1999) wurde nun außerparlamentarisch ausgetragen. Die mediale Inszenierung sowie die schlagwortartige Zuspitzung im Zuge wahlkampfstrategischer Formulierungen führten zu einer starken Verkürzung der Wahrnehmung des geplanten Staatsangehörigkeitsrechts in der Öffentlichkeit. Der Diskurs wurde unter dem „ebenso griffigen wie irreführendem Schlagwort ‚Doppelpass' geführt", was den fälschlichen Eindruck entstehen ließ, dass es in dem Gesetz als Ganzes vor allem um die generelle Hinnahme von Mehrstaatigkeit ging (Renner 1999, 154). Das neue Staatsangehörigkeitsgesetz, das letztendlich am 1.1.2000 in Kraft trat[92], ist somit das Ergebnis eines politischen Kompromisses, die Unterschriftenkampagne bewirkte eine starke Prägung des Gesetzes.

Wie der politische und gesellschaftliche Diskurs um das Staatsangehörigkeit zeigt, beschränkte sich dieser in keiner Weise nur auf rechtliche Regelungen und juristische Formulierung des Gesetzestextes, sondern berührte darüber hinaus sensitive Fragen der nationalen Selbstdefinition und die Frage, wer dazugehören darf – was wiederum die emotionale Aufladung erklärt. Es wurden Hypothesen formuliert, die die Aushändigung des deutschen Passes mit integrationsrelevanten Fragestellungen verknüpften: „hilft" die Einbürgerung der Integration oder sollte sie der krönende Abschluss sein? Sollte man die rechtliche Integration möglichst früh zu Beginn des gesamten Integrationsprozesses fördern oder sie bis zuletzt aufheben?

Eine wissenschaftliche Beantwortung dieser Fragen ist nicht einfach, da die zu untersuchenden Personen natürlich durch den jeweils vorherrschenden politischen Zeitgeist und den daraus resultierenden legislativen Produkten geprägt wurden: Eine Migrationspolitik, die lange in Kategorien von Rotation und Gastarbeitern dachte und jahrzehntelang auf eine möglichst späte Einbürgerung setzte, kreierte auch die entsprechenden rechtlichen Grundlagen und das entsprechende gesellschaftliche Klima. Unter dieser Einschränkung gilt es auch die folgenden Erkenntnisse zu interpretieren.

---

[91] Wolfgang Schäuble zitiert in „CDU zu Gesprächen über Ausländerpolitik bereit", Süddeutsche Zeitung, 11.1.1999

[92] Der Gesetzentwurf zur Reform des Staatsangehörigkeitsrechts wurde in der 40. Sitzung des Deutschen Bundestags am 7. Mai 1999 in zweiter und dritter Lesung beraten und in namentlicher Abstimmung in der Fassung der Beschlussempfehlung durch den Innenausschuss angenommen. Er wurde am 21. Mai 1999 im Bundesrat verabschiedet, am 15. Juli von Bundespräsident Rau unterzeichnet und trat am 1. Januar 2000 in Kraft (vgl. Innenausschuss des Deutschen Bundestages 1999, 22).

Die Ergebnisse dieser Arbeit zeigen jedoch, dass der politische und gesellschaftliche Diskurs zur Einbürgerung und ihrer (unterstellten) Rolle im Integrationsprozess sehr weit von dem entfernt ist, was sich *aus Sicht der Migranten* dazu feststellen lässt. Eine pauschalisierende und auf Schlagworte verkürzte Diskussion im Sinne eines „Vorher-Nachher" oder „Entweder-Oder" steht im krassen Widerspruch zur Komplexität und Individualität dieses biografischen Schrittes. Erst die vertiefte Untersuchung einer Bandbreite von Einbürgerungsbiographien machte es möglich, Erkenntnisse über die verschiedenen subjektiven Dimensionen von Einbürgerung zu gewinnen und Typen in den jeweiligen Einbürgerungsphasen zu identifizieren.

Im folgenden sollen diese inhaltlichen Ergebnisse kurz zusammengefasst dargestellt werden. Anschließend wird eine Einschätzung vorgenommen, wie die vorliegenden Erkenntnisse in den wissenschaftlichen Diskurs zur Integrationstheorie einzuordnen sind. Abschließend werden auf Basis der Forschungsergebnisse Handlungsempfehlungen formuliert, einerseits für politisches und administratives Handeln, andererseits für weiterführende Forschung.

6.2 Die subjektiven Dimensionen: Einbürgerung aus Sicht von Migranten

Warum lassen sich Personen einbürgern?

Der Schritt zur Einbürgerung erfolgt meist aus mehreren Gründen: Instrumentelle Motive, wie Gleichbehandlung mit Deutschen, Erleichterung beim Reisen und weniger Bürokratie spielen in den meisten Fällen eine Rolle, aber nicht ausschließlich. Bei den meisten Personen gibt es nicht *ein* bestimmtes Motiv, sondern eine Vielzahl von Motiven, die sich über einen kürzeren oder längeren Zeitraum hinweg angesammelt haben. Bei einzelnen Befragten gab es zugehörigkeitsbezogene Motive, das heißt sie erzählten von einer emotionalen Verbundenheit mit Deutschland und sie wollten durch die Einbürgerung Kongruenz wischen ihrem Gefühl und der rechtlichen Zugehörigkeit herstellen. Andererseits erwähnten die Befragten auch herkunftslandbezogene Motive, die eher negativ geprägt sind: Man will den Wehrdienst vermeiden, kann oder will nicht zurückkehren, fühlt sich unsicher beim Reisen mit dem alten Pass. Die Motivgruppen „Familie" und „Zugehörigkeit" spielten in der Gesamtschau eine untergeordnete Rolle im Vergleich zu instrumentellen Motiven. Sie können aber im Einzelfall durchaus eine dominierende Rolle unter allen Motiven einer Person einnehmen.

Wie verlaufen die Entscheidungsprozesse?

Grundsätzlich kann man zwischen Personen mit langem und mit kurzem Entscheidungsprozess unterscheiden. Der lange Entscheidungsprozess kann durch z.b. emotionale Abwägungsprozesse bei der Person selbst, durch Ängste (z.b. vor dem Sprachtest im Verfahren) oder durch Widerstände in der Familie zustandekommen. Welche starken emotionalen Spannungen dies im Einzelfall verursachen kann, wurde aus der vertieften Analyse eines Einzelfalls deutlich, in dem Versagens- und Prüfungsängste vor dem Sprachtest fast den Einbürgerungsantrag verhindert hätten. In der vorliegenden Untersuchung entscheiden sich die meisten Befragten jedoch nach relativ kurzer Zeit für die Einbürgerung, wobei sie sich durch bestimmte Einflussfaktoren (Gedanke an den Verlust der alten Staatsangehörigkeit, soziales Umfeld) gar nicht oder positiv in Richtung Einbürgerung beeinflussen ließen. Generell gibt es jedoch keinen Determinismus, dass eine bestimmte Konstellation von Einflussfaktoren in jedem Fall eine Verzögerung oder Beschleunigung der Entscheidungsfindung mit sich bringt: So hatten beispielsweise auch Befragte, die ihren alten Pass gern behalten hätten, einen kurzen Entscheidungsprozess, und umgekehrt. Eine vertiefte biografische Betrachtung der Entscheidungsfindung erlaubte des weiteren Einblicke in die Rolle von sozialen Verkehrkreisen, der Familie, Freunden oder der ethnischen Gemeinschaft. Hier zeigt sich, das zum Beispiel innerhalb einer Familie der Diskurs zum Thema Einbürgerung eine Offenlegung der verschiedenen Positionen und damit einen Bewusstwerdungsprozess in Gang setzt, der letztlich nicht nur den Widerstand gegenüber der Einbürgerung der Befragten schmelzen ließ, sondern sogar in einer Ketteneinbürgerung der gesamten Familie resultierte.

Wie verläuft das Verwaltungsverfahren?

Im Verwaltungsverfahren haben die Einbürgerungskandidaten einerseits Kontakt mit der deutschen Behörde, andererseits mit Behörden des Herkunftslandes (außer diejenigen, die aufgrund ihres Rechtsstatus keine Ausbürgerungsbemühungen nachweisen müssen). Der Kontakt mit der deutschen Behörde ist für die große Mehrheit unserer Befragten positiv verlaufen, sie empfanden die jeweiligen Beamten als freundlich und korrekt im Umgang. Die Abgabe des alten Passes hat für die Mehrzahl der Interviewpartner kein emotionales Problem dargestellt, wahrscheinlich auch deshalb, weil sie diese Frage schon im Entscheidungsprozess mit sich ausgemacht haben. Eine kleinere Gruppe hatte aber auch negative Gefühle von „Verrat" bzw. Wehmut beim Verlust ihres alten Passes; im Einzelfall können diese Verlustgefühle sehr intensiv vorhanden sein, wie die vertiefte Auswertung deutlich machte. Es gibt aber auch Befragte aus problematischen Herkunftsländern, die geradezu froh waren, ihre alte Staatsangehörigkeit loszuwerden.

180

Emotionale Aspekte sind ein wichtiger Teil des Einbürgerungsprozesses. Als Ergebnis der Globalanalyse wurden Ängste der befragten Personen entdeckt, die verstärkt während des Entscheidungsprozesses und während des Verwaltungsverfahrens auftraten. Die Analyse ausgewählter Einzelfälle zeigt, dass vor dem jeweiligen biografischen Hintergrund die Antragstellung selbst, die Erfüllung der formalen Voraussetzungen, wie zum Beispiel das Bestehen des Sprachtests, oder der Kontakt mit den Behörden des Herkunftslandes Nervosität und Verunsicherung verursachten, die sich teilweise durch direktes Erzählen, teilweise durch große Erleichterung über den Abschluss des Verfahrens äußerten. Durch die Freundlichkeit der Beamten in der Behörde am Untersuchungsort wurde jedoch anfänglichen Bedenken und Verunsicherungen durch intensive Beratung und Hilfestellung entgegengewirkt, so dass das Verfahren selbst in den meisten Fällen weitgehend angstfrei abgewickelt werden konnte.

Wie wird der Vollzug der Einbürgerung erlebt?

Bei der Mehrheit der befragten Personen verlief der Vollzug der Einbürgerung im Rahmen des üblichen bürokratischen Aktes in der Einbürgerungsbehörde, also ohne besondere Feierlichkeiten. Viele der befragten Personen hatten in der Situation selbst spontane positive Gefühle und/oder beschrieben das Ereignis auch im Rückblick positiv. Sie empfanden Freude, Stolz oder sogar Gefühle „wie Weihnachten" und feierten teilweise das Ereignis anschließend im Familienkreis oder mit Freunden. Nur eine kleine Gruppe brachte den Einbürgerungsvollzug mit negativen Gefühlen in Verbindung und war vor allem enttäuscht über den unfeierlichen Verlauf des Einbürgerungsaktes. Einzelne Personen hatten beim Einbürgerungsvollzug ambivalente Gefühle: Sie freuten sich einerseits, das Verfahren abgeschlossen und den Schritt endgültig vollzogen zu haben, unter die Freude mischten sich allerdings auch negative Gefühle unterschiedlicher Art (Zweifel, Gedanken an Verrat am Herkunftsland oder Unsicherheit über neu entstandene Pflichten).

Welche wahrgenommenen Wirkungen hatte die Einbürgerung?

Bei der Auswahl der Untersuchungspersonen wurde der Zeitpunkt der Einbürgerung bewusst variiert: Es befanden sich Personen im Sample, die bereits 20 Jahre eingebürgert waren und andere, bei denen die Einbürgerung erst wenige Monate zurücklag. Die von den Befragten genannten instrumentellen Einbürgerungsmotive, wie Reiseerleichterungen und weniger Bürokratie, werden auch in den geschilderten Wirkungen sichtbar und wurden als relevanteste Wirkung gefunden. Eine ganze Reihe von Befragten geben auch an, dass sich ihr politisches Interesse durch das nun vorhandene Wahlrecht gesteigert habe bzw. dass sie dieses Recht an sich als positiv empfinden (unabhängig davon, ob sie es auch wahrnehmen). Jeweils nur eine kleinere Zahl von Befragten hat positive Wirkungen im Berufsleben erwähnt oder von gesteigertem Einbürgerungsinteresse bei Familienmitgliedern berichtet, wobei dies im Einzelfall eine zentrale Wirkung darstellen kann (Stichwort Ketteneinbürgerung).

Einige Interviewte haben berichtet, dass die Einbürgerung das beruhigende Gefühl von (Aufenthalts-)Sicherheit und konsularischem Schutz im Ausland vermittle, einzelne berichteten von einem verstärkten Zugehörigkeitsgefühl zu Deutschland. Was die Reaktion von Referenzgruppen aus dem unmittelbaren persönlichen Umfeld angeht, so wurden diese überwiegend positiv geschildert. Bei Fällen mit negativen Reaktionen kamen diese vor allem von Mitgliedern der jeweiligen ethnischen Gruppe in Deutschland oder von Familienmitgliedern oder Freunden im Herkunftsland.

Bei strukturellen Aspekten hingegen ist ein Einfluss der Einbürgerung deutlicher sichtbar. Es ist zwar auch hier davon auszugehen, dass zum Zeitpunkt der Entscheidung für die Einbürgerung strukturelle Integrationsprozesse schon relativ weit fortgeschritten sind, teilweise kann aber die Einbürgerung als zusätzlicher „Motor" durch Eröffnung neuer Chancen dienen (berufliche Veränderungen, politische Partizipation). Der Einfluss ist hier somit unmittelbarer als bei den anderen Dimensionen.

6.3 Integrationstheoretischer Erkenntnisgewinn

Wir verstehen, wie im Theorierahmen dargestellt, die Entscheidung für die Einbürgerung als soziales Handeln, das der subjektiven Sinngebung durch den Akteur unterliegt. Der Akteur sieht sich objektiven Kontextbedingungen gegenüber, bestimmten Alternativen des Handelns, vor deren Hintergrund eine subjektive Definition der Situation erfolgt. Die Ergebnisse zeigen, dass der Kontext der Einbürgerungsentscheidung und die subjektiv wahrgenommenen Folgen dieses Schritts sehr stark individuellen Erwartungen und Bewertungen unterliegen, dass diese aber dennoch sich in mehrheitlich relevante Schwerpunkte zusammenfassen lassen. Dies ließ sich vor allem durch die Untergliederung in einzelne Verlaufsphasen des Einbürgerungsprozesses realisieren.

Betrachtet man diese Ergebnisse auf der Schablone der Integrationstheorie, lassen sich die entdeckten Einbürgerungsmotive vornehmlich der strukturellen Integration bzw. Plazierung zuordnen, wobei jedoch Fragen der sozialen sowie identifikativen Integration nicht unwesentlich berührt werden. Die hohe Relevanz der Erlangung von Rechten, Positionen und Opportunitäten in der Einbürgerungsentscheidung, in Verbindung mit sozialen und identifikatorischen Aspekten ist auch von anderen wissenschaftlichen Studien belegt worden. In der 1995 im Auftrag des Bundesministeriums für Arbeit und Sozialordnung durchgeführten repräsentativen Befragung ausländischer Arbeitnehmer und ihrer Familienangehörigen (Mehrländer/Ascheberg/Ueltzhöffer 1996), die an die Untersuchungen von 1980 und 1985 anschloss, wurden Menschen türkischer, ehemals jugoslawischer, italienischer sowie griechischer Nationalität nach ihrer Absicht zur Annahme der deutschen Staatsangehörigkeit und die Einbürgerungswilligen bzw. Einbürgerungsunwilligen nach ihren jeweiligen Motiven befragt. So wurde gefunden, dass als wichtige Einbürgerungsanreize neben rechtlicher Gleichstellung, gesichertem Aufenthaltsrecht, der Ausübung politischer Rechte und Reisefreiheit innerhalb der EU das Gefühl des „Verwurzeltseins" in Deutschland und die geringen Bindungen an das „Heimatland" genannt wurden. In der qualitativ-empirischen Untersuchung von Schmidt-Hornstein (1995), die drei Porträts türkischer Akademiker präsentierte, setzten sich die befragten Personen ausführlich mit ihren jeweiligen Einbürgerungsmotiven auseinander. Während die Motivation, rechtliche Gleichstellung mit Deutschen zu erlangen, bei allen drei Befragten als Hauptargument für eine Beantragung der deutschen Staatsangehörigkeit genannt wurde, nahmen emotionale Aspekte bei den Befragten einen unterschiedlichen Stellenwert ein, der von dem Gefühl einer mehrfachen Zugehörigkeit bis hin zum Selbstvorwurf der Abtrünnigkeit und Illoyalität gegenüber dem Herkunftsland reichte.

In unserer Untersuchung konnten wir darüber hinaus feststellen, dass zwar das Argument der Gleichstellung bei allen Befragten sehr relevant war, dass aber auch andere Motivgruppen eine Rolle spielten, die im Einzelfall ausschlaggebend für die Antragstellung sein konnten. So kann eine Verknüpfung mit identifikativen Aspekten einerseits oder mit familienbezogenen Prozesses individuell sehr bedeutsam sein und – durchaus vorhandene – pragmatische Überlegungen in den Hintergrund drängen. Eine verlaufsbezogene Betrachtung der individuellen Einbürgerungsbiographien machte diese Differenzierung möglich.

Was wir jetzt aus subjektiver Sicht der Befragten wissen ist, dass im Verhältnis Einbürgerung und Integration mechanistische Vorstellungen eines „vorher-nachher" nicht angebracht sind. Zugespitzt formuliert: Niemand tritt einem deutschen Verein bei oder heiratet einen deutschen Partner, weil er oder sie jetzt einen deutschen Pass hat. Eher scheint es so zu sein, dass Prozesse sozialer, kultureller und identifikativer Integration relativ unabhängig vom Ereignis „Einbürgerung" verlaufen, bzw. dass solche Prozesse oft schon vor der Einbürgerung stattgefunden haben und die Motivbildung beeinflussen, aber keine Wirkungen sind. Dieses Ergebnis bestätigen auch andere Untersuchungen. So fand Diehl (2002, 308) dass bei türkisch- und italienischstämmigen jungen Einwanderern die Einbürgerung den Anschluss eines gelungenen Integrationsprozess darstellte: „Besonders einbürgerungswillig sind diejenigen, deren strukturelle, kulturelle und identifikative Eingliederung schon fortgeschritten ist." Punktuelle Beeinflussungen von Einzelaspekten sind jedoch durchaus beobachtbar: So gab es Fälle, in denen sich Zugehörigkeitsgefühle zu Deutschland in Folge der Einbürgerung verstärkten oder Möglichkeiten zur politischen Partizipation wahrgenommen wurden – hier wirkte die Einbürgerung sozusagen als „Integrationsmotor". Bei anderen Personen wiederum gab es durch die Durchtrennung der rechtlichen Bindung an das Herkunftsland eine Rückbesinnung auf kulturelle Elemente des Herkunftskontextes.

6.4 Handlungsempfehlungen

6.4.1 Handlungsempfehlungen für Politik und Verwaltung

Wie schon einleitend erwähnt, standen migrations- und einbürgerungspolitische Maßnahmen lange Zeit im Zeichen von Rotation und Remigration: Einbürgerung wurde eher als Ausnahme erachtet, für die es hohe Hürden zu überwinden galt. Er seit Beginn der 90er Jahre setzte ein ausländerrechtlicher Umdenkprozess ein, der in einem völligen Paradigmenwechsel zum Ende der 90er Jahre endete: Nicht nur Migrationssteuerung wird künftig als staatliche Aufgabe erachtet, sondern auch Integrationspolitik, die mit einem erleichterten Zugang zur deutschen Staatsangehörigkeit eingeleitet wurde. Die Entwicklung der Einbürgerungszahlen zeigt, dass diese Maßnahme durchaus auf ein Bedürfnis bei der Zielgruppe traf.

Wie die Erfahrungen der Befragten zeigen, hat sich dieser Paradigmenwechsel auch schon im Verwaltungshandeln manifestiert, zumindest an unserem Untersuchungsort[93]: Die Befragten wurden von der Behörde überwiegend freundlich im Verfahren begleitet, teilweise wurden anfängliche Ängste und Bedenken abgebaut. Ärger über Komplikationen und Verzögerungen waren eher die Ausnahme. Dies ist umso wichtiger als im Falle unserer Befragten die Beratung durch Sozialberatungsstellen keine Rolle gespielt hat, sondern sich die Personen direkt an die Behörde wandten. Die Erfahrungen unserer Befragten zeigen die **zentrale Bedeutung von „kundenorientiertem" Verwaltungshandeln**, da durch unterstützende Begleitung von Seiten der Behörde Einbürgerungshemmnissen durchaus entgegengewirkt werden kann. Es wäre wünschenswert, wenn sich dies auch künftig im Falle der Behörden der Herkunftsländer entwickeln würde. Ängste vor Papierflut oder Sprachtest sollten künftig vermehrt durch **gezielte Information**, wie sie teilweise von den Volkshochschulen angeboten wird, abgebaut werden.

Es kam vor, dass sich Befragte unsicher über ihre künftigen Rechte und Pflichten als deutsche Staatsbürger fühlten. **Staatsbürgerliche Kurse** sind ein Instrument, diese Wissenslücke zu füllen. Curriculare Inhalte könnten Sprachvermittlung, Grundzüge der Rechtsordnung und des politischen Systems der Bundesrepublik Deutschland und gesellschaftliche und berufliche Orientierungshilfen sein. Durch die Kurse würde einerseits Wissensvermittlung erfolgen, andererseits die gesellschaftliche und politische Partizipation der neuen Staatsbürger gefördert werden.

Die Analysen zeigten, dass der Akt der Einbürgerung im Einzelfall sehr stark emotional behaftet sein kann, sei es positiv oder negativ. Die Forschung weiß um die große Bedeutung der emotionalen Aspekten in Fragen identifikativer

---

[93] Dass es hier durchaus regionale Unterschiede gibt zeigt die Arbeit von Dornis 1999.

Integration. Dieser Tatsache sollte im administrativen Vollzug künftig mehr Rechnung getragen werden, zum Beispiel durch eine **feierliche Gestaltung der Einbürgerungszeremonie.** Erfahrungen in einzelnen Städten, unter anderem dem Untersuchungsort[94], zeigen, dass durch Einbindung von Personen des öffentlichen Lebens, durch eine festliche Gestaltung mit Musik und durch eine mediale Berichterstattung sowohl den Eingebürgerten als auch der Aufnahmegesellschaft vermittelt wird, dass Einbürgerung bedeutsam ist, die volle rechtliche Gleichstellung bedeutet, grundlegende Mitgliedschaftsrechte in der politisch-staatlichen Gemeinschaft verleiht, volle politische Partizipation ermöglicht und existentieller Schutz durch die staatlichen Institutionen im Inland und Ausland garantiert. Einbürgerungsfeiern unterstreichen darüber hinaus die Offenheit der Gesellschaft: Man kann Deutscher werden und sein, ohne deutsche Eltern zu haben oder in Deutschland geboren zu sein. Als Symbol und Geste wendet sich die Feier aber auch an die einheimische Bürgerschaft und vermittelt ihr, dass sich die Zusammensetzung der Bürgerschaft ändert (vgl. Heckmann 2003).

Zusammenfassend kann festgehalten werden, dass durch gemeinschaftliche Anstrengungen von Politik, Verwaltung und gesellschaftlichen Gruppen versucht werden sollte, eine **Einbürgerungskultur** in Deutschland zu entwickeln, die den Prozess des Staatsangehörigkeitserwerbs vorbereitet und begleitet. Einbürgerungskultur kann verstanden werden als Teilkonzept einer Integrationskultur, d. h. als Komplex von Ideen, Wissen, Werten, Normen, Symbolen, Organisationsformen und Praktiken, die sich auf die Vorbereitung und Realisierung der Einbürgerung als Aufnahme in die staatlich-rechtliche Gemeinschaft beziehen. Zur Einbürgerungskultur zählen Informations- und Beratungssysteme über den Staatsangehörigkeitswechsel, ein kompetentes, Migranten unterstützendes Verwaltungshandeln, Einbürgerungskurse oder sozialkundliche Integrationskurse, die den prospektiv neuen Staatsbürgern elementare Kenntnisse ihrer neuen Mitgliedschaft mit Rechten und Pflichten vermitteln, und schließlich, Einbürgerungsfeiern als Abschluss des Einbürgerungsverfahrens (Heckmann 2003). Somit würde der individuell-biografischen Bedeutung dieses administrativen Aktes Rechnung getragen.

6.4.2 Empfehlungen für die Forschung

Das nun abgeschlossene Forschungsprojekt hat die subjektiven Dimensionen von Einbürgerung in ihrer weitgefächerten Bandbreite aufgezeigt, sowohl hinsichtlich von Themen, die in den einzelnen Verlaufsphasen des Einbürgerungsprozesses eine Rolle spielen, als auch bezüglich individuell-biografischer Aspekte. Durch qualitative Typenbildung wurde aufgezeigt, welche Häufungen sich

---

[94] Siehe http://www.uni-bamberg.de.

in den jeweiligen Verlaufsphasen des Einbürgerungsprozesses entdecken ließen und welche Aspekte für die Befragten relevant waren. Durch die explorative Herangehensweise waren jedoch die Möglichkeiten für typisierende Verfahren für den gesamten Einbürgerungsprozess begrenzt.

Es wäre deshalb sinnvoll, die Forschungsergebnisse in einem **quantitativen, repräsentativen Forschungsprojekt** weiter zu verfolgen und auszubauen. Die gefunden Codefamilien, Subkategorien und Codes können die Grundlage für die Konstruktion eines Fragebogens bilden. Ein standardisiertes Vorgehen würde erlauben, Beziehungen zwischen Einbürgerungsverläufen und Variablen zu überprüfen, die bisher in der Auswertung nicht berücksichtigt werden konnten, wie zum Beispiel der sozio-demografische Hintergrund, die vormalige Nationalität oder der Generationenstatus der Befragten. Nicht zuletzt würde das Datenmaterial aus einer quantitativen Erhebung erlauben, clusteranalytische Typenbildungsverfahren anzuwenden, um so der Frage nach typischen Einbürgerungsverläufen nachzugehen. Der Stellenwert der Einbürgerung im gesamten Integrationsprozess könnte somit umfassend und repräsentativ ermittelt werden.

Verzeichnis der Tabellen

Tabelle 1: Einbürgerungen im Zeitraum 1991 bis 2003 in der Stadt
Bamberg 85

Tabelle 2: Sozio-demografische Merkmale der 26 Untersuchungspersonen 93

Tabelle 3: Die Codefamilie Einbürgerungsmotive 114

Tabelle 4: Die Codefamilie Entscheidungsprozess für die
Einbürgerung 126

Tabelle 5: Die Codefamilie Verwaltungsverfahren 142

Tabelle 6: Die Codefamilie Einbürgerungsvollzug 152

Tabelle 7: Die Codefamilie Wahrgenommene Wirkungen der
Einbürgerung 161

Verzeichnis der Abbildungen

Abbildung 1: Systemintegration und die vier Dimensionen
der Sozialintegration 41

Abbildung 2: Die drei Analyseschritte bei der verstehend-
erklärenden Soziologie nach Max Weber 48

Abbildung 3: Einbürgerungen im Zeitraum 1997 bis 2002 in Bayern
und Deutschland 84

Abbildung 4: Integration der Codefamilien in den chronologischen
Ablauf des Einbürgerungsprozesses 103

Verzeichnis der Anhänge

Anhang 1: Test Deutsch 203

Anhang 2: Nach Codefamilien geordnete Codeliste 204

Anhang 3: Ausgewählte Verlaufsprofile 209

Anhang 4: Datenblatt (Verknüpfung von Fällen mit den
Dimensionen des qualitativen Interviewmaterials) 213

Anhang 5: Überblick über die interviewten Personen 217

Literatur

Arbeitsgruppe Bielefelder Soziologen 1973:

Alltagswissen, Interaktion und gesellschaftliche Wirklichkeit. Band 1: Symbolischer Interaktionismus und Ethnomethodologie. Reinbek bei Hamburg

Arbeitsgruppe Bielefelder Soziologen 1976:

Kommunikative Sozialforschung. Alltagswissen und Alltagshandeln, Gemeindemachtforschung, Polizei, Politische Erwachsenenbildung. München

Atabay, Ibrahim 1994:

Ist dies mein Land? Identitätsentwicklung türkischer Migrantenkinder und -jugendlicher in der Bundesrepublik. Pfaffenweiler

ATLAS.ti 1997:

Visual Qualitative Data Analysis – Management – Model Building. User's Manual, 1st edition (11/97), Berlin

Bauböck, Rainer 1993:

Staatsbürgerschaft und Immigration, in: U. Preuß (Hrsg.): Staatsbürgerschaft und Zuwanderung. Bremen, S. 39-54

Beauftragte der Bundesregierung für Ausländerfragen 2000:

Bericht der Beauftragten der Bundesregierung für Ausländerfragen über die Lage der Ausländer in der Bundesrepublik Deutschland, Berlin und Bonn

Beauftragte der Bundesregierung für Ausländerfragen (Hrsg.) 2002:

Daten und Fakten zur Ausländersituation, 20. Auflage, Berlin

Beauftragte der Bundesregierung für Ausländerfragen 2002b:

Bericht der Beauftragten der Bundesregierung für Ausländerfragen über die Lage der Ausländer in der Bundesrepublik Deutschland. September 2002

Bergold, Jörg B. / Flick, Uwe (Hrsg.) 1987:

Ein-Sichten. Zugänge zur Sicht des Subjekts mittels qualitativer Forschung. Tübingen

Blumer, H. 1954:

What is Wrong with Social Theory. In: American Sociological Review, Vol. 19, S. 3-10

Bock, Marlene 1992:

Das halbstrukturierte-leitfadenorientierte Tiefeninterview. Theorie und Praxis der Methode am Beispiel von Paarinterviews. In: Hoffmeyer-Zlotnik, Jürgen H.P. (1992), S. 90-109

Boehm, Andreas 1994:

Grounded Theory – Wie aus Texten Modelle und Theorien gemacht werden, in: Boehm, A. / Mengel, A. / Muhr, Th. (Hrsg.), S. 121-140

Boehm, A. / Mengel, A. / Muhr, Th. (Hrsg.) 1994:

Texte verstehen. Konzepte, Methoden, Werkzeuge. Konstanz

Bogdan, R. / Taylor, S. J. 1975:

Introduction to Qualitative Research Methods. A Phenomenological Approach to the Social Sciences. New York, London, Sydney, Toronto

Boos-Nünning, Ursula 1986:

Qualitative Interviews in der Ausländerforschung: Wissenschaftler – Interviewer – Ausländische Befragte. In: J. Hoffmeyer-Zlotnik (Hrsg.): Qualitative Methoden der Datenerhebung in der Arbeitsmigrantenforschung. Mannheim, S. 42-77

Brubaker, William R. 1989:

Citizenship and Naturalization: Policies and Politics, in:in: ders. (ed.), Immigration and the Politics of Citizenship in Europe and North America, pp. 99-128, Lanham/New York/London: University Press of America

Currle, Edda / Wunderlich, Tanja 2001:

Deutschland – ein Einwanderungsland? Rückblick, Bilanz und neue Fragen, Stuttgart: Lucius & Lucius.

Däuble, Helmut 2000:

Auf dem Weg zum Bundesrepublikaner. Einwanderung – kollektive Identität – politische Bildung, Schwalbach/Taunus: Wochenschau Verlag

Davy, Ulrike 1999:

Rechtliche Instrumente der Integration: In welchem Kontext steht die Verleihung der Staatsangehörigkeit?, in: dies. (Hrsg.), Politische Integration der ausländischen Wohnbevölkerung, pp. 58-81, Baden-Baden: Nomos Verlagsgesellschaft

Deppermann, Arnulf 1999:

Gespräche analysieren. Eine Einführung in konversationsanalytische Methoden, Opladen

Die Ausländerbeauftragte des Senats von Berlin 2000:

Türkische Berlinerinnen und Berliner. Pressemitteilung vom 13.1.2000. Berlin

Diehl, Claudia 2002:

Wer wird Deutsche(r) und Warum? Bestimmungsfaktoren der Einbürgerung türkisch- und italienischstämmiger junger Erwachsener. In: Zeitschrift für Bevölkerungswissenschaft, Jg. 27, 3/2002, S.285-312

Dornis, C. 1999:

Einbürgerung in Deutschland: Eine vergleichende Untersuchung zur Verwaltungspraxis in verschiedenen Regionen, Berlin: Demographie aktuell Nr. 15

Dornis, Christian 2001:

Einbürgerung in Deutschland. Ihre Rolle bei der Integration von Zuwanderern und die Verwaltungspraxis im Regionalbereich. Aachen: Shaker Verlag

Dornis, Christian 2002:

Zwei Jahre nach der Reform des Staatsangehörigkeitsrechts – Bilanz und Ausblick, in: Bade, K. Und Münz, R. (Hrsg.), Migrationsreport 2002. Fakten-Analysen-Perspektiven, S. 163-179, Frankfurt/New York: Campus

Erbslöh, Eberhard 1973:

Die unkontrollierte Einflussnahme des Interviewers im Forschungsinterview. In: Erbslöh et al. 1973

Erbslöh, E. / Esser, H. /Reschka, W. / Schöne, D. 1973:

Studien zum Interview. Meisenheim am Glan: Verlag Anton Hain

Esser, Hartmut 1973:

Kooperation und Verweigerung. In: Erbslöh et al. 1973

Esser, Hartmut 1980:

Aspekte der Wanderungssoziologie. Assimilation und Integration von Wanderern, ethnischen Gruppen und Minderheiten. Darmstadt/ Neuwied

Esser, Hartmut 1990a:

Nur eine Frage der Zeit? Zur Frage der Eingliederung von Migranten im Generationen-Zyklus und zu einer Möglichkeit, Unterschiede hierin theoretisch zu erklären. In: Esser H. / Friedrichs, J. (Hrsg.): Generation und Identität. Theoretische und empirische Beiträge zur Migrationssoziologie. Opladen, S. 73-100

Esser, Hartmut 1990b:

Prozesse der Eingliederung von Arbeitsmigranten. In: Höhn, Charlotte/ Rein, Detlev B. (Hrsg.): Ausländer in der Bundesrepublik Deutschland. Boppard am Rhein, S. 33-53

Filstead, William F. (ed.) 1970:

Qualitative Methodology: Firsthand involvement with the social world. Chicago

Fischer-Rosenthal, W. / Rosenthal, G. 1997:

Narrationsanalyse biographischer Selbstpräsentationen. In: Hitzler, R./ Honer, A. (Hrsg.): Sozialwissenschaftliche Hermeneutik. Eine Einführung, S. 133-164, Opladen: Leske und Budrich

Flick, Uwe 1987:

Methodenangemessene Gütekriterien in der qualitativ-interpretativen Forschung. In: Bergold / Flick 1987, S. 247-262

Flick, U. / v. Kardorff, E. / Keupp, H. / v. Rosenstiel, L. / Wolff, S. (Hrsg.) 1991:

Handbuch Qualitative Sozialforschung. Grundlagen, Konzepte, Methoden und Anwendungen. München

Flick, U. / v. Kardorff, E. / Steinke, I. 2000:

Qualitative Forschung. Ein Handbuch. Reinbek bei Hamburg: Rowohlt Taschenbuch Verlag

Friedrichs, Jürgen 1980:

Methoden empirischer Sozialforschung. Opladen

Fuchs, Werner 1984:

Biographische Forschung. Eine Einführung in Praxis und Methoden. Opladen

Gadamer, Hans-Georg 1965:

Wahrheit und Methode. Grundzüge einer philosophischen Hermeneutik. Tübingen

Geertz, Clifford 1983:

Dichte Beschreibung. Beiträge zum Verstehen kultureller Systeme. Frankfurt

Girtler, Roland 1988:

Methoden der qualitativen Sozialforschung. Anleitung zur Feldarbeit. Bölau Verlag: Wien, Köln, Graz

Glaser, Barney G. / Strauss, Anselm L. 1971:

Status Passage. Chicago

Glaser, Barney G. / Strauss, Anselm L. 1979:

Die Entdeckung gegenstandsbezogener Theorie: Eine Grundstrategie qualitativer Sozialforschung. In: Hopf / Weingarten 1979, S.91-111

Glaser, Barney G. / Strauss, Anselm L. 1998:

Grounded Theory. Strategien qualitativer Forschung. Bern

Glinka, Hans-Jürgen 2003:

Das narrative Interview. Eine Einführung für Sozialpädagogen. Weinheim und München

Goldberg, Andreas (Hrsg.) 1999:

Deutsche Türken – türkische Deutsche? Die Diskussion um die doppelte Staatsbürgerschaft, Münster

Gordon, Milton 1964:

Assimilation in American Life. The Role of Race, Religion, and National Origins. New York

Green, Simon 2000:

Beyond Ethnoculturalism? German Citizenship in the New Millenium, in: German Politics, 9, 3, 105-124

Gusy, Christoph 1999:

Integration durch Staatsangehörigkeit, in: Davy, U. (Hrsg.), Politische Integration der ausländischen Wohnbevölkerung, pp. 262-271, Baden-Baden: Nomos Verlagsgesellschaft

Hagedorn, Heike 2001:

Wer darf Mitglied werden? Einbürgerung in Deutschland und Frankreich im Vergleich, Opladen

Hailbronner, Kay 1989:

Citizenship and Nationhood in Germany, in: Brubaker, W.R. (ed.), Immigration and the Politics of Citizenship in Europe and North America, pp. 67-80, Lanham/New York/London: University Press of America

Heckmann, Friedrich 1981:

Die Bundesrepublik: Ein Einwanderungsland? Zur Soziologie der Gastarbeiterbevölkerung als Einwandererminorität. Stuttgart

Heckmann, Friedrich 1992a:

Ethnische Minderheiten, Volk und Nation. Soziologie inter-ethnischer Beziehungen. Stuttgart

Heckmann, Friedrich 1992b:

Interpretationsregeln zur Auswertung qualitativer Interviews und sozialwissenschaftlich relevanter „Texte". Anwendung der Hermeneutik für die empirische Sozialforschung. In: Hoffmeyer-Zlotnik, Jürgen H.P. (1992), S. 142-167

Heckmann, Friedrich 1998:

Analysis of National Modes of Immigrant Integration: Germany. EFFNATIS Working Paper 15. Bamberg

Heckmann, F. / Wunderlich, T. / Worbs, S. / Lederer, H. W. 2000:

Integrationspolitische Aspekte einer gesteuerten Zuwanderung. Gutachten für die interministerielle Arbeitsgruppe der Bayerischen Staatsregierung zu Fragen der Zuwanderungssteuerung und Zuwanderungsbegrenzung, Bamberg

Heckmann, F. / Lederer, H. W. / Worbs, S. 2001:

Effectiveness of National Integration Strategies towards Second Generation Migrant Youth in a Comparative European Perspective. Final Report to the European Commission, Bamberg (http://www.uni-bamberg.de/efms)

Heinze, Thomas 1995:

Qualitative Sozialforschung. Erfahrungen , Probleme und Perspektiven. Opladen: Westdeutscher Verlag

Heinze, Thomas 2001:

Qualitative Sozialforschung. Einführung, Methodologie und Forschungspraxis. München

Heitmeyer, W. / Müller, J. / Schröder, H. 1997:

Verlockender Fundamentalismus. Türkische Jugendliche in Deutschland, Frankfurt am Main

Hermanns, Harry 1991:

Narratives Interview. In: U. Flick, E. v. Kardorff, H. Keupp, L. von Rosenstiel, S.Wolff (Hrsg.) (1991): Handbuch Qualitative Sozialforschung. Grundlagen, Konzepte, Methoden und Anwendungen. München, S. 182-185

Hermanns, Harry 1992:

Die Auswertung narrativer Interviews. Ein Beispiel für qualitative Verfahren. In: Hoffmeyer-Zlotnik, J. H. P. (Hrsg.): Analyse verbaler Daten. Über den Umgang mit qualitativen Daten, S. 110-141, Opladen: Westdeutscher Verlag

Herrmann, Helga 1998:

Junge Ausländer in Deutschland – integriert oder ausgegrenzt? Beiträge zur Gesellschafts- und Bildungspolitik. Institut der deutschen Wirtschaft, Köln

Hitzler, Roland / Honer, Anne 1997:

Einleitung: Hermeutik in der deutschsprachigen Soziologie heute. In: Hitzler, Roland/Honer, Anne (Hrsg.): Sozialwissenschaftliche Hermeneutik. Eine Einführung. Opladen

Hoffmann-Riem, Christa 1980:

Die Sozialforschung einer interpretativen Soziologie: Der Datengewinn. In: Kölner Zeitschrift für Soziologie und Sozialforschung, Jahrgang 32, S. 339-372

Hoffmeyer-Zlotnik, Jürgen H.P. 1992:

Analyse verbaler Daten. Über den Umgang mit qualitativen Daten. Opladen

Hopf, Christel 1978:

Die Pseudo-Exploration – Überlegungen zur Technik qualitativer Interviews in der Sozialforschung. In: Zeitschrift für Soziologie, Jg.7, Heft 2, April 1978, S. 97-115

Hopf, Christel 1979:

Soziologie und qualitative Sozialforschung. In: Hopf / Weingarten 1979, S. 11-37

Hopf, Christel 1991:

Qualitative Interviews in der Sozialforschung. Ein Überblick. In: U. Flick, E. v. Kaedoff, H. Keupp, L. von Rosenstiel, S.Wolff (Hrsg.) (1991): Handbuch Qualitative Sozialforschung. Grundlagen, Konzepte, Methoden und Anwendungen. München, S. 177-182

Hopf, Christel / Weingarten, Elmar (Hrsg.) 1979:

Qualitative Sozialforschung. Stuttgart: Klett-Cotta

Hyman, Herbert H. 1954:

Interviewing in Social Research. Chicago und London

Kelle, Udo 1994:

Empirisch begründete Theoriebildung. Zur Logik und Methodologie interpretativer Sozialforschung. Weinheim

Kelle, Udo / Kluge, Susann 1999:

Vom Einzelfall zum Typus. Fallvergleich und Fallkontrastierung in der qualitativen Sozialforschung, Opladen

Kelle, Udo / Erzberger, Christian 2001:

Die Integration qualitativer und quantitativer Forschungsergebnisse. In: Kluge, Susann / Kelle, Udo: Methodeninnovation in der Lebenslaufforschung. Integration qualitativer und quantitativer Verfahren in der Lebenslauf und Biografieforschung. Weinheim, München

Kleining, Gerhard 1982:

Umriss zu einer Methodologie qualitativer Sozialforschung. In: Kölner Zeitschrift für Soziologie und Sozialpsychologie, 34, S. 224-253

Koschyk, Hartmut / Stolz, Rolf 2001:

Alte und neue Deutsche? Staatsangehörigkeits- und Integrationspolitik auf dem Prüfstand, Hanns-Seidel-Stiftung: Argumente und Materialien zum Zeitgeschehen 32

Kuckartz, Udo 1996:

MAX für WINDOWS: Ein Programm zur Interpretation, Klassifikation und Typenbildung, in: Bos, W./Tarnai, C. (Hrsg.), Computerunterstützte Inhaltsanalyse in den Empirischen Sozialwissenschaften. Theorie, Anwendung, Software, Münster und New York, S. 229-243

Kuckartz, Udo 1999:

Computergestützte Analyse qualitativer Daten. Eine Einführung in Methoden und Arbeitstechniken, Opladen

Küchler, Manfred 1980:

Qualitative Sozialforschung: Modetrend oder Neuanfang? In: Kölner Zeitschrift für Soziologie und Sozialpsychologie 32/1980, S. 373-386

Küchler, Manfred 1983:

„Qualitative Sozialforschung" – Ein neuer Königsweg? In: Garz, D. / Kraimer, K. (Hrsg.): Brauchen wir andere Forschungsmethoden? Beiträge zur Diskussion interpretativer Verfahren. Frankfurt a. M.

Lamnek, Siegfried 1995a:

Qualitative Sozialforschung. Band 1: Methodologie. München

Lamnek, Siegfried 1995b:

Qualitative Sozialforschung. Band 2: Methoden und Techniken. München

Lederer, Harald W. 1997:

Migration und Integration in Zahlen. Ein Handbuch. Bonn

Loos, Peter / Schäffer, Burkhard 2001:

Das Gruppendiskussionsverfahren. Theoretische Grundlagen und empirische Anwendung, Opladen

Mackert, Jürgen 1999:

Kampf um Zugehörigkeit. Nationale Staatsbürgerschaft als Modus sozialer Schließung, Opladen: Westdeutscher Verlag

Mackert, Jürgen / Müller, Hans-Peter 2000:

Citizenship. Soziologie der Staatsbürgerschaft. Wiesbaden

Mayring, Philipp 1988:

Qualitative Inhaltsanalyse. Grundlagen und Techniken. Weinheim

Mayring, Philipp 1994:

Qualitative Inhaltsanalyse. In: Boehm, A. / Mengel, A. / Muhr, Th. (Hrsg.) (1994), S. 159-182

Mayring, Philipp 1997:

Qualitative Inhaltsanalyse. Grundlagen und Techniken. Weinheim

Mayring, Philipp 1999:

Einführung in die qualitative Sozialforschung. Weinheim

McCall, G. J. / Simmons, J.L. 1969:

Issues in Participant Observation: A Text and Reader. Cicago

Mehrländer, U. / Ascheberg, C. / Ueltzhöffer, J. 1996:

Situation der ausländischen Arbeitnehmer und ihrer Familienangehörigen in der Bundesrepublik Deutschland. Repräsentativuntersuchung `95. Berlin u.a.

Merton, Robert K. / Kendall, Patricia L. 1979:

Das fokussierte Interview. In: Hopf / Weingarten 1979, S. 171-204

Merton, R. K. / Fiske, M. / Kendall, P. L. 1956:

The Focused Interview. A Manual of Problems and Procedures. Glencoe: The Free Press

Mühlfeld, C. / Windolf, P. / Lampert, N. / Krüger, H. 1981:

Auswertungsprobleme offener Interviews. In: Soziale Welt 3/81, S. 325-352

Muhr, Thomas 1996:

Textinterpretation und Theorieentwicklung mit ATLAS/ti. In: Bos, Wilfried / Tarnai, Christian (Hrsg.): Computerunterstützte Inhaltsanalyse in dem empirischen Sozialwissenschaften, Münster/New York

Nassehi, Armin / Schroer, Markus 1999:

Integration durch Staatsbürgerschaft? Einige gesellschaftstheoretische Zweifel, in: Davy, U. (Hrsg.), Politische Integration der ausländischen Wohnbevölkerung, pp. 82-104, Baden-Baden: Nomos Verlagsgesellschaft

Polat, Ülger 1997:

Soziale und kulturelle Identität türkischer Migranten der zweiten Generation in Deutschland. Hamburg

Pollock, Friedrich 1955:

Gruppenexperiment. Ein Studienbericht. Frankfurt am Main

Popitz, H. / Bahrdt, H. P. / Jüres, E. A. / Kesting, H. 1957a:

Technik und Industriearbeit. Soziologische Untersuchungen in der Hüttenindustrie. Tübingen

Popitz, H. / Bahrdt, H. P. / Jüres, E. A. / Kesting, H. 1957b:

Das Gesellschaftsbild des Arbeiters. Soziologische Untersuchungen in der Hüttenindustrie. Tübingen

Portera, Agostino 1995:

Interkulturelle Identitäten. Faktoren der Identitätsbildung Jugendlicher italienischer Herkunft in Südbaden und Süditalien. Köln

Renner, Günter 2002:

Erfahrungen mit dem deutschen Staatsangehörigkeitsrecht. In: Zeitschrift für Ausländerrecht und Ausländerpolitik 8/ 2002, S. 265-269

Renner, Günter 1999:

Was ist neu am neuen Staatsangehörigkeitsrecht? In: Zeitschrift für Ausländerrecht und Ausländerpolitik 4/ 1999, S. 154-163

Reschka, Willibald 1973:

Einige Aspekte der verbalen Kommunikation im Interview. In: Erbslöh, E. et al. 1973

Riegler, Henriette 2000:

Zwischen Rechtserwerb und Identitätsbedrohung – Einbürgerung aus Sicht von Migrant/Innen. In: Pilgram, Arno / Steinert, Heinz (Hrsg.): Sozialer Ausschluß. Begriffe, Praktiken, Gegenwehr. Baden-Baden 2000, S. 183-201

Rosenthal, Gabriele 1995:

Erlebte und erzählte Lebensgeschichte. Frankfurt a. Main: Campus

Sackmann, R. / Peters, B. / Schultz, T. / Prümm, K. 2001:

Zur kollektiven Identität türkischer Migranten in Deutschland, Forschungsbericht, Bremen (Verbindung von Staatsangehörigkeitsfragen mit Selbstverortungen und kollektiver Identität)

Schiffauer, Werner 1991:

Die Migranten aus Subay. Türken in Deutschland: Eine Ethnographie. Stuttgart

Schmidt Hornstein, Caroline 1995:

Das Dilemma der Einbürgerung. Porträts türkischer Akademiker. Opladen

Schmidt, Peter / Weick, Stefan 1998:

Starke Zunahme von Kontakten und Ehen zwischen Deutschen und Ausländern,in: ISI – Informationsdienst Soziale Indikatoren, 19, Januar, S. 1-5

Schnell, R. / Hill, P. B. / Esser, E. 1993:

Methoden der empirischen Sozialforschung, München und Wien

Schütz, Alfred 1971:

Studien zur phänomenologischen Philosophie. In: Schütz, Ilse: Alfred Schütz. Gesammelte Aufsätze III, Den Haag: Martinus Nijhoff

Schütze, Fritz 1975:

Sprache soziologisch gesehen. Band I: Strategien sprachbezogenen Denkens innerhalb und im Umkreis der Soziologie. München: Wilhelm Fink Verlag

Schütze, Fritz 1976:

Zur Hervorlockung und Analyse von Erzählungen thematisch relevanter Geschichten im Rahmen soziologischer Feldforschung – dargestellt an einem projekt zur Erforschung von kommunalen Machtstrukturen. In: Arbeitsgruppe Bielefelder Soziologen 1976, S. 159-260

Schütze, Fritz 1977:

Die Technik des narrativen Interviews in Interaktionsfeldstudien – dargestellt an einem Projekt zur Erforschung kommunaler Machtstrukturen. Bielefeld

Schultze, Günther 1991:

Berufliche Integration türkischer Arbeitnehmer. Vergleich der ersten und zweiten Generation, Bonn

Seifert, Wolfgang 1995:

Die Mobilität der Migranten. Die berufliche, ökonomische und soziale Stellung ausländischer Arbeitnehmer in der Bundesrepublik. Berlin

Seifert, Wolfgang 2000:

Ausländer in Deutschland, in: Statistisches Bundesamt (ed.) Datenreport 1999. Zahlen und Fakten über die Bundesrepublik Deutschland. Bonn: Bundeszentrale für politische Bildung, insbes. S. 577-579 (SOEP-Auswertungen)

Sen, F. / Sauer, M. / Halm, D. 2001:

Intergeneratives Verhalten und (Selbst-)Ethnisierung von türkischen Zuwanderern. Gutachten des Zentrums für Türkeistudien für die Unabhängige Kommission Zuwanderung, Essen

Statistisches Bundesamt 1997:

Bevölkerung und Erwerbstätigkeit, Fachserie 1, Reihe 2: Ausländische Bevölkerung. Wiesbaden

Steinke, Ines 1999:

Kriterien qualitativer Forschung. Ansätze zur Bewertung qualitativ-empirischer Sozialforschung. München: Juventa Verlag

Steinke, Ines 2000:

Gütekriterien qualitativer Sozialforschung. In: Flick U., v. Kaedoff E., Steinke, I. (2000): Qualitative Forschung. Ein Handbuch. Reinbek bei Hamburg: Rowohlt Taschenbuch Verlag, S. 319-331

Storz, Henning / Reißland, Carolin (Hrsg.) 2002:

Staatsbürgerschaft im Einwanderungsland Deutschland. Handbuch für die Interkulturelle Praxis in der Sozialen Arbeit, im Bildungsbereich, im Stadtteil, Opladen

Straßburger, Gaby 1998:

Das Heiratsverhalten von Frauen und Männern ausländischer Herkunft im Einwanderungskontext der BRD. Osnabrück

Straßburger, Gaby 2001:

Evaluation von Integrationsprozessen in Frankfurt am Main, insbes. S.82-90 (Auswertungen der amtlichen Statistik) und S. 176f (Befragungsdaten)

Strauss, Anselm L. 1994:

Grundlagen qualitativer Sozialforschung. München

Strauss, Anselm / Corbin, Juliet 1996:

Grounded Theory: Grundlagen Qualitativer Sozialforschung. Weinheim

Swiatkowski, Piotr 2001:

Der deutsche Pass als letzter Akt der Integration? Einbürgerung aus der Sicht polnischer Migranten in der Bundesrepublik Deutschland, in: Pallaske, Ch. (Hrsg.), Die Migration von Polen nach Deutschland. Zu Geschichte und Gegenwart eines europäischen Migrationssystems, S. 163-184, Baden-Baden: Nomos Verlagsgesellschaft

Thränhardt, D. / Dieregsweiler, R. / Santel, B. 1994:

Die Lebenslage der Menschen aus den ehemaligen Anwerbeländern und die Handlungsmöglichkeiten der Politik. Neuss

Venema, Mathias / Grimm, Claus 2002:

Situation der ausländischen Arbeitnehmer und ihrer Familienangehörigen in der Bundesrepublik Deutschland. Repräsentativuntersuchung 2001, Teil A: Türkisch, ehemalige jugoslawische, italienische sowie griechische Arbeitnehmer und ihre Familienangehörigen in den alten Bundesländern und im ehemaligen West-Berlin. Forschungsbericht im Auftrag des Bundesministeriums für Arbeit und Sozialordnung, Offenbach und München

Voges, Wolfgang (Hrsg.) 1987:

Methoden der Biographie- und Lebenslaufforschung. Opladen

Von Mangoldt, Hans 1999:

Ius-sanguinis-Prinzip, Ius-soli-Prinzip und Mehrstaatigkeit: Umbrüche durch das Staatsangehörigkeitsreformgesetz. In: Zeitschrift für Ausländerrecht und Ausländerpolitik, November 1999, S. 243-252

Wasmer, Martina / Koch, Achim 2000:

Ausländer als Bürger 2. Klasse? Einstellungen zur rechtlichen Gleichstellung von Ausländern, in: Alba, R., Schmidt, P. and Wasmer, M. (eds.) (2000) Deutsche und Ausländer: Freunde, Fremde oder Feinde?, Wiesbaden: Westdeutscher Verlag, S.255-293 (Einstellungen in der deutschen Bevölkerung zur doppelten Staatsangehörigkeit, Basis ALLBUS 1996)

Weingarten, Elmar 1985:

Die Methoden der Konstruktion sozialer Wirklichkeit: Grundpositionen der Ethnomethodologie, in: Jüttemann, Gerd (Hrsg.): Qualitative Forschung in der Psychologie. Weinheim, S. 109-124

Weiß, Hans-Jürgen / Trebbe, Jochen 2001:

Mediennutzung und Integration der türkischen Bevölkerung in Deutschland. Ergebnisse einer Umfrage des Presse- und Informationsamtes der Bundesregierung, Potsdam

Whyte, William F. 1996:

Die Street Corner Society. Die Sozialstruktur eines Italienerviertels. New York

Wilamowitz-Moellendorf, Ulrich von 2001:

Türken in Deutschland – Einstellungen zu Staat und Gesellschaft, Arbeitspapier Nr. 53/2001 (Hrsg. Konrad-Adenauer-Stiftung), Sankt Augustin (erstmals systematische Kontrastierung von eingebürgerten und nicht-eingebürgerten Türken hinsichtlich verschiedener Indikatoren)

Witzel, Andreas 1982:

Verfahren der qualitativen Sozialforschung. Überblick und Alternativen. Frankfurt, New York

Witzel, Andreas 1989:

Das problemzentrierte Interview. In: Jüttemann, Gerd (Hrsg.): Qualitative Forschung in der Psychologie. Grundfragen, Verfahrensweisen, Anwendungsfelder. Heidelberg

Wolf, Richard 1999:

Integrations- und Assimilationstheorien in der Migrationsforschung. Diplomarbeit. Unveröffentlichtes Manuskript. Bamberg

Worbs, Susanne 1997:

Ethnische Identitätsformen bei der zweiten Migrantengeneration. Unveröffentlichte Diplomarbeit, Bamberg

Worbs, Susanne 2001:

Identificational Integration, in: Heckmann, F./Lederer, H./Worbs, S. (in cooperation with the EFFNATIS Research Team), Effectiveness of National Integration Strategies towards Second Generation Migrant Youth in a Comparative European Perspective. Final Report to the European Commission, Annex Volume II: Results of the Field Surveys, Bamberg, S. 314-363

Wüst, Andreas M. 2002:

Wie wählen Neubürger? Politische Einstellungen und Wahlverhalten eingebürgerter Personen in Deutschland, Opladen: Leske + Budrich

Zentrum für Türkeistudien 1998:

Einstellung wahlberechtigter Personen türkischer Herkunft zum Wahlrecht, zur deutschen Staatsbürgerschaft und zur beabsichtigten Parteienwahl (Bundestag 1998). Essen

Zentrum für Türkeistudien 2000:

Die Lebenssituation und Partizipation türkischer Migranten in Nordrhein-Westfalen. Ergebnisse der zweiten Mehrthemenbefragung. Essen

Anhang 1: Test Deutsch

Test Deutsch[1]

	Testteile	Zeit (in Min.)	Ge-wich-tung	Anzahl der Auf-gaben	Punkte pro Item	Typ der Aufgaben
Test 1	Kommunikative Aufgaben	5	10%	10	je 1 Punkt	Kurzes Statement, das mit Multiple Choice beantwortet werden muss (3 Möglichkeiten zur Auswahl)
Test 2	Hörverstehen	5	15%	3	je 5 Punkte	3 kurze Mini-Situationen (im Zug, Kaufhaus etc.), die mit dreier Multiple Choice bearbeitet werden müssen.
Test 3	Leseverstehen	10	30%	4	je 7,5 Punkte	1 Zuordnungsaufgabe zu 3 Annoncen/Hinweisschildern etc.; ein Lesetext mit je 20-25 Wörtern mit dreier Multiple Choice.
Test 4	Schriftlicher Ausdruck	15	20%	zu 3 Leit- oder Stichpunkten mind. einen Satz schreiben	ins-gesamt 20	Schreibanlass: persönliche Mitteilung (z.B. Urlaubskarte, Notiz). Vorgegeben sind 10 Stichwörter, aus denen 3 ausgesucht werden müssen. Dazu kommen Datum, Anrede, Schluss. Bei der Notiz müssen drei Leitpunkte behandelt werden.
Test 5	Mündliche Prüfung	10	25%	kurzes gegensei-tiges Vorstellen von Prüfer und Teilnehmer(in); Gespräch über ein Thema	ins-gesamt 25	Prüfer erhalten Vorgabe für das gegenseitige Vorstellen, Teilnehmer und Prüfer erhalten Aufgabenblatt mit Themen, die durch Bilder unterstützt sind. Aus mehreren Themen kann der Teilnehmer sich ein oder zwei Themen auswählen.

[1] Quelle: www.wbtests.de (Website der Weiterbildungs-Testsysteme GmbH, Frankfurt am Main).

Anhang 2: Nach Codefamilien geordnete Codeliste

MIG - alle Phänomene, die sich allgemein aus dem Migrationshintergrund der Befragten ergeben

Auseinandersetzung mit verschiedenen Kulturen: Bewusstwerdung, Einstellung, Lebenspraxis

Bedeutung der Kindheit für die Entwicklung von Zugehörigkeitsgefühlen

Eigene Migrationsgeschichte/ Migrationsgeschichte der Familie

Eigene Migrationsmotive

Generationenvergleich: Position in Deutschland

Graduelle Entfremdung vom Herkunftsland

Herkunftsland ist nur noch Urlaubsort/keine (aktuelle) Rückkehrabsicht

Referenzgruppen vermitteln das Gefühl: man ist anders (geworden) als die anderen

Religiöse und rechtliche Zugehörigkeit

Wunsch nach Differenzierung des Ausländerbegriffs: 1. und 2. Generation, Nationalitäten, Wanderungsmotive

Wunsch nach Entdifferenzierung zwischen Deutschen und Ausländern

Wunsch nach Teilnahme am gesellschaftlichen Leben in Deutschland

BIO - Biografischer Kontext vor der Einbürgerung und Motiventstehung

Abgrenzung von der 1. Generation

Akkulturationsprozesse bei den Befragten

Akkulturationsprozesse bei Familienmitgliedern

Bleibemotiv: Unterstützung der Familie im Herkunftsland

Deutschland ist Heimat: ich fühle mich hier zu Hause

Diskriminierungserfahrungen vor der Einbürgerung

Distanzierung von der Herkunftsgruppe

Entwicklung der Wahrnehmung: man ist anders als die anderen

Misstrauen gegenüber Institutionen des Herkunftslandes/Wahrnehmung von Missständen

Wahrnehmung durch Mitgliedschafts- und Referenzgruppen vor der Einbürgerung

Willen zur Anpassung an Lebensumstände in Deutschland

Zugehörigkeitsgefühl: ich fühle mich als Deutsche(r)

Zugehörigkeitsgefühl: ich fühle mich als Deutsche(r) und Angehöriger der Herkunftsnationalität

Zugehörigkeitsgefühl: Identifikation mit Personen des öffentlichen Lebens im Aufnahmeland

Zugehörigkeitsgefühl: lokale Identifikation

Zugehörigkeitsgefühl: man fühlt sich „zwischen zwei Stühlen" (weder als Angehöriger der Herkunftsnationalität noch als Deutsche(r))

Zugehörigkeitsgefühl: man fühlt sich eigentlich nicht als Ausländer

MOT - Einbürgerungsmotive

Rechtliche Vorteile nicht ausschlaggebend

Einbürgerung als (logische) Folge des identifikativen, sozialen und kulturellen Integrationsprozesses

Beendigung von Aufenthaltsunsicherheit

Beendigung von Aufenthaltsunsicherheit nicht ausschlaggebend

Befürchtete Diskriminierung aufgrund der nationalen Herkunft

Befürchtete oder tatsächlich wahrgenommene Benachteiligungen/Wunsch nach Gleichbehandlung mit Deutschen

Belastende Verpflichtungen im Herkunftsland

Bin hier Steuerzahler

Deutschland bietet Möglichkeit, Lebensunterhalt zu sichern

Erleichterung beim Reisen

Erleichterung beim Umgang mit Behörden

Ermöglichung von längeren Aufenthalten im Herkunftsland

Familienmitglieder sind ebenfalls Deutsche

Gefühl der Unsicherheit beim Reisen mit dem alten Pass

Innere Beweggründe

Keine Rückkehrabsicht bzw. -möglichkeit ins Herkunftsland

Kinder wollen Deutsche werden

Lebensmittelpunkt in Deutschland

Pass als Ausdruck der Zugehörigkeit

Sicherheit bzw. Leistungen durch soziale Sicherungssysteme

Sicherheit durch deutsche Rechtsordnung

Stabiliität der staatlichen Ordnung in Deutschland

Umgehung rechtlicher Probleme nach Scheidung

Verbesserung beruflicher Chancen

Verbesserung beruflicher Chancen nicht ausschlaggebend

Vermeidung des Wehrdienstes im Herkunftsland

Wahlrecht und politische Partizipation

Wahlrecht und politische Partizipation nicht ausschlaggebend

Weniger Bürokratie

Wunsch nach Kongruenz von subjektivem Empfinden und objektiver (rechtlicher) Zugehörigkeit

Wunsch, irgendwo dazu zu gehören/Hin- und Hergerissenheit vermeiden

Zukunft der Kinder

ENT - Entscheidungsprozess

Angst, Einbürgerungskriterien nicht zu erfüllen

Argumentation für doppelte Staatsbürgerschaft: für andere Personen

Argumentation für doppelte Staatsbürgerschaft: für eigene Person

Beratung zur Einbürgerung

Einstellung der Herkunftsfamilie/des Freundes- und Bekanntenkreises zur Einbürgerung: Diskurse

Einstellung der Herkunftsfamilie zur Aufnahmegesellschaft

Einstellung der Herkunftsgruppe zur Einbürgerung

Konflikte zwischen 1. und 2. Generation

Zeitliche Perspektive der Entscheidungsfindung für die Einbürgerung

Zugehörigkeitsgefühl: Aufgabe des alten Passes wird nicht als Verlust empfunden

Zugehörigkeitsgefühl: Loyalitätsbegriff nur auf Freunde anwendbar, nicht auf Staat

VER - Verwaltungsverfahren

Emotionales Empfinden im Einbürgerungsverfahren und unmittelbar vor dem Vollzug der Einbürgerung

Kontakt mit der Einbürgerungsbehörde

Kontakt mit den Behörden des Herkunftslandes

AKT - Vollzug der Einbürgerung

Emotionales Empfinden beim Vollzug der Einbürgerung und (unmittelbar) danach

WIR - (Nicht-)Wirkungen von Einbürgerung, Erfahrungen, Reflexionen

Antizipierte bzw. tatsächliche Reaktion von Referenzgruppen

Bewertung der Einbürgerung als richtiger Schritt

Diskrepanz zwischen Name und Staatsangehörigkeit: Wunsch nach Eindeutigkeit

Einstellung der Herkunftsfamilie zur Einbürgerung: konkrete Absicht

Erhoffte Chancenverbesserung für die Kinder

Erleichtert das Leben, weniger Bürokratie, Reiseerleichterungen

Es krempelt sich die ganze Situation um

Fühlt sich im Ausland als Vertreter Deutschlands/ wird als Deutscher wahrgenommen

Gefühl der Freiheit

Gefühl, mehr (staatsbürgerliche) Verantwortung zu haben

Gesellschaftliche Teilhabe beginnt erst richtig

Gesteigertes politisches Interesse/ Bedürfnis nach mehr Information

Fühle mich sicherer

Kein „Angeben" mit dem deutschen Pass

Kein gesteigertes (politisches) Interesse

Keine (eindeutige) Identifikation als Deutsche(r)

Keine (positive) Veränderung im Berufsleben

Keine oder nur geringe Veränderung der sozialen Verkehrskreise

Keine oder nur geringe Veränderungen im Alltagsleben

Kongruenz von subjektivem Empfinden und objektiver (rechtlicher) Zugehörigkeit

Kontinuität der Eigenwahrnehmung

Loyalität gegenüber dem Grundgesetz

Man ist beruhigter als vorher

Mehr Respekt für den Staat

Mehr Selbstbewusstsein

(Nicht-)Akzeptanz bei Institutionen und deutschen Mitbürgern

Pflege der Herkunftskultur

Rechtliche Vorteile werden (im Nachhinein) deutlicher wahrgenommen

Sicherheit durch konsularischen Schutz

Trotz Einbürgerung beruflicher Abstieg

Verbesserung beruflicher Chancen

Verstärkung von Zugehörigkeitsgefühlen zu Deutschland

Wahlrecht als aktive Mitwirkungsmöglichkeit

Wirkung der Einbürgerung bei Familienmitgliedern

Zugehörigkeitsgefühl zum Herkunftsland bleibt trotzdem erhalten

Zugehörigkeit entkoppelt vom Pass

Anhang 3: Ausgewählte Verlaufsprofile

Beispiel 1: Frau A

Biografischer Hintergrund:

Frau A ist zum Zeitpunkt des Interviews 21 Jahre alt und wurde in Deutschland geboren. Ihre Eltern stammen aus Kroatien und sind als junge Menschen zugewandert. Frau A ist ledig und Lehramtsstudentin im zweiten Semester; sie lebt mit zwei jüngeren Geschwistern noch zu Hause bei den Eltern.

Weg in die Einbürgerung:

Frau A ist in Deutschland geboren und aufgewachsen. Sie wurde zweisprachig erzogen. Sie hatte eine glückliche Kindheit, merkte aber ab dem Alter von ca. zehn Jahren, dass sie „anders" sei als ihre Mitschüler. Sie machte Diskriminierungserfahrungen in der Schule aufrund ihres Ausländerstatus, die schulrechtlicher Art waren (z.B. beim Übertrittsverfahren von der Grundschule ins Gymnasium) oder im sozialen Umfeld stattfanden (in Situationen mit Mitschülern). Diese Erfahrungen weckten in ihr schon früh den Wunsch, auch auf dem Papier dazugehören zu wollen (*„...aber man fühlt sich eigentlich nicht als Ausländer, weil man doch genauso ist wie alle anderen auch. Man isst deutsch, man träumt deutsch, man spricht deutsch, man ist mit Deutschen den ganzen Tag zusammen - aber du bist trotzdem kein Deutscher."*) Dieses Gefühl wird noch bestärkt bei Zusammenkünften mit anderen Kroaten oder Urlaubsaufenthalten im Herkunftsland, die ihr die Entfremdung vom Herkunftskontext ihrer Eltern stark verdeutlichen. Dieser innere Wunsch, zu Deutschland dazugehören zu wollen, prägt ihren Entschluss sich einbürgern zu lassen. Mehrere Stellen im Interview deuten darauf hin, dass dies zahlreiche Gespräche und Diskussionen in der Familie über einen längeren Zeitraum hinweg verursachte (*„Und des ist halt so, ja so 'ne Konfrontation, dass man mal drüber redet: Wie, ja wie empfinden die Kinder das Ausländersein oder so..."*) und dass dieser Wunsch bei ihren Eltern, wahrscheinlich vor allem bei ihrem Vater, zunächst auf kein Verständnis stieß (z.B. *„Und dann ist der nächste Schritt, dass man zu den Eltern geht und dann sagen die Eltern erst mal: ja, wieso, weshalb, und dann fängt das noch mal an, man redet noch mal drüber. Und dann sind natürlich auch verschiedene Meinungen oder so..."; „ist auch ein bisschen dieser Konflikt zwischen der ersten und der zweiten Generation, weil jede das anders erlebt..."*). Im Verlauf der höheren schulischen Bildung und durch Berufsberatung entstanden bei Frau A weitere Einbürgerungsmotive, nämlich befürchtete strukturelle Diskriminierung zu vermeiden (Benachteiligung bei Studienplatzvergabe oder Ferienjobsuche) und vor allem die rechtliche Voraussetzung der deutschen Staatsbürgerschaft für den Beamtenstatus zu erlangen.

209

Erleben des Einbürgerungsvollzugs und Wirkungen der Einbürgerung:

Frau A ist im Verlauf des Einbürgerungsverfahrens nervös und besorgt, alle Einbürgerungsvoraussetzungen zu erfüllen. Den Vollzug der Einbürgerung selbst empfindet sie sehr positiv und stark emotional (*„wie Weihnachten"*). Die Reaktionen ihrer sozialen Verkehrskreise auf die Einbürgerung waren positiv, in ihrer Familie haben sich in der Folge auch die Eltern und die Geschwister einbürgern lassen. Bezüglich ihrer Zugehörigkeit empfindet sie jetzt Kongruenz zwischen subjektivem Gefühl und „objektivem" Rechtsstatus.

Beispiel 2: Herr E

Biografischer Hintergrund:

Herr E ist 46 Jahre alt. Er hat seine Kindheit und Jugend in der Türkei verbracht, seine Eltern sind früh gestorben. Er hat den Militärdienst in der Türkei abgeleistet und ist erst als junger Erwachsener in den siebziger Jahren aus der Türkei nach Deutschland gekommen. Er ist in zweiter Ehe verheiratet, hat einen erwachsenen Sohn und ist von Beruf LKW-Fahrer.

Der Weg in die Einbürgerung:

Im Verlauf der Jahre haben sich verschiedene Umstände angesammelt, die Herrn E schließlich veranlassten, sich einbürgern zu lassen. Er hatte nach der Scheidung von seiner ersten Frau mit aufenthaltsrechtlichen Problemen zu kämpfen. Da er als Fernfahrer arbeitete, ergab sich aus seiner beruflichen Tätigkeit oftmals das Erfordernis beschwerlicher Visa-Beantragungen. Als Herr E sich beruflich neu orientieren wollte, stieß er bei Anrufen bei potentiellen Arbeitgebern auf Ablehnung aufgrund seiner türkischen Staatsangehörigkeit. Herr E hat eine deutsche Ehefrau und sein Sohn ist deutscher Staatsangehöriger, weshalb für ihn eine Einbürgerung als logische Konsequenz nahe lag (*„Und, äh ... die Frau ist deutsch, Sohn ist auch deutsch, geboren in Deutschland also ... ja dann, äh ...Man denkt immer, wieso soll des nicht sein?"*). Bei Kontakt mit Freunden wird er immer wieder ermuntert, sich einbürgern zu lassen. Auch mit seinem Bruder, dem einzigen Angehörigen der Herkunftsfamilie in Deutschland, bestand Konsens beim Thema Einbürgerung (*„mein Bruder is ein demokratischer Mensch, er denkt genauso wie ich, und, deswegen wir haben nicht viel drüber gesprochen, brauch ma auch nich, weil wir wollen gerne nehmen des..."*). Hinzu kommt, dass Herr E der Nationalität generell keine große Bedeutung zumisst. Er erachtet Bamberg als seine Heimat und sieht deutsche Politiker seine politischen Repräsentanten an. Die Türkei ist für ihn nur noch ein (selten bereistes) Urlaubsland, in seinem Geburtsort war er seit 20 Jahren nicht mehr. Zudem distanziert er sich von türkischen Migranten, die sich in Deutschland abschotten: *„...andern Richtung, also, pfh ja, verdienen Pass nicht, aber, wie sie* *leben, ..., äh, ich kann auch sagen zum Beispiel, auf meine Weise: die tun mir leid, leid. Weil, diese nur von Arbeit, von Arbeit zu Hause, von äh Arbeit also, nur diese zwei Ding, oder türkischer Verein, die verbreiten sich nie. Die leben jahrelang ein Haus, die haben Nachbarn, deutsche, aber die gehen, nie, also mit Nachbarn..., also das ist wie Ghetto (betont) leben sie."*

Erleben des Einbürgerungsvollzugs und Wirkungen der Einbürgerung:

Herr E hat die Einbürgerung und den Erhalt des deutschen Passes mit großer Freude erlebt. Er hat an sich beobachtet, seitdem „noch mehr Respekt für den Staat" zu empfinden. Er betont aber, dass er ja derselbe Mensch geblieben sei, zwar rechtlich gleichgestellt mit Deutschen, aber dennoch nicht vollständig vor Diskriminierungen geschützt: *„Du bist ja nix anderes, des is ja nur Papier, in der Tasche, bist du derselbe Mensch, wichtig ist des Mensch, die Gedanke, Welteinsch-äh, -einsehen. Wie, äh, des ist ganz wichtig, ob's, ob ich tüsch-türkischer Pass oder deutscher Pass, äh, da hab ich, äh, äh mit deutscher Pass hab ich auch nich viel Möglichkeit, oder, wenn ich jetzt irgendwo hingeh, mich hinstell, ne, weil mein Name is wichtig, ich hab ja nicht Hans irgendwas Jürgen, oder was weiß ich, ich hab ja selbe Name, des, das, des äh, gar nichts geändert (nachdrücklich). (...) Aber die Diskriminierung irgendw-wo is immer noch da."*

Beispiel 3: Herr P

Biografischer Hintergrund:

Herr P ist zur Zeit des Interviews 40 Jahre alt. Er ist von seiner ethnischen Herkunft her Palästinenser, in der Westbank geboren, unter israelischer Besetzung aufgewachsen und hatte bis zu seiner Einbürgerung die jordanische Staatsangehörigkeit. Aufgrund dieser ungeklärten Zugehörigkeit war seine Jugend geprägt von einem Gefühl der „Zerrissenheit". Er war im Alter von 20 bis 23 als Student in Deutschland, dann mit dreimonatigem Besuchsvisum und einem israelischen Fremdenpass, bis er durch Heirat mit seiner deutschen Frau endgültig zuwandern konnte.

Der Weg in die Einbürgerung:

Schon als Kind hatte Herr P den Traum, nach Deutschland zu gehen, von dem er durch Medien und Erzählungen ein Bild von Wohlstand und Reichtum hatte. Herrn P's Erfahrungen mit seinem Herkunftsland waren geprägt durch Repressionen, die Willkür der Behörden, von ungeklärten Zuständigkeiten und von Korruption bei Staat und Verwaltung: *„Und das ist ein Riesenchaos. Da blickt kein Mensch durch, wo welche Verwaltung ist, wer wo zu was zuständig ist und wie und...und...und wann und...mit welchen Fristen und...und so weiter. Das weiß kein*

211

Mensch, ne? Also ist…wie gesagt, der absolute Chaos, ne? Außerdem natürlich die Behandlung durch die Beamten, ne? Es ist unter aller Kanone, ne? (lacht) Ja, und natürlich insbesondere wenn man Palästinenser ist." Von Beginn seines Aufenthalts in Deutschland an war er deshalb von der Struktur und Stabilität der deutschen Verhältnisse angetan: *„Na ja…da ist halt eine gewisse Ordnung da. Die ist da…also ob's jetzt im…im Kaufhaus ist oder bei den Behörden ist oder bei der Polizei ist…also…wo auch immer. Da ist man halt ein Mensch. (lacht) Und ist auch dem würdig.*" Als er sich dann in Deutschland niedergelassen hatte, war für ihn von Anfang klar, sich einbürgern zu lassen – auch dadurch bestärkt, da er sich nie einem Staat zugehörig gefühlt hatte: *„…Und deswegen…also mir hat das nichts gesagt, dass ich Jordanier bin. Oder…oder Palästinenser oder was auch immer das….das hat mir gar nichts bedeutet in dem Sinn…Es hat mir nix gesagt, ne? Und eigentlich…wenn es nach mir ginge, wär ich schon am – vom ersten Tag an schon (lachen) eingebürgert*". Als er im Einbürgerungsverfahren Kontakt mit der Botschaft seines Herkunftslands hat, wird er in seiner Entscheidung für die deutsche Staatsangehörigkeit nochmals bestätigt, weil er dort das gleiche Chaos wie im Herkunftsland vorfindet und mit Bestechungserwartungen seitens der Beamten konfrontiert wird.

Erleben des Einbürgerungsvollzugs und Wirkungen der Einbürgerung:

Herrn P's Erinnerung an seinen Einbürgerungstag ist sehr lebhaft, da seine Frau zu seiner Überraschung ein Einbürgerungsfest mit Freunden für ihn veranstaltet hat, inklusive Bewirtung und „Deutschtest". Als wichtigste Wirkung seiner Einbürgerung nennt Herr P eine „Beruhigung" seiner Zugehörigkeitsfrage: *„Das is-…das ist…sagen wir mal so: Diese Frage wühlt nicht mehr. Ja? Beantwortet ist sie vielleicht noch nicht. Verstehen Sie,was ich meine? Aber sie wühlt nicht, sie quält nicht mehr. (…) Man…ich weiß schon ich…ich gehöre hierher, da arbeite ich, da hab' ich meine Familie, das ist natürlich wichtig die Familie dazu, ne? Aber meine Familie hab' ich, meine Straße, meine gewisse Heimat sozusagen, ne? Und das passt so. Da ist alles dann, ruhig ich…ne? Aber so beantwortete Frage: Wer ich… Wer bin ich?…Das ist nicht ganz, ne? Nicht ganz. Aber sie quält nicht mehr…Ja.*"

Anhang 4: Datenblatt (Verknüpfung von Fällen mit den Dimensionen des qualitativen Interviewmaterials)

Fälle   ENT - Entscheidungsprozess

Fälle	1a	1b	1c	1d	1e	1f	1g	2a	2b	2c	2d	3a	3b	3c	3d	3e	3f	3g	3h	4a	4b	5a	5b	5c	5d	5e
					ENT1				ENT2						ENT3					ENT4				ENT5		
A					×											×						×				
B					×								×									×				
C		×						×		×				×	×				×			×				
D	×	×															×					×				
E				×						×								×				×				
F							×											×		×		×				×
G														×				×		×	×	×				
H				×								×				×						×				
I											×												×			
J	×		×							×	×	×										×				
K					×		×							×								×				
L						×													×			×				
M																										
N	×	×						×	×	×				×			×			×		×				
O				×								×		×									×			
P							×					×										×				
Q				×				×											×			×				
R																	×	×				×				
S		×		×										×												
T	×	×			×								×				×					×				
U					×									×								×		×		
V			×										×					×								
W			×												×	×										
X	×							×	×									×				×				
Y		×													×		×									
Z					×			×	×					×	×											

Fälle	VER - Verwaltungsverfahren									AKT - Vollzug der Einbürgerung				
	VER1					VER2		VER3		AKT1				
	1a	1b	1c	1d	1e	2a	2b	3a	3b	1a	1b	1c	1d	1e
A	×				×					×				
B					×	×		×			×			
C					×							×		
D				×	×	×			×	×	×			
E					×	×			×	×	×			
F					×	×								
G	×													×
H							×							
I														
J			×	×	×	×	×	×		×	×	×	×	
K				×	×	×		×	×	×	×			
L			×	×	×	×		×		×	×			
M								×		×	×	×	×	
N								×		×	×	×	×	
O		×		×		×		×		×	×	×		
P								×		×			×	
Q								×		×			×	×
R								×						
S								×				×	×	
T												×		
U			×	×	×	×	×				×			×
V						×								
W														×
X												×	×	
Y												×		
Z						×						×		

215

WIR · Wirkungen der Einbürgerung

Fälle	1a	2a	2b	3a	3b	4a	4b	5a	5b	6a	6b	7a	7b	7c	7d	7e	8a	9a	9b	10a	10b	10c	10d
																				(WIR7)		(WIR8)	(WIR9)	(WIR10)
A	×	×		×																			
B	×		×					×		×			×	×			×	×		×		×	
C	×		×	×				×					×				×	×		×			
D	×	×		×									×								×		
E	×			×			×						×		×		×						
F	×			×		×		×	×	×		×	×				×	×			×		
G	×			×				×		×			×			×	×	×		×	×		
H	×						×	×		×										×	×		
I	×		×	×		×		×						×									×
J	×			×				×															
K	×		×		×		×					×								×			
L	×		×	×													×			×			
M	×	×				×		×		×			×		×								
N	×		×	×		×		×		×			×	×		×	×				×		
O	×	×	×	×		×			×	×		×	×	×		×	×			×	×	×	
P	×		×	×		×				×	×		×				×						
Q	×				×	×		×		×				×			×				×		
R	×	×		×		×		×		×			×	×			×		×		×		
S	×	×		×		×		×		×				×			×						
T	×			×		×		×				×			×			×		×			
U	×			×				×					×		×					×			
V	×							×							×								
W	×				×			×			(×)												
X	×	×		×		×		×		×		×	×	×			×		×	×	×		
Y	×							×					×	×				×	×	×			
Z				×													×						×

Anhang 5: Übersicht über die interviewten Personen

	Codename	Alter	Geschlecht	ursprüngliche Nationalität	Bildungsstand/Beruf
1.	Frau A	21	weiblich	kroatisch	Studentin
2.	Herr B	37	männlich	tunesisch	Übersetzer
3.	Frau C	25	weiblich	türkisch	Sozialpädagogin
4.	Frau D	27	weiblich	türkisch	Referendarin
5.	Herr E	46	männlich	türkisch	LKW-Fahrer
6.	Herr F	45	männlich	ukrainisch	Elektroningenieur
7.	Frau G	36	weiblich	libanesisch	Hausfrau
8.	Frau H	49	weiblich	italienisch	Sachbearbeiterin
9.	Herr I	37	männlich	kubanisch	Bauhelfer im Straßenbau
10.	Frau J	39	weiblich	türkisch	Arbeiterin
11.	Herr K	34	männlich	äthiopisch	Arbeiter
12.	Frau L	23	weiblich	türkisch	Verkäuferin
13.	Herr M	50	männlich	portugiesisch	Hausmeister
14.	Frau N	32	weiblich	rumänisch	Zahnärztin
15.	Herr O	46	männlich	polnisch	Berufsmusiker
16.	Herr P	40	männlich	jordanisch	Arbeiter
17.	Frau Q	41	weiblich	polnisch	Übersetzerin
18.	Herr R	42	männlich	tunesisch	Übersetzer
19.	Frau S	32	weiblich	vietnamesisch	Arbeiterin
20.	Herr T	29	männlich	türkisch	Industriekaufmann
21.	Frau U	51	weiblich	tschechisch	Lektorin
22.	Herr V	20	männlich	türkisch	EDV-Techniker
23.	Frau W	69	weiblich	jugoslawisch	Arbeiterin
24.	Herr X	38	männlich	türkisch	Schreinermeister
25.	Frau Y	32	weiblich	türkisch	Hausfrau
26.	Herr Z	66	männlich	iranisch	Universitätsdozent (pensioniert)

Ausgewählte Publikationen des efms

▶ efms Forum Migration 1
Heckmann, Friedrich / Bosswick, Wolfgang (Hrsg.) 1995:
Migration Policies: A Comparative Perspective (Vorwort von Richard Weizsäcker)
Stuttgart: Enke, 373 Seiten (ISBN 3-432-26901-3)

▶ efms Forum Migration 2
Heckmann, Friedrich / Tomei, Verónica (Hrsg.) 1996:
Freizügigkeit in Europa. Migrations- und europapolitische Aspekte des Schengener Vertrags. Bonn: Europa Union Verlag, 111 Seiten (ISBN 3-7713-0538-1)

▶ efms Forum Migration 3
Tomei, Verónica 1997:
Europäische Migrationspolitik zwischen Kooperationszwang und Souveränitätsansprüchen. Bonn: Europa Union Verlag, 192 Seiten (ISBN 3-7713-0543-8)

▶ efms Forum Migration 4
Lederer, Harald W. 1997:
Migration und Integration in Zahlen. Ein Handbuch. Beauftragte der Bundesregierung für Ausländerfragen (Hg.). Bonn, 354 Seiten

▶ efms Forum Migration 5
Heckmann, Friedrich (Hrsg.) 1998:
Migration und Integration in Europa. Symposium zum 5-jährigen Bestehen des efms. Zweisprachiger Tagungsband, deutsch-englisch. Bamberg: efms, 86 Seiten (ISSN 0949-1960)

▶ efms Forum Migration 6
Tomei, Verónica 2001:
Europäisierung nationaler Migrationspolitik. Eine Studie zur Veränderung von Regieren in Europa. Stuttgart: Lucius & Lucius, 224 Seiten (ISBN 3-8282-0156-3)

▶ efms Forum Migration 7
Heckmann, Friedrich / Schnapper, Dominique (Hrsg.) 2003:
The Integration of Immigrants in European Societies. National Differences and Trends of Convergence. Stuttgart: Lucius & Lucius, 261 Seiten (ISBN 3-8282-0181-4)

▶ Currle, Edda / Wunderlich, Tanja (Hrsg.) 2001:
Deutschland – ein Einwanderungsland? Rückblick, Bilanz und neue Fragen. Stuttgart: Lucius & Lucius, 538 Seiten (ISBN 3-8282-0196-2)

▶ efms Forum Migration 8
Currle, Edda 2004:
Migration in Europa. Daten und Hintergründe. Stuttgart: Lucius & Lucius,
426 Seiten (ISBN 3-8282-0276-4)

▶ Lederer, Harald W. 2004
*Indikatoren der Migration. Zur Messung des Umfangs und der Arten von Migration
in Deutschland unter besonderer Berücksichtigung des Ehegatten- und Familien-
nachzugs sowie der illegalen Migration.* Bamberg: efms, 291 Seiten
(ISBN 3-927351-10-5)

Forum Migration

hrsg. vom europäischen forum für migrationsstudien (efms) Bamberg

Band 8
Migration in Europa

Daten und Hintergründe
von E. Currle
2003. 426 S., kt. Ç 36,-/sFr 63,-
(ISBN 3-8282-0276-4)

Zuwanderung und Integration von Zuwanderern sind zu beherrschenden Themen der europäischen Politik geworden. Präzise Informationen in Form statistischer Daten oder Hintergrundinformationen zur Migrationspolitik und zu rechtlichen Regelungen werden zunehmend wichtig. Mit diesem Handbuch stellt das efms der Praxis eine Publikation zur Verfügung, die eine systematische Darstellung vergleichbarer Daten zum Migrationsgeschehen seit 1990 in zehn europäischen Ländern beinhaltet.

Band 7
The Integration of Immigrants in European Societies

National Differences and Trends of Convergence
F. Heckmann/D. Schnapper (eds.)
2003. 261 S., kt. Ç 34,- /sFr 59,-
(ISBN 3-8282-0181-4)

Researchers from eight different European countries write about the mode of integration in their respective nations. Is there a national mode of integration that could serve as a model of other countries or the European Union? The book offers an answer to this important question.

Band 6
Europäisierung nationaler Migrationspolitik

Eine Studie zur Veränderung von Regieren in Europa
von V. Tomei
2001. 228 S., kt. Ç 24,90 /sFr 43,70
(ISBN 3-8282-0156-3)

Die Publikation untersucht Strategien, die die EU-Staaten im Umgang mit internationalen Wanderungsbewegungen entwickeln. Im Vordergrund steht die Frage, wie sich die Bedingungen nationaler Politik durch eine multilaterale Kooperation im Politikfeld Migration verändern. Zielsetzung ist es, einen Beitrag zur Erforschung der Veränderung von Regieren in Europa zu leisten.

außer der Reihe:
Deutschland - ein Einwanderungsland?

Rückblick, Bilanz und neue Fragen
E. Currle und T. Wunderlich (Hrsg.)
2001.538 S., kt. Ç 39,- /sFr 67,50
(ISBN 3-8282-0196-2)

Autoren aus Wissenschaft, Verwaltung, Politik und Medien diskutieren aus ihrer jeweiligen Perspektive die ausländer- und migrationspolitischen Entwicklungen der letzten Jahre und stellen einschlägige theoretische Erkenntnisse und empirische Untersuchungsergebnisse bezüglich der Konsequenzen von Zuwanderung für die Bundesrepublik Deutschland vor.

et LUCIUS LUCIUS   *Stuttgart*

www.ingramcontent.com/pod-product-compliance
Lightning Source LLC
Chambersburg PA
CBHW031131270326
41929CB00011B/1581